GUOJIA JIAOYU TIZHI GAIGE SHIDIAN
JIEDUANXING YANJIU BAOGAO
(GAODENG JIAOYU JUAN)

国家教育体制改革试点
阶段性研究报告（高等教育卷）

国家教育行政学院 编著

教育科学出版社
·北京·

前　言

《国家教育体制改革试点阶段性研究报告》（基础教育卷、高等教育卷）系国家社会科学基金"十二五"规划 2012 年度教育学重点课题"国家教育体制改革试点研究"（课题批准号：AFA120006）的阶段性成果，是国家教育行政学院教师集体攻关完成的学术成果。

一

国家教育体制改革试点是国家层面的战略部署。《国家中长期教育改革和发展规划纲要（2010—2020 年）》发布实施后，国务院成立了国家教育体制改革领导小组，发布国家教育体制改革试点总体方案，按照顶层设计、试点先行、有序推进的原则，对教育改革进行系统部署。2010 年 10 月，国务院办公厅发出了《国务院办公厅关于开展国家教育体制改革试点的通知》，提出在部分地区和学校开展国家教育体制改革试点。至此，拉开了国家教育体制改革试点在教育实践层面的序幕，形成了国家统一实施、地方承担试点和基层自主改革三个层面推进教育改革的格局。

国家教育体制改革试点研究是直接服务于国家重大教育战略的综合研究。在研究中，我们总结基层试点地区和试点学校的经验，从理论和政策的高度对教育体制改革试点进行研究和探索，为教育决策提供政策咨询和动态信息，为教育体制改革中出现的问题提供解决思路和政策性建议。作为一个学者群体，我们试图将国家教育体制改革的总体要求和教育体制改革的具体实践有机结合起来，借以观测政策在执行过程中的变化与地域适切性，进行深入分析和系统评估，为教育体制改革在中观和微观层面的推进提供一些建议。

应该说，现在是观察审视国家教育体制改革试点的一个关键时间节点。三年多来，教育改革试点稳步推进，一些改革已取得明显进展，各地涌现出了许多好的经验和做法，成效开始显现；同时也存在一定的问题，比如，试点地区和学校有很多经验需要总结和提升，共性的问题需要正视和解决。现在对试点地区和学校的关注仍多局限在工作层面，系统研究不够，亟待跟进。我们出版本报告作为现阶段的研究成果，今后还将继续深入研究下去。

二

本报告是一项集体攻关的成果。这也是国家教育体制改革试点本身的属性决定的。国家层面上的试点地区和学校共 425 个，许多试点项目以省、自治区、直辖市为单位进行，承担试点项目的省级单位进行试点任务的再分解和再申报，试点的基层学校、地区和县域多达几千个单位。同时，不同试点地区和学校之间缺乏相互沟通和交流的机制，影响了经验的交流和推广。因此，集体研究是总结复杂的改革试点的有效途径。

本研究具有非官方的特点，研究者群体处于第三方位置，有利于对改革试点的进程进行全面的反思和评价，有利于信息的全面收集和做出相对客观公正的评估，并可以将典型的试点经验通过干部培训推广普及到其他地区和学校，大大增加研究的现实效益和社会效益。同时可以进行跟踪调查，使调研报告更具有深入性和有效性。

本研究紧紧围绕国家教育体制改革试点的十大领域展开。当前，我国正在推进的教育体制改革试点不仅包括学前教育、义务教育、职业教育、高等教育、民办教育等教育类别，还囊括了素质教育、现代大学制度、高等教育办学模式和办学体制等主题。在研究设计上，课题研究领域涵盖了所有试点领域，每一领域都有专人独立负责。每一领域按照统一要求和格式分别调查、分析和研究，在整体上具有相对的统一性。本研究以教育体制和机制为主线，主要采用实地调查、案例研究、行动研究和政策分析法对试点地区和学校进行抽样调研和深入实地调查，总结和分析体制改革试点地区的典型经验、改革思路和实践中存在的问题，并基于此预测下一步教育体制的改革走向，提出相应的政策建议。

本研究试图达到如下一些目标。第一，服务于国家教育体制改革的创新实践，为上级有关部门提供试点方面有价值的信息和调研报告。第二，争取使试点地区和学校有关体制和机制创新方面的典型经验得到升华、普及，并在更多地区得到推广和应用，同时对存在的问题提出可调整解决的思路和建议。第三，对教育体制改革试点进行更为全面综合的集体研究。研究成果既从一般性、整体性的层面对教育体制改革试点中的经验与不足进行理论总结，也对不同教育领域和教育发展主题进行分门别类、深入地剖析和阐述。

三

本报告得以完成，需要感谢各方面的大力支持和配合。

本课题研究思路缘起 2012 年 7 月国家教育行政学院中心组学习务虚会，由黄百炼同志提出课题申报的想法，会上得到大家认可并初步研究了申报题目。会后，学院决定由时任学院院长顾海良同志担任课题主持人，并由科研部牵头设计。在课题申报论证过程中，顾海良同志给予了高度关注和重视。后因顾海良同志工作变动，学院决定由党委书记、常务副院长黄百炼同志负责总体统筹推进。副院长李五一同志和科研部组织力量展开申报论证，论证报告主要由司洪昌、许杰、高政同志撰写完成。课题立项后，主要由司洪昌、张婕等同志完成了开题报告，黄百炼同志出席了开题汇报会。在课题申报过程中，于鲁文、赵宏强、冯文宇、曲潇潇、陈正等同志做出了积极的贡献。

在课题研究过程中，教育部综合改革司给予了大力支持，这是课题得以顺利推进的重要基础。2013 年 2 月，黄百炼同志带队专门征询教育部综合改革司的意见，宋德民司长（现办公厅主任）、王洪元、彭斌柏副司长就研究重点、课题方向等提出了非常富有建设性的意见。书稿完成后，综改司刘自成司长对书稿给予关注和肯定。在课题研究过程中，综改司在研究资料上给予了充分支持，如专门为课题组开放了国家教育体制改革试点网站，提供了大量的第一手研究材料和数据等。后经综改司协调，课题组成员旁听了教育部教育体制改革的有关会议；部分课题组成员参与了综改司"国家教育体制改革试点"项目分领域中期评估工作。这些机会使得课题组成员进一步了解了改革试点的宏观背景、总体要求、现阶段进展情况等，为阶段性研究报告撰写工作的顺利推进打下了坚实的基础。

作为课题承担单位国家教育行政学院对课题研究高度重视。学院在研究经费上给予了专项重点资助，在研究过程中给予了时间上的保证。学院领导都对研究非常支持，特别是黄百炼同志主持确定了整个报告的写作思路与框架，亲自参与课题研究设计，多次召开课题研究专项会议布置工作；主管科研的副院长李五一同志高度重视，将课题研究作为科研工作的一个主要抓手来推进，并全力以赴组织协调课题研究的推进。课题由科研部具体组织推进，科研部履行了课题综合协调小组的功能，制定了写作规范和体例，统筹推进本报告的撰写、修订、审阅及后续出版等工作，特别是冯文宇作为学术秘书为此付出了大量辛劳。

本报告是集体研究的成果，各子课题的主持人及课题组成员是报告得以完成的最重要基础。在写作过程中，大家集体讨论，个人分工负责，按时完成了初稿和修订工作。课题组成员的通力合作保证了本报告得以完成。具体执笔分工如下。

高等教育卷：第一章，张婕等；第二章，许杰；第三章，梁金霞；第四章，赵庆典；第五章，杨红霞；第六章，陈丽萍、余海波等；第七章，刘亚荣、郭丽娟。

在学院统一领导下，统稿工作主要由司洪昌、许杰、张婕、石连海、冯文宇等同志负责，最后稿件经李五一、黄百炼同志审定。冯文宇、司洪昌同志代拟了前言。中国教育科学研究院副院长曾天山、《中国高教研究》编辑部主任范笑仙分别对基础教育卷、高等教育卷进行了审阅。教育科学出版社对本课题阶段性研究成果的出版给予了大力支持。在此，一并对上述单位、领导和专家表示感谢。

我国教育体制改革逐渐进入深水区、攻坚期，其涉及面更广、关联度更高，破解深层次矛盾和问题的难度更大，仍存在许多亟待解决的热点难点问题。本研究直面教育体制改革试点地区和学校，量多面广，涉及全国各地的客观现实，并且教育改革试点涉及地区的社会经济文化发展水平差异巨大，这本身就意味着试点研究的艰巨性、所面临的沉重压力和要应对的严峻挑战。因此，本报告从内容到形式可能还有不少不足之处。现在，作为阶段性成果呈现，意在请各级领导、各试点单位、教育工作者同行、广大读者给予批评指教。

"国家教育体制改革试点研究"课题组

2014 年 6 月

目　　录

第一章　高等教育综合改革

张　婕　张昱琨　乔玉华　陈　正[*]

国家教育体制改革试点是国家的重大政策，是国家战略层面的改革试点，是落实《国家中长期教育改革和发展规划纲要（2010—2012）》（下文简称为《教育规划纲要》）的实际举措。从 2010 年开始组织实施高等教育综合改革试点以来，各地、各校已经积累了一定的实践经验，改革成效初步显现，同时一些深层次问题也显露出来。目前处于经验总结和理论反思的一个重要时间节点，也是将基层的信息和经验反馈到决策层的关键时机，本课题组调研考察了承担高等教育综合改革试点的省份与部分高校，现将有关试点项目取得的进展、初步成效、主要经验、存在的问题和对策建议总结汇报如下。

第一节　试点任务的进展情况

一、高等教育综合改革的基本情况

（一）高等教育综合改革试点的背景

改革开放以来，高等教育发展经历了以体制机制创新为先导，推动高等

---

* 执笔人：张婕，张昱琨，乔玉华，陈正。

教育数量、质量、结构、效益协调发展的过程。可以说，不同时期的高等教育是与不同主题的高等教育改革相伴而行的。20 世纪 80 年代开始的"高等教育管理体制改革"，针对长期的计划经济体制和行政化的高等教育管理体制严重制约高等教育发展的问题，改革政府对高校统得过死的管理体制，实行简政放权，扩大学校的办学自主权，适应经济社会发展的需求。90 年代中期，围绕高等教育办学体制、管理体制、投资体制、招生与毕业生就业体制、校内管理体制全面展开改革探索，逐步建立与市场经济体制相适应的高等教育体制与运行机制。进入新世纪以后，高等教育进入大众化阶段，高等教育的分类管理与质量保障、人才培养模式等方面的改革成为高等教育改革的主要任务。

随着我国经济社会发展进入新阶段，改革进入深水区，经济社会发展面临许多新情况、新问题、新挑战。深度融入改革开放和现代化建设大潮中的高等教育，内部问题与社会问题相互交织，新老矛盾多层叠加，通过以往碎片式的单项改革、以"摸着石头过河"为主的经验型改革已无法解决诸如观念转变、利益调整、体制变更等深层次问题，需要结合贯彻落实《教育规划纲要》精神，以全局性、综合性的改革方式，通过顶层设计，注重上下协调、左右协同进行改革，推进高等教育实现面向现代化建设和全面提高办学质量、效益这两个重要转变。

（二）高等教育综合改革试点的推进过程与主要任务

《教育规划纲要》对全面推动教育事业科学发展、建设人力资源强国发出了新的动员令，"要以体制机制改革为重点，鼓励地方和学校大胆探索和试验，加快重要领域和关键环节改革步伐"，"对一些重点领域和关键环节的改革，由省级人民政府和中央有关部门在国家指导下开展试点，取得经验后，再总结推广"，体现了综合改革尊重规律、综合决策、内外协同、系统推进的"以改革推进发展"基本思想。

根据《教育规划纲要》提出的 10 大改革任务，2010 年 5 月 14 日，教育部印发《关于组织申报国家教育体制改革试点的通知》，明确了深化教育体制改革工作重点，形成了《国家教育体制改革试点总体方案（征求意见稿）》。2010 年 10 月 24 日，国务院办公厅正式印发《关于开展国家教育体制改革试点的通知》。2010 年 12 月 5 日，教育部公布了国务院办公厅印发的《关于开展国家教育体制改革试点的通知》，一批改革目标明确、改革措施具体的教育改革项目完成备案程序，这标志着国家教育体制改革试点工作全面启动。12 月 26 日，教育部公布重点领域综合改革和省级政府教育统筹综合改革的试点地区，确定黑龙江省、江苏省和湖北省为高等教育综合改革试点地区，其中心任务就是以提高高等教育质量为核心，深化高等教育改革，以改革推动发展，以改革增强活力，以改革提高质量，以改革推进高教强省建设。

我国地区间经济、社会、教育发展极不平衡，不同地区之间的人力需求结构、教育发展目标、办学条件标准和经费支撑能力也存在很大差异，这一次以黑龙江、江苏和湖北三个中东部省份作为高等教育综合改革的试点，就是要求各省级政府从本地区实际出发，探索省级政府统筹高等教育发展体制，推动高等教育体制由传统的"中央为主"的两级管理体制向"地方为主"的两级管理体制转变，提出适应自身特点的高等教育体制改革目标、具体模式和相关的政策举措，优化省域内高等教育结构布局，提高管理水平和办学质量、科研水平和服务社会的能力，建立高等教育与区域经济协调发展的机制。

（三）国家层面对高等教育综合改革的政策支持

《教育规划纲要》比以往任何时候都更加强调省级政府对教育的统筹，明确提出把加强省级政府教育统筹作为教育管理体制改革的重点内容。2013 年 11 月，习近平总书记在《关于〈中共中央关于全面深化改革若干重大问题的决定〉的说明》中强调，要加强改革顶层设计和整体谋划，加强各项改革的关联性、系统性、可行性研究，统筹考虑，全面论证，科学决策。党的十八届三中全会通过的《中共中央关于全面深化改革若干重大问题的决定》，对全面深化改革的重要领域和关键环节做出重大部署，特别是围绕党的十八大报告提出关于"紧紧围绕更好保障和改善民生、促进社会公平正义深化社会体制改革"的新部署和"必须更加注重改革的系统性、整体性、协同性"

的新要求，明确了深化高等教育领域综合改革的攻坚方向和重点举措，要破除制约教育事业科学发展的体制机制障碍，落实和扩大学校办学自主权，建设依法办学、自主管理、民主监督、社会参与的现代大学制度，促进高等教育办学模式改革、考试招生制度改革，优化专业结构，促进资源共享，推动产教结合、校企合作，促进教育体系自身完善，构建政府、学校、社会之间新型关系。

二、高等教育综合改革试点的进展情况

高等教育综合改革试点的核心是建立省级政府统筹高等教育又好又快发展的体制机制，形成长效的制度安排，相比其他单项改革难度更大、要求更高。试点省份对此高度重视，按照试点方案制定了任务书、路线图，正在积极有效、扎实稳步地推进。

（一）江苏省：确立综合改革战略，建立健全深化改革推进机制

江苏省作为唯一一个与教育部签署部省共建国家高等教育综合改革试验区的试点省份，将加强省级政府教育统筹作为深化高等教育改革的重要抓手，准确把握推进高等教育综合改革的总体要求，根据改革注重制度创新的特点，把制度创新与解决热点、难点问题结合起来，坚持立足当前与着眼长远紧密结合，坚持整体推进与分类指导紧密结合，坚持综合改革与专项改革紧密结合，坚持改革力度与社会可承受程度紧密结合，把高等教育作为牵引各级各类教育改革发展的龙头，把实现教育现代化作为主要目标，把提高教育质量水平和增强服务经济社会发展能力作为主要任务，把高等教育综合改革试验区建设作为江苏教育改革发展的重中之重加以推进。一是注重全省规划，提出建设教育强省战略。如《江苏省中长期教育改革和发展规划纲要（2010—2020年）》提出，推动教育事业科学发展，以建设教育强省、实现教育现代化为目标，着力建设人力资源强省，为率先全面建成小康社会、率先基本实现现代化提供坚强的人才支撑和智力保障。二是加强各级各类教育统筹安排，促进协调发展。江苏省的教育规划纲要提出，高等教育普及化水平和质量要

进一步提高，每 10 万人口中在校大学生人数达到 5200 人，建成一批高水平大学和高质量的特色高等学校。三是通过体制机制创新，加强教育投入和教育资源统筹。四是统筹解决各类教育热点难点问题，如创新人才培养、考试招生制度、现代大学制度、办学体制。重点探索多元化、优质化、特色化和国际化的办学道路，力争把江苏省建设成为高等教育深化改革的先导区、科学发展的示范区、现代大学制度建设的先行区，使高等教育发展整体水平和综合实力位于全国前列，主要发展指标接近世界发达国家水平，高等教育发展更加适应江苏经济社会发展需要。

江苏省委、省政府从战略高度出发，确立综合改革的思路，做好"四个统筹"：一是统筹协调各级各类教育关系；二是统筹协调政府部门和社会各方；三是统筹协调区域教育改革发展；四是统筹协调高教内部各项改革。在改革的基本思路上，根据改革的综合性，进一步加强政府统筹，左右联动，全面协同，体现了综合改革的特色。在改革任务的确定上，根据改革的系统性要求，加强顶层设计、上下联动，做到"设置在顶层，落实在基层"，调动基层和学校的改革积极性，突出体制机制和制度创新。在改革的推进上，考虑改革的复杂性，建立定期通报制度、教育改革的监督评估机制，及时跟踪、评估、反馈改革的进展情况，建立健全各项工作机制，做到组织领导到位，要求承担试点任务的高校党政主要领导要亲自抓，分管负责同志和班子其他成员各负其责，认真落实改革措施，及时掌握改革动态，积极稳妥推进试点工作，确保高等教育综合改革各项工作落实到位，为全国提供更多更好的先导、先行和示范经验。

江苏省将高等教育综合改革实验区建设作为教育改革发展的重中之重加以推进，在目标确定上体现"三个面向"原则，把改革试点工作放了江苏"两个率先"的全局中来谋划布局。省政府出台了《江苏高等教育综合改革试验区建设方案》，明确高等教育综合改革的指导思想、基本思路、主要任务，组建教育体制改革领导小组，确定了高等教育综合改革的 10 个子项目：深化高等教育管理体制改革，建设现代大学制度试点；区域高校联盟试点；高校人才培养体制改革试点；卓越工程师教育培养计划试点；江苏高校优势学科建设工程试点；深化高校产学研合作增强高校社会服务能力改革试点；

创新高校高端人才队伍建设机制试点；建设一批中外合作高水平大学和项目，实施江苏高等教育国际化战略试点；招生考试改革试点；建立健全科学的高等学校分类评价体系试点。遴选确定一批试点高校，建立分阶段、分年度的试点任务责任分工和问责机制，排出详细的进度计划，明确路线图、时间表、任务书、责任人，把各项工作分解落实到岗、到人，做到任务具体、目标明确、责任落实。省教育体制改革领导小组办公室与南京师范大学、南京信息工程大学、南京工业大学、苏州大学、扬州大学等试点高校代表签订《高等教育综合改革试点项目责任书》。各试点高校精心组织力量，研究吸纳有关意见，进一步充实完善方案，使实施方案更具针对性、可操作性和实效性。

（二）湖北省：创新制度设计，加快由高教大省向高教强省跨越的步伐

湖北省为适应经济社会发展"两圈一带"战略，特别是武汉城市圈"两型社会"建设、服务和引领全省实现经济社会转型战略的需要，根据教育部《关于 2013 年深化教育领域综合改革的意见》，紧密围绕"建设高等教育强省"这个奋斗目标，紧紧抓住"提高高等教育质量、提供优质社会服务"两大重点任务，以深化高等教育综合改革为引领，以实施本科教学工程为抓手，以提高高等教育质量为核心，着力推进"激活优质高教资源、开拓教育服务领域、加强教师队伍建设为主"四大转变：深化人才培养模式改革，探索创新型人才培养新途径，构建应用型人才培养新机制；深化办学体制改革，促进产教深度融合发展，促进高校与高校协同发展；深化管理体制改革，推进现代学校制度建设，健全完善教育督导和监测评价机制；深化保障机制改革，完善投入保障机制，推进区域高等教育综合改革试点工作。

湖北省委、省政府印发《湖北省高等教育综合改革总体方案》，创新制度设计，以教育体制改革为突破，以教育发展项目为支撑，着力提高人才培养水平，着力深化高等教育体制改革，着力推进高等教育内涵式发展，着力建设高素质教师队伍，增强湖北高等教育发展的活力，加快由高等教育大省向高等教育强省跨越的步伐。

第一，在改革的理念上，强化"三个第一"。一是把高教优势作为第一

优势，向改革要活力，以改革筑优势，把高等教育现代化作为湖北现代化的先导，把科教强省作为构建中部地区崛起的重要支点；二是把体制改革作为第一动力，扫除体制机制障碍，建立校际协同、校所协同、校企协同、校地协同、中外协同等协同创新模式；三是把人才培养作为第一任务，创立人才培养的新机制、新模式，大力培养创新型、应用型、复合型和技能型人才。

第二，在改革目标上构建"四个优势"。一是构建学科特色新优势，面向湖北十大支柱产业，建设60个相关的特色优势重点学科；二是构建科技创新优势，主动融入东湖国家自主创新示范区建设，发挥武汉地区高校科研平台集中、实力较强的特点，打造全国第二大智力密集区；三是构建人才培养新优势，把高等教育综合改革试点与湖北省人才规划纲要确定的13项重大人才工程紧密结合；四是构建领导高等学校科学发展的政治新优势，完善高校治理结构，选好配强高等学校领导班子，进一步完善党委领导下的校长负责制，不断提高领导高等学校科学发展的能力和水平。

第三，在改革内容上突出"五个重点"。省政府确定了人才培养体制、办学体制、管理体制、科技创新体制和保障体制等五个重点领域，确定45所高校承担112项具体改革任务，全面推进。湖北省坚持全局和局部相配套，省级改革性规制和校级改革性措施相结合，突出重点领域和关键环节，对45所高校承担112项具体改革项目实施情况进行中期检查。加强项目管理，健全项目进度报告制度。加强激励引导，遴选一批改革示范项目和典型案例，加大推广力度。

（三）黑龙江省：谋划长远，增强协同创新能力，全面提高高等教育质量

黑龙江省以高教强省建设为载体，以提高质量为核心，深化人才培养模式改革，优化高等教育结构，建立健全高等教育分类指导、分类服务体系，突出办学特色，推动高校科技创新平台建设，全面提升高等教育综合实力，增强高等教育服务经济社会发展能力，加快推进具有黑龙江特色的现代高等教育体系营建工作。重点推进11项主要任务。一是深化高等教育管理体制改革。建立高校分类指导服务体系，进行现代大学制度改革试点，健全高等教

育质量监督与保障体系，完善高等教育咨询服务体系，推进省部、省市共建工作，推动高校校际合作。二是优化高校类别层次结构。实施"1161"工程，即加大力度支持哈尔滨工业大学建设世界一流大学，支持东北农业大学等 10 所高水平大学建设，支持黑龙江科技学院等 6 所特色应用型本科院校建设，支持 10 所示范型高职院校建设，建立布局合理、结构优化、类型多样、特色鲜明、具有黑龙江特色的现代高等教育体系。三是创新人才培养模式。实施卓越人才系列教育培养计划，实施基础学科拔尖学生教育培养计划，实施创新创业人才教育培养计划，开展"研究生教育创新工程"、"基础学科拔尖人才培养计划"、"卓越人才教育计划"、"创新创业人才培养"为主的人才培养模式改革试点；推进二级学院改革，推进研究生培养模式改革，加强产学研合作研究生培养创新基地建设。四是优化学科专业结构。积极调整优化学科专业结构，加强重点学科专业建设，构建结构合理、有机互补、特色鲜明的学科专业整体布局。五是推动高校科技创新平台建设。加强重点实验室建设，推进五大工程技术研发平台建设，促进大学科技园发展，提高高校科研成果转化水平，加强软科学战略发展研究中心建设。六是培养落地人才。加快培养紧缺人才，加强农村大学生培养。七是打造高水平的师资队伍。实施高层次领军人才队伍建设工程，加强中青年骨干教师和高层次战略后备人才培养工作，加强高校中高级管理人员分类培训。八是提升高等教育的国际化水平，吸引外国学生来黑龙江留学，强化以对俄为重点的东北亚办学优势，积极推进人才培养国际化，加强汉语国际推广网络体系建设。九是实施普通高等学校总会计师制度。十是构建高校学术不端行为监督查处机制。十一是健全高校廉政风险防范机制。

黑龙江省结合《教育规划纲要》的目标任务，结合本省经济社会发展需求和高等教育发展实际进行长远谋划，在落实高教综合改革试点工作中明确提出"四个结合"的基本原则和"六项突破"。"四个结合"的基本原则：坚持立足当前与着眼长远相结合，坚持继承和创新相结合，坚持突出重点与兼顾一般相结合，坚持以人为本和服务发展相结合。"六项突破"的总体要求：一是加强高校的分类指导和管理，促进高校特色发展、错位发展，整合调配优质教育资源，优化学科专业结构和布局，在优化高等教育体系上取得突破；二是创新人才培养模式，优化人才培养机制，突出实践能力和创新能力的培养，加大创新型人才和高素质应用型人才的培养力度，在提升人才培养质量上取得突破；三是增强科学研究能力，加强高校科技创新体系建设，健全产学研合作机制，建立产学研战略联盟，在增强服务经济社会发展能力上取得突破；四是依法扩大高校办学自主权，健全内部治理机构，创新高校办学模式，在建立中国特色现代大学制度上取得突破；五是加强中青年教师的培养，培养、引进一批具有国际先进水平的学术领军人才，在师资队伍建设上取得突破；六是加强国际交流与合作，借鉴国际先进的办学理念和管理经验，积极引进国际优质教育资源，培养面向世界的国际交流人才，在提高人才培养的国际化水平上取得突破。

第二节　试点改革成效

近年来，江苏、湖北、黑龙江三省以教育体制改革为突破，积极转变教育思想观念，以教育发展项目为支撑，着力提高人才培养水平，着力深化高等教育体制改革，着力推进高等教育内涵式发展，着力建设高素质教师队伍，大力推动高等教育服务于经济社会发展，在推进高教综合改革试点中进行了卓有成效的改革探索，体现出综合性、创新性和协同性的鲜明特征，取得了初步成效。

一、推进高校分类指导，实现分类管理与发展目标

湖北省积极探索高等学校分类指导、分类管理的办法，结合办学定位、招生考试、人才培养、学科建设、服务功能、评价机制、监管机制等，建立高校分类体系、分类指导标准，实行分类管理。编制了《湖北省"十二五"高等学校设置规划》，探索建立适应管理要求的高等教育资源分配方式，重点支持武汉大学、华中科技大学争创世界高水平大学，支持其他部委属高校和若干所高校争创国际知名、特色鲜明的高水平大学，建设一批特色高校、

特色院系、特色学科、特色专业。

江苏省实施分类管理和分类指导，引导高校科学定位、特色办学，形成错位发展、优势互补的发展格局。江苏省参照国际先进的评估理念和方法，研制形成了不同类型高校的评价指标和标准，分类开展评估工作。试点项目的开展促进了江苏教育管、办、评分离制度的探索，促进高校评价和管理政策突破，促进了教育评估拨款制度的完善，促进了高等教育外部质量保障体系的健全，促进了高校绩效评价制度的探索。试点工作开展 3 年来，各有关部门和高校改革意识不断增强，工作合力基本形成，重点领域加快突破，试点项目取得了重大进展，在全国相对早地从实践层面进行高校分类和评价，基于高校四大职能的分类方法受到了教育部领导和有关司局的重视和关注。

黑龙江省出台了《关于加强全省高等学校分类管理和分类指导的意见》，积极推进高等院校在办学定位、人才培养、学科专业建设、教师培训、分类评估等方面的分类指导，引导高校合理定位，克服同质化倾向，形成各自的办学理念和风格，在不同层次、不同领域办出特色，争创一流，从而提高人才培养质量。省教育厅在拨款、学科专业建设、院校评估和专项评估、项目评选等管理及服务工作中，也以分类指导为基本原则来进行，满足不同学校的发展需求。通过实施"1161"工程和黑龙江省特色应用本科院校建设，支持"985"、"211"院校和省内高水平大学建设，加快推进应用型本科院校在完善紧密联系社会机制、加强特色专业建设、深化教育教学改革、加强师资队伍建设等方面的工作。启动特色本科院校建设计划和第二批全省示范性高等职业院校建设计划，加快高等学校分类发展，在各层次各类型高校中建设高水平一流大学，建立布局合理、结构优化、类型多样、特色鲜明、具有黑龙江特色的现代高等教育体系。

二、适应经济社会发展，进一步优化学科专业结构

湖北省出台《关于加快建立学科专业动态调整机制的指导意见》，建立适应经济社会发展专业设置动态调整机制，优化专业结构，完善本科专业设置的咨询、评价、信息发布、监测、预警及退出机制。同时湖北省科学布局、

统筹协调，建立与现代产业体系相吻合，与国家和地区经济社会发展需要紧密对接的学科专业体系，实施"湖北省普通高等学校优势特色学科建设工程"，以国家和全省经济社会发展需要为导向，为国家和湖北省经济建设与社会发展做出了积极贡献。主要取得以下四个方面的成效。一是人才培养和专业结构更加优化。人才培养模式改革取得突破性进展，专业结构进一步优化，高校人才培养与社会需求的结合更加紧密。二是课程资源更加丰富。形成了一批具有影响力的精品视频公开课程、精品资源共享课程，使优质教育教学资源更加丰富，共享程度更加深入。三是创新能力得到强化。建设了一批开放共享的大学生实践创新平台，学生的创新精神、实践能力和就业竞争力显著增强。四是共建共享机制更具活力。统筹高等教育教学资源建设，探索多样化的高校联合办学机制，促进优质高等教育资源联动共享，构建了更加完善的高等学校教育教学资源公共平台。

江苏省加强重点学科建设，以一级学科重点学科为主要内容建设重点学科，构建国家、省和学校三个层次的重点学科体系。实施优势学科建设工程，围绕优质资源建设、创新团队建设、人才培养工程、科研创新等四个方面和"建设高峰学科，培育杰出人才，产出重大成果，引领经济社会发展"等四项重点任务，按照突出重点、扶优做强的思路，切实加强优质学科资源和创新团队建设，大力开展人才培养与科研创新，确立了江苏独具特色的一流学科、一流大学建设理念，带动形成了高校人才培养、科学研究、社会服务和文化传承等方面的发展合力。随着工程的深入推进和建设，成果得到不断显现，主要表现在：一是在理念转变方面，以学科建设为龙头统领学校教学、科研和社会服务工作的理念深入人心，成为带动高校人才培养、科学研究、深化服务和文化传承等方面发展的合力；二是在政策突破方面，打破了部省界限、校企界限、学科界限，充分调动部属高校与省属高校的积极性，广泛吸纳地方政府，科研院所，行业、企业与其他创新力量，开展紧密型、实质性的基于项目的鲜明导向；三是在制度创新方面，建立多部门协同推进、齐抓共管的运行机制，建立扎实有效开放竞争的项目管理机制，建立多元开放、引入国际元素的绩效评价机制，有力推动了学科间的资源整合与协调合作，形成了凝聚力、资源优化、协同创新的高校发展合力。

黑龙江省始终把人才培养作为根本任务和首要职责，把创新人才培养模式作为品质提升的战略选择，把国家战略和地方发展需求作为创新发展的动力源泉，把"三地"（培养落地人才，研发立地项目，提供益地服务）作为服务社会的必然要求，充分发挥高等教育整体功能。黑龙江省启动实施"黑龙江省重点学科建设工程"，重点建设 220 个省级重点学科，并选择其中的40 个左右学科作为国家级重点学科的后备学科进行重点建设。在培养落地人才方面，实施紧缺人才培养培训服务计划，重点依据产业结构调整需要，引导高校大力培养面向装备制造业等行业的紧缺专业人才；实施师范类学生农村支教计划，将师范生实习支教与加强农村教师队伍建设紧密结合，加快农村基础教育发展。在研发立地项目方面，依托哈尔滨工业大学等高等学校，整合有效科技资源，全力精心打造装备制造、煤电化、优势农产品生产与加工、新药制药和中药新药"五个工程"技术研发平台和工程技术研发中心等一批科技服务平台，重点支持资源精深加工、装备制造、航空航天、生物产业和新材料等领域，有效推动了高等学校科技成果转化服务计划。

三、改革创新人才培养模式，不断提升人才专业发展能力

湖北省在改革人才培养模式方面，牢固确立人才培养的中心地位，创立人才培养的新机制，实施人才培养计划，增强人才培养与经济社会发展的耦合度。一是实施"拔尖创新人才培养计划"，着眼于培养拔尖创新型人才，从 19 所本科高校遴选建立了 23 个拔尖创新人才培养基地，鼓励高校在学生选拔、师资配备、培养模式、条件氛围、管理制等方面大胆改革试验，为培养未来在相关基础学科领域的领军人物和应用学科拔尖创新人才奠定基础。二是实施"大学生创业示范基地建设计划"，着眼于增强大学生的创业创新能力，鼓励支持高校与企业行业合作，鼓励高校建立"大学生创业教育基地"。三是实施"研究生教育创新基地计划"，着眼于培养具有创新精神的高级专门人才，充分吸收整合社会、企业科技资源，依托开发区和省内大型企业、高新企业，采取项目资助的方式，建立 583 家教育创新基地，为研究生提供科技实践岗位 2000 多个。四是实施"战略新兴产业人才培养计划"，积

极引导高校主动服务区域经济建设，遴选出 197 个办学条件较好的本科和高职专业点，组织高校与企业、行业联合制订人才培养方案，建立产业人才培养基地，探索高校与企业联合培养人才的新机制、新模式。

江苏省坚持以建设促改革，组织实施教学质量提升工程。深化本科人才培养模式改革，开展以提高大学生实践能力和创新能力为重点的培养模式改革，大力推进研究性、实践性教学，全面推行学分制和弹性学制，改革教育评价方式；推进职业教育集团建设，建立高等职业院校与行业企业的融合机制，构建中等职业教育、普通高等教育、远程继续教育以及职前与职后教育相互衔接沟通的人才培养"立交桥"；深化研究生培养模式改革，系统推进学术型、应用型、复合型研究生分类培养模式改革，在培养方案、课题设置、教学内容、导师指导、论文写作等关键环节上，积极探索，创新发展，推进产学研联合培养研究生的"双导师制"，实行不称职导师淘汰制度。建立研究生助研助教制度，建设企业研究生工作站和产学研联合培养研究生示范基地。

黑龙江省为提高人才培养质量，培养创新人才，积极探索科学基础、实践能力、人文素养整合发展的新模式。针对黑龙江省支柱产业和战略性新兴产业对工程人才的迫切需求，积极推行"卓越计划"、"拔尖人才培养计划"、"创新创业人才培养计划"，引导高校进行人才培养模式的改革与创新。主要采取以下措施。一是深化了本科教育教学改革。黑龙江教育厅下发了《关于进一步推进黑龙江省高校创新创业人才培养工作的通知》，以立项的形式积极推进了高校创新创业人才培养工作，强调人文教育与科学教育、理论教学与实践教学、教学与科研相结合。二是优化了人才培养结构。协调发展拔尖创新型、应用型、技能型等各类人才培养规模和比例。以实施黑龙江省"卓越工程师教育计划"为先导，重点支持装备制造业、食品、制药、能源、软件及服务外包产业等 65 个卓越人才培养教育项目，"卓越农业人才培养计划"、"卓越医生培养计划"和"卓越法律人才培养计划"等专项计划也正在推进中。三是提升了人才专业发展能力。通过实施科技创新团队计划、长江学者后备支持计划、新世纪创新人才培养计划、青年学术骨干支持计划和海外学人科研资助计划，培育了一批以高水平领军人才为核心的科技创新团队。

四、推进高校办学体制的改革，增强高等学校服务社会的功能

湖北省积极探索高等教育科学发展的新举措、新路径，统筹优质资源，搭建共享平台，创新办学体制，改革办学模式，增强了高等学校服务社会的功能。实施"高校自主创新重点基地建设计划"，计划建设20个左右具有较高学科水平和科技创新能力的"高校自主创新重点基地"；实施"高校青年教师企业服务行动计划"，开展科技研究、成果转化、岗位实践等活动，对青年教师与企业的合作项目优先立项资助，调动高校青年教师为企业服务的积极性；建设湖北省大学科技园，主动融入东湖国家自主创新示范区建设。大学科技园建设促进了高校科技优势转化为现实生产力，成为科技企业孵化的基地、大学生创新创业的基地、科技成果产业化的基地。

江苏省在办学模式改革中，加强省部（局）共建，推动高校开展教学联盟。加强与国家部委及行业的联系，共建一批地方高校。依托南京仙林大学城的5所本科高校，成立本科教学联盟，开通教学联盟网站和图书馆门户网站，联合开展教师互聘与交流，搭建大学生科研创新训练平台，开展学生互派交流活动。面向长三角实施省际间学生交流互派计划，相互选派291名学生赴上海、浙江以及联盟学校学习，取得了很好的效果。江苏省还选择有条件的高校进行整体转制改革试点，鼓励公办和民办高校优势互补、联合办学，探索建立多种类型的教育集团，开展营利性与非营利性民办高校分类管理试点，完善独立学院管理和运行机制，13个省辖市均有本科高校，高等教育布局结构进一步完善。

黑龙江省以工学结合人才培养模式改革为切入点，以示范和骨干院校建设为突破口，积极探索"产学合作、产学双赢"的校企合作机制。在深化高职教育办学体制改革中，逐步形成了校企"人才共育、过程共管、成果共享、责任共担"的长效合作机制。如黑龙江农业经济职业学院的"农场农企农职农协农户"五联动，黑龙江工商职业技术学院"校政行企装备制造业高技能人才培养联盟"，大庆职业学院的"油地共建、校企一体"，黑龙江农垦

职业学院的"校企共建二级学院"，黑龙江民族职业学院的"厂中校"等多种形式的办学体制机制建设，都取得了突破性进展。

五、扩大高校办学自主权，促进高等学校完善治理结构

湖北省积极推进高等教育管理改革，加快简政放权，扩大高校办学自主权，完善内部治理结构。一是加强高等学校的章程建设。推进各类高校建立以章程为主要管理制度的制度体系建设，促进高等学校依照章程管理学校，推动大学章程和大学理事会建设。同时积极推进行政审批和管理制改革，明确各级政府责任，促进管办评分离，形成政事分开、权责明确、统筹协调、规范有序的教育管理体制。二是推进高校内部管理体制改革。理顺政事关系，下放管理权限，落实高等学校办学自主权。健全高等学校内部的竞争机制和激励机制，转换人事管理的运行机制，搞活用人制度和分配制度。三是坚持公办高校党委领导下的校长负责制，加强民办高校中党的建设。研究制定湖北省高校实行党委领导下的校长负责制的实施办法，积极探索党委领导下的校长负责制的实现形式，明确议事规则和决策程序，实现民主决策、科学决策和依法决策。

江苏省积极推进现代大学制度建设，依法落实高校办学自主权，依法保障高校自主开展各类教育教学活动。江苏省多所大学以建设大学章程为契机，探索学院教授委员会机制，逐步实现管理重心逐步下移。苏州大学在制定大学章程工作中，加强前期调研和制度环境的准备工作，广大师生员工充分参与、注重程序科学，并以制定章程为契机推进现代大学制度建设，启动学校规章制度的清理工作，共清理全校各类规章制度 600 个，保留 285 个，重新修订 126 个，废止 138 个，拟新制文件 51 个。三江学院积极探索中国特色民办高校法人治理结构，建立了理事会、校行政、校党委三套领导班子的科学更替机制，受到国家教育咨询委员会专家组的高度肯定。

黑龙江省以黑龙江大学中俄学院、哈尔滨学院软件学院为试点，在管理体制与运行机制改革、教育教学与人才培养模式改革等方面进行了深度尝试，取得了良好的效果。一是推进黑龙江大学中俄学院建设。在管理模式上，中

俄学院突出了五方面的改革：实行以创新人才培养为核心的教育教学管理模式改革；实行以人为本、德育为先的学生工作管理模式改革；实行按岗聘任、评训结合的教师聘任管理模式改革；实行自主办学、教授治学的学院管理模式改革；实行"四权"下放、全面支持的分配模式改革。二是推进哈尔滨学院软件学院综合改革。在管理体制方面，形成了具有"校企共建、校企共管、校企共督、校企共赢"特色的校企深度合作联合办学模式；在人事管理方面，建立了"事业编制+合同编制+兼职"的"三三制"多元化师资队伍结构；在校企合作方面，以校企双导师为核心、以学生为主体、以项目研发为主线，构建了产学研一体化校内实践平台。

六、加强制度建设，建立健全高等教育质量保障体系

湖北省在国家教学质量标准指导下，探索建立了高等学校教学质量标准。改进教学水平评估工作，健全多层次、常态化的教育教学质量监督和保障制度，促进高等学校强化教学管理、深化教学改革；根据本科教学评估新方案的要求，指导新建本科院校开展教学工作合格评估，研究制定省属本科高校审核评估办法；在全国率先开展了省属普通高校和独立学院的本科专业教学合格评估，大力推进专业建设；进一步健全和完善高等学校教学巡视工作制度，健全完善高等教育质量监督保障体系；从高校遴选一批热爱教学管理工作的离退休人员担任省级教学巡视员，深入高校开展教学巡视，加强对高校日常教学工作的监督和管理，加强质量监控。

黑龙江省出台了《关于进一步加强高等学校人才培养质量保障体系建设的意见》，以建立科学、长效的高等教育质量保障体系，全面提高高等学校人才培养质量。并建立健全了以高等学校为基础、政府发挥主导作用，社会积极参与的开放、多元、全面的高等教育质量保障体系。在外部质量保障体系建设上，一是实施高等学校分类评估。分类实施高等学校类型评估、学科专业特色评估、人才培养质量评估和办学总体绩效评估。二是建设高等学校人才培养工作基本状态数据平台。为行政决策、学术研究、信息发布及高等学校的内涵建设提供翔实可靠的数据保障。三是建立高等教育人才培养质量

年度报告制度。通过基于数据平台的横向和纵向对比，重点查找影响和制约本校人才培养质量的差距和问题，形成有针对性的整改意见，促进高校更加重视人才培养工作。四是积极推进专项评估。有计划地开展由省教育厅统一组织的院系、专业、课程、师资队伍等专项评估活动，促进有关高校更加重视课程质量的建设工作。在内部质量保障体系建设上，积极引导高校树立在评估工作中的主体地位，鼓励高校建立起科学化和常态化的高校内部质量监控和评价体系，完善对院系、专业、课程和主讲教师等方面的教学评估制度。目前全省高校都结合校情建立了质量保障制度。

第三节　主要经验和典型模式

一、优化高等教育体系，提高对经济社会发展的支撑能力

江苏、湖北、黑龙江三省在加强省级政府宏观统筹基础上，优化高等教育资源配置，推进高校分层次、分类型、分区域联合办学，结合办学定位、招生考试、人才培养、学科建设、评价监管等，建立健全高等教育分类指导、分类服务体系，积极推进对高等院校的分类指导、分类管理，引导高校合理定位，大幅提升学校办学水平，克服同质化倾向，进一步彰显学校特色，在不同层次、不同领域办出特色，争创一流，构建符合社会主义市场经济和创新型国家建设需要的高等教育体系。

（一）实行分类管理，彰显高校办学特色

江苏省推进高水平大学建设，完善高等学校部省共建、省市共建机制。在加强省级政府宏观统筹基础上，推进建立本科高校以省为主、专科高校以市为主的管理体制。在对高校分类指导的基础上，积极推动部省共建高水平研究型大学，与教育部继续共建南京大学和东南大学，重点支持南京大学和东南大学建成世界一流大学。省市共建应用型本科院校和高职院校，从政策、资金、人才等方面加大对高校的支持力度，促进高校办出特色、办出水平，

增强与经济社会统筹协调发展的能力，突出以贡献求支持、以改革促发展、以创新求提升的办学思想。对有发展潜力的地方高等院校如苏州大学、南京师范大学、南京工业大学等，进行省部共建，切实提高地方研究型大学的发展水平。遴选一批符合江苏经济社会发展需要、具有较高办学水平的省属重点高校，如苏州大学和南京工业大学，进行特色大学建设，创新学校内部管理体制，加大改革力度，加强重点学科建设，以一级学科重点学科为主要内容建设重点学科，构建国家、省和学校三个层次的重点学科体系。

湖北省积极探索高等学校分类指导、分类管理的办法。湖北省结合办学定位、招生考试、人才培养、学科建设、服务功能、评价机制、监管机制等，建立高校分类体系，分类指导标准，实行分类管理。以武汉城市圈教育综合改革为重要抓手，加大对全省教育改革的统筹力度；以武汉城市圈高校分类管理为基础，建立健全科学的高等教育评估和监管体制机制，开展高等教育分类评估和监管试点，探索建立适应分类管理要求的高等教育评估方式和适应分类管理要求的高等教育资源分配方式。编制完成了《湖北省"十二五"高等学校设置规划》，探索建立适应类管理要求的高等教育资源分配方式，重点支持武汉大学、华中科技大学争创世界高水平大学，重点支持其他部委属高校和若干所高校争创国际知名、特色鲜明的高水平大学，重点办好一批示范（骨干）高等职业院校。重点建设一批特色高校、特色院系、特色学科、特色专业，建设一批支撑现代产业体系发展的学科专业群。

黑龙江省建立并健全了高等教育分类指导、分类服务体系。2011 年，出台了《关于加强全省高等学校分类管理和分类指导的意见》，积极推进高等院校在办学定位、人才培养、学科专业建设、教师培训、分类评估等方面的分类指导，引导高校合理定位，克服同质化倾向，形成各自的办学理念和风格，在不同层次、不同领域办出特色，争创一流。实施"1161"工程，加大力度支持哈尔滨工业大学建设世界一流大学，支持东北农业大学等 10 所高水平大学建设，支持黑龙江科技学院等 6 所特色应用型本科院校建设，支持 10 所示范性高职院校建设，加快推进具有黑龙江特色现代高等教育体系营建工作。

（二）加强统筹整合，扩大优质资源的辐射力

江苏省利用大学城的资源优势，推动南京大学、南京师范大学、南京财经大学、南京邮电大学、南京中医药大学等 5 所本科高校构建教学联盟，研究制定了 12 个联盟项目的实施办法。联盟以提高教学质量、培养高素质创新人才、提升高校竞争力为共同目标，本着"以生为本、开放建设、机制创新、合作共享、互惠互利、共同发展"的原则，以共享互融，文、理、工、医多学科互补为优势，以联合改革人才培养模式，共建创新人才培养机制为突破口，同时建立一套完整的与之相适应的运行管理体制，共同构建基于共享互融人才培养机制的仙林五校战略联盟。围绕联盟高校联合培养学生计划，实行跨校选课、校际交流生、第二校园学习等多种形式的跨校学习制度；联盟内实施课程学分互认，合作建设专业；开展双专业、双学位人才培养，探索复合型人才培养新途径等相关的细则或实施方案，做到制度上的保障。

湖北省发挥政策指导和资源配置的作用，建立动态调整机制，统筹整合部属高校、省属高校及社会创新资源，支持在汉 7 所部属高校（七校联合）、湖北师范教育联盟、武汉南湖片 10 所高校开展学生联合培养、教师互聘、课程互选、学分互认、资源共享等教学合作，实施了"武汉城市圈中央部属高校与地方高校支持合作计划"，推动部属高校和省属高校的深度合作。通过实施"南湖高校联盟"，组织南湖片 10 所高校提供 63 个专业供学生选择学习，每年 1500 多名学生跨校参加辅修双学位学习。依托武汉大学等高校的图书文献资源，建设"数字图书馆"，打通高校图书文献资源集成共享通道，全省 114 所高校与数字图书馆完全链接。探索省际间高等教育资源共享平台建设，推动"中三角"（湘鄂赣）高校开展联合培养人才和高等教育资源共享试点。

黑龙江省出台《重点学科建设绩效评估实施方案（试行）》，坚持"扬优、助特、扶需"的原则，积极引导高校主动适应"八大经济区"建设和产业结构调整需求，加强学科专业建设，调整学科专业结构，不断加强优势学科建设，积极支持特色学科建设，大力扶持社会急需学科建设，构建结构合理、有机互补、特色鲜明的学科专业整体布局。在学科建设方面，继续选择

部分国家级优秀重点学科为牵头学科。按照学科交叉融合、优势互补的原则，结合学科特点和专业优势，充分发挥国家重点学科的引领作用，整合全省学科优势资源，逐步推进与生物医药、现代农业、装备制造、能源技术等主导产业群直接相关的学科群建设。

二、提高人才培养质量，为产业转型升级提供人才支持

江苏、湖北和黑龙江三省确立人才培养的中心地位，改革人才培养模式，创新人才培养机制，实施人才培养计划，提高人才培养质量，增强人才培养与经济社会发展的耦合度。

（一）坚持集成创新，深化人才培养模式改革

江苏省在本科院校，大力推进研究性、实践性教学，全面推行学分制和弹性学制，改革教育评价方式。大力推进本科人才培养模式改革，组织实施教学质量提升工程，引导高等学校把资源配置和工作着力点集中到强化教学环节、提高教育质量上来。坚持集成创新，系统强化教学关键环节，引导教学改革方向，加大教学投入，全省高校目前已建校企合作实践中心 65 个。完善高职高专院校学分制和弹性学制，探索建立高职院校学生学分与本科院校学分互认制度。启动实施以中高职衔接为主的现代职教体系试点，实行联合招生、分段培养，通过接续专业、连续学制，努力培养系统掌握专业理论知识的高端技能型人才。全面推行工学结合、校企合作、顶岗实习、半工半读的人才培养模式，建立高等职业院校与行业企业的融合机制，构建中等职业教育、普通高等教育、远程继续教育以及职前与职后教育相互衔接沟通的人才培养"立交桥"。

湖北省牢固确立人才培养的中心地位，创立人才培养的新机制，增强人才培养与经济社会发展的耦合度，加大研究生培养机制与模式改革力度，加快打造"湖北十大职业教育品牌"。2010 年实施"拔尖创新人才培养计划"，从全省 19 所本科院校遴选建立 33 个拔尖创新人才培育基地，鼓励高校在学生选拔、师资配备、培养模式、条件氛围、管理制度等方面大胆改革试验，

为培养造就未来在相关基础学科领域的领军人物和应用学科拔尖创新人才奠定基础。实施"研究生教育创新基地计划",充分吸收并整合社会、企业科技资源,共建 583 家创新基地,为研究生提供了科技实践岗位 2000 多个。实施自主创新"双百计划",2012 年在全省设立 30 个自主创新岗位和创新团队,同时深入推进"博士后创新岗位计划",引导、资助博士后人员到企业工作站和产业基地从事博士后研究。

黑龙江省结合省情校情,积极转变教育思想观念,推进人才培养模式改革试点。一是开展"研究生教育创新工程"。对学术型研究生增加基础理论性课程和创新课程,着重夯实学生的理论基础,为其今后攻读博士学位或从事科研工作奠定坚实的基础;对应用型研究生,强调应用基础和应用技术类课程的学习,着重技术技能的培养及相关知识的传授,注重产学研相结合,加强对研究生解决实际问题的能力、现代实验方法和技能、社会调查能力等的培养。二是推进"卓越计划",满足支柱产业和战略性新兴产业对工程人才的迫切需求。三是推进创新创业人才培养。教育厅下发了《关于进一步推进黑龙江省高校创新创业人才培养工作的通知》,以立项的形式积极推进了高校创新创业人才培养工作。四是推进创新创业人才培养。以立项的形式积极推进了高校创新创业人才培养工作,启动了省级大学生创新创业实验项目支持计划,确定了 19 所高校开展大学创新创业训练。

(二)关注支柱产业,加快培养社会急需人才

江苏省综合经济部门会同教育行政部门共同制定支柱产业、战略性新兴产业等重点领域急需人才培养专项规划,并纳入行业发展规划给予专门支持。已出台《关于加快建立学科专业动态机制的意见》,建立规划引领机制、目录指南机制、联合审核机制、特色激励机制、评估监控机制、预警退出机制,强力调整高校学科专业。启动实施卓越工程师教育培养计划,有 22 所高校的80 多个专业入选教育部卓越工程师教育培养计划试点,有 32 所高校的 103个专业参与省卓越工程师计划试点,深化高职人才培养模式改革,以职业能力为核心,改革教学方法和管理机制,强化学生技能训练。

湖北省于 2010 年实施"战略性新兴产业和支柱产业人才培养计划",引

导高校主动服务区域经济建设，面向节能环保、新能源、新能源汽车、电子信息、新材料、生物医药、生物育种等 7 大战略性新兴产业和电子信息、汽车、钢铁、有色金属、石化、纺织、装备制造、船舶、轻工、物流等 10 大支柱产业，建设 60 个相关的特色优势重点学科。从全省高校遴选出 197 个办学条件较好的专业点，建立产业人才培养基地，探索高校与行业企业联合培养人才的新机制、新模式。该计划项目的招生计划单列，其中本科项目每个 40 人，高职高专项目每个 45 人。

黑龙江省针对本省支柱产业和战略性新兴产业对工程人才的迫切需求，实施紧缺人才培养培训服务计划，重点依据产业结构调整需要，引导高校大力培养面向装备制造业等行业的紧缺专业人才。在全国率先开展了省级卓越工程师教育培养计划工作，重点支持装备制造业、食品、制药、能源、软件及服务外包产业等相关专业实施"卓越计划"，确定在哈尔滨工业大学、哈尔滨工程大学、东北农业大学等 9 所本科院校的 14 个专业进行试点。同时，"卓越农业人才培养计划"、"卓越医生培养计划"和"卓越法律人才培养计划"等专项计划正在推进中。

（三）加强基地建设，创新实践教学工作

江苏省积极适应经济社会发展对学术型、应用型、复合型等不同类型高层次人才培养的多样化要求，改变传统的研究生培养模式，推进产学研联合培养研究生的"双导师制"，建立研究生助研助教制度，建设企业研究生工作站和产学研联合培养研究生示范基地，搭建多层次创业实践载体，初步形成了政府统筹协调、教育部门和科技部门分工主管、企业与高校协同建设管理的管理体制和运行机制。教育厅与科技厅联合印发《关于进一步加强江苏省企业研究生工作站建设与管理的意见》，推进产学研合作，提高应用型高层次人才培养质量。自 2010 年起，共认定 481 个企业研究生工作站，工作站总数达到 1012 个。

湖北省实施"战略新兴产业人才培养计划"，面向湖北省战略性新兴产业，积极引导高校主动服务区域经济建设，建立产业人才培养基地，探索高校与企业联合培养人才的新机制、新模式。政府已出台《关于进一步推进高

校实习实训基地建设的意见》，"十二五"期间投入 1 亿元，实施大学生创业创新示范基地建设计划，重点建设 20 个左右的研究生教育创新基地，建立 200 个实习实训基地，立项建设 30 个左右的创业创新示范基地，为大学生到党政机关、企事业单位实习实训提供基地，为大学生进行创新研究和成果转化提供平台，培养具有创新精神的高级专门人才，提高大学生的就业和创业能力。

黑龙江省大力促进人文教育与科学教育、理论教学与实践教学、教学与科研相结合，加强实践教学环节，着力推进高等学校的创新创业教育，建设创新创业教育基地 30 个。依托哈尔滨工业大学等高等学校，整合有效科技资源，全力精心打造装备制造、煤电化、优势农产品生产与加工、新药制药和中药新药"五个工程"技术研发平台和工程技术研发中心等一批科技服务平台。在哈尔滨学院软件学院综合改革试点中，深入开展院系专业化管理体制和企业化运行机制的改革与探索，形成了具有"校企共建、校企共管、校企共督、校企共赢"特色的校企深度合作联合办学模式；在人事管理方面，建立了"事业编制+合同编制+兼职"的"三三制"多元化双师型师资队伍结构。

三、提升科技创新能力，增强高校对经济社会发展的驱动力

（一）建立协同创新机制，提升高校科技服务的水平

江苏省实施"江苏高等学校协同创新计划"，支持高校与地方各级人民政府共建产学研战略联盟和合作基地，支持行业企业与高校共建重点实验室、工程中心等科技研发平台。高校已培育组建协同创新中心 60 余个。新增 31 个省级以上科研平台、7 个省级大学科技园，10 个国家大学科技园被评为优良等级。68 所高校与企业签订"四技"服务技术 15922 项，成交额 51.1 亿元。苏州大学的技术转移中心先后在太仓、吴中区等地新建立了 7 个技术转移分中心，2012 年又获批为"江苏省高校技术转移示范中心"，被科技部认定为"国家技术转移示范机构"。南京工业大学聚焦人才、信息、技术、资

本等核心要素，深化科研体制改革，推进产学研合作，科技工作成效显著。2012 年，学校科研经费达 3.7 亿元，学校主要科技指标位居全省高校前三位；2012 获 3 项国家奖，全国高校排名第 8 位。

湖北省打破体制机制障碍，建立校际协同、校所协同、校企协同、校地协同、中外协同等协同创新模式，合作开展高素质专门人才和拔尖创新人才培养试验。实施"高校自主创新重点基地建设计划"、"高校与企业合作攻关计划"、"建设湖北省大学科技园计划"等，认定和培育一批湖北省"2011 协同创新中心"，大力推进科研管理体制、人事管理制度、评价机制、资源配置方式、人才培养模式等方面改革。启动实施"湖北省高等学校创新能力提升计划"，以体制机制改革为重点，以创新能力提升为突破口，大力推进协同创新。由湖北高校牵头，与国内外高水平大学、科研机构、龙头企业等开展实质性合作，构建政、产、学、研、用、中介、风投等参与的多学科融合、多团队协同、多要素集成的协同创新中心。

黑龙江省教育厅与省财政厅积极整合高校、科研院所和优势企业的技术资源，推进五大工程技术研发平台建设。依托哈尔滨工业大学等高校牵头，围绕主导产业集群发展的重大科技需求，重点建设装备制造、煤电化、优势农产品生产与加工、新药制药和中药新药等五大工程技术研发平台，组织开展科技攻关、新产品研发，为企业培养、培训工程技术人员，提高科技成果转化率，促进企业自主创新和产品更新，并通过搭建子平台，集中服务于一个重点发展的行业或企业，加快产业结构升级和区域经济可持续快速发展。近两年来，五个平台特色突出、体系完善、运行良好，已经取得明显成效。

（二）建立资源配置机制，支持研发平台和产业技术创新

江苏省教育厅配合南京市委、市政府制定出台了促进高校师生创新创业的"科技九条"激励政策措施。苏州大学和南京工业大学等高校以实施高等教育综合改革为契机，创新学校内部管理体制，加大改革力度，大幅提升学校办学水平，进一步彰显学校特色。在国家公布的 14 个"2011 计划"协同创新中心中，苏州大学和南京工业大学分别牵头的 2 个协同创新中心成功入选。南京工业大学定位为创业型大学，积极构建具有特色的创新创业创优体

系，实施卓越工程师培养计划，培养创新型工程人才，完善"大平台、大团队、大项目、大成果、大贡献"科技创新模式，不断强化和巩固学校的科技创新和产学研合作特色，在产学研体制改革方面探索出一条新路。苏州大学重点打造大学科技园、国家技术转移示范中心、苏州自主创新广场、纳米科技协同创新平台等四大平台，采取"走出去、引进来、作支撑、促协同"四种模式与地方政府、高新企业、国际高校开展科技合作。

湖北省创新科技资源配置机制，实施"高校自主创新重点基地建设计划"，强化教育和科技等部门统筹配置高校科技资源的协调机制，加强重点实验室等科技平台和科技计划的系统部署与衔接，2011 年已立项建设 4 个高校自主创新重点基地；完善科研平台开放共享机制，把开放共享纳入科技创新考核和绩效评估范围，实施"高校与企业合作攻关计划"，每年重点资助 20 项产学研用科技合作攻关计划项目，围绕湖北省经济社会发展的重大现实问题，组织高校科技力量与企业联合攻关；支持高校与骨干企业和科研院所联合组建技术研发平台和产业技术创新战略联盟，建设湖北省大学科技园，主动融入东湖国家自主创新示范区建设。在完善科技成果转化机制方面，全面落实《湖北省科学技术进步条例》的奖励规定，鼓励高校科技成果以股份制等多种形式参与分配，鼓励高校科技人员走进市场、走进开发区、走进企业创新创业，促进技术转移和成果转化。鼓励高校科技人员创办科技型企业，优先推荐科技人员创办的企业申报国家中小企业创新基金等项目。完善科技成果转化投入机制，加大对高校产学研合作资金的投入力度，实施高校产学研合作"十百千"计划，每年支持 10 个左右重大成果转化、产业化项目，支持 100 个横向合作重点项目，组织数以千计的专家教授到企业开展成果转化、技术咨询服务。

黑龙江省实行多学科、跨学科、交叉集合的资源配置机制，建立持续创新的科研组织模式。目前，全省高校有国家级重点实验室 9 个，省部级重点实验室 55 个，省高校重点实验室 106 个，优秀重点实验室 12 个，国家工程实验室 1 个。通过推动与高等学校、科研机构开展深度合作，建立协同创新战略联盟，联合开展重大科研项目攻关，整合共享了优质资源，发挥了优势特色学科的汇聚作用，在合作领域取得实质性成果。积极通过加强工程技术研究中心、实验室、大学科技园、人文社科基地等工作，推动高校科技创新平台建设。

（三）建立成果转化机制，实现技术与市场的有效衔接

江苏省通过国家大学科技园创业平台，以优势学科为核心，大力推动成果产业化，由学校成果转化成立的科技企业达 34 家。江苏大学新增汽车工程技术研究院、新材料研究院等专职科研机构，组建高新技术企业 20 家，服务产业需求。通过共建工程技术研究院、企业工程中心（实验室）、共享技术转移信息、平台仪器等方式，构建校地校企有效合作载体，不断完善产学研服务体系。常州大学面向战略新兴产业发展重大需求，新成立新能源研究院等 5 个学院，培育和孵化科技成果 22 家，获江苏省产学研前瞻项目数位列全省高校前 3 名。

湖北省完善科技成果转化机制，鼓励高校科技成果以股份制等多种形式参与分配，鼓励高校科技人员走进市场、走进开发区、走进企业创新创业，促进技术转移和成果转化。鼓励高校科技人员创办科技型企业，建立高校技术转移体系和高校科技成果转化"经纪人"制度；在中小企业设置"首席专家"岗位；优先推荐科技人员创办的企业申报国家中小企业创新基金等项目，定期开展"湖北高校十大科技成果转化项目"评选活动，定期发布在鄂高校科技服务湖北经济社会排行榜。实施"高校青年教师企业服务行动计划"，每年组织 1000 名高校青年教师到企业开展科技研究、成果转化等活动，将青年教师的职称评聘与企业服务经历挂钩。

黑龙江省进一步加强重点实验室、工程技术（研究）中心等一批高水平创新平台建设，高校、科研院所和企业一起互动，在高校建立研发平台，在企业建立中试基地，有效解决从科研—研发—中试—产品—产业化等环节脱节的瓶颈问题。重点建设装备制造、煤电化、优势农产品生产与加工、新药制药和中药新药等五个工程技术研发平台，截至目前，共实现研发项目 172 项、转化项目 105 项、产品二次开发项目 24 项，为企业培训工程技术研发人员 551 人次，为企业创产值 290 亿元。

四、加强教师队伍建设，把高校打造成为高层次人才集聚高地

江苏、湖北、黑龙江三省不断加大人才引进、培养培训力度，建立人才选聘和储备机制，通过引进海内外高端人才、急需紧缺专门人才和创新团队，完善高端人才培养和成长机制，加强人才队伍建设，提升人才专业发展能力，打造高层次人才队伍。

（一）加大人才引进力度，打造创新团队与学术高地

江苏省加大高端人才引进力度，以科研平台建设为载体，坚持国内与国外相结合、引才与引智相结合、专职与兼职相结合，引进海内外高端人才、急需紧缺专门人才和创新团队。实施"学术大师引进计划"（"121"人才引进计划）等高层次创新创业人才引进计划，采用"领军人才+学科团队"模式，支持高校面向世界引进 10 名左右国际顶尖科研人才、学术大师，带动一批学科专业实现跨越式发展。实施"江苏特聘教授计划"，以超常规的政策举措、超常规的优惠条件、超常规的经费投入，面向海内外聘用了一批教学水平高、学术造诣深的特聘教授。从 2010 年起，省委组织部、省教育厅、科技厅联合实施"高层次创新创业人才引进计划"，积极探索高校与企业之间的人才合作模式，建立产业教授制度，从省内企业选聘知名企业家，到有硕士以上专业的高校担任"产业教授"。目前，两批共选聘 266 名科技企业家到高校担任产业教授。

湖北省将追求师资队伍卓越作为建设高教强省的核心价值取向，实施各项高层次人才引进计划，2010—2012 年，引进楚天学者 622 名；实施"楚天学者特聘教授计划"，先后从海外引进 617 名高层次人才；实施"世界著名科学家来鄂讲学计划"，邀请了 40 多名诺贝尔奖获得者、一批外国科学院院士以及几十名世界级专家学者来鄂讲学，提升引智水平；建立"江苏产业教授"制度，在企业新增设创业型特聘教授岗位，鼓励高校与企业联合引进、培养、使用高层次人才；鼓励和支持职业院校面向省内外相关行业企业中的

生产、建设、管理一线的技术人员公开招聘优秀人员担任兼职教师，公开招聘 197 名优秀人员担任兼职教师。

黑龙江省在加强高层次人才队伍建设方面，不断加大引进、培养、培训工作力度，省校并举，通过实施院士后备人选培养计划、长江学者计划、新世纪创新人才培养计划、教学名师奖励计划等，对在科学技术领域研究比较深入、已初步取得创新性成果，有望出现重大突破并取得创造性成就和做出重大贡献的高级专家，作为院士后备人选，进行重点培养支持；实施长江学者计划支持项目，培养和支持经教育部批准的长江学者特聘教授，尽快达到国际先进水平，充分发挥作用，并形成创新团队；实施新世纪创新人才培养计划项目，培养和支持一批具有创新能力和发展潜力的青年学术带头人和后备学术带头人、教育部新世纪优秀人才后备和长江学者特聘教授后备人选；实施教学名师奖励计划项目，建立国家、省、校三级教学名师奖励体系。

（二）加大经费投入，完善高端人才培养和成长机制

江苏省将追求师资队伍卓越作为建设高教强省的核心价值取向，以高层次人才引进和培养为重点，建设高素质的高校教师队伍。在打造高水平领军型的高端杰出人才队伍中，立足自主培养，加大经费投入，完善高端人才培养和成长机制，建立高校高端人才"集群"汇聚机制，创新高端人才管理和使用机制，鼓励优秀人才脱颖而出。全力支持高校教师申报两院院士、长江学者特聘教授、国家杰出青年科学基金，深入实施"333 工程"和"六大人才高峰计划"，着力培养优秀拔尖人才、学术带头人，形成校级、省级、国家级三级人才结构体系。实施"高校优秀中青年教师和校长海外研修计划"。每年选派 300 名左右青年骨干教师到世界 200 强大学攻读学位或访学进修，目前已选派 972 名中青年教师、53 名校长到海外知名大学留学进修。建立高校高端人才"集群"汇聚机制，实施高校优势学科创新平台建设，建设、汇聚一批创新创业团队。目前已选拔 22 个创新团队进行重点培养。湖北省全力支持高校申报两院院士和"国家海外高层次人才引进计划"、"长江学者奖励计划"、"国家杰出青年科学基金"、"千人计划"、"百人计划"、"楚天学者"等人才项目，鼓励高校培养和造就学术带头人和学科领军人才。2010 年，实

施"高校教师国际交流计划"（即"交流计划"），鼓励和支持全省高校积极拓展国际合作与交流，每年培训 50 名高校书记校长、100 名教学和科研骨干、200 名左右的青年骨干教师，大力推进本土人才的国际化。

黑龙江省在加强师资培训工作方面，出台了《关于大力加强全省高校教师和管理人员培训工作的意见》，以青年骨干教师、高层次战略后备人才和中高级管理人员为重点，有目的、有计划地对全体高校教师和管理人员进行分类、分层、分岗培训。在具体培训项目建设上，实行国家、省、校三级培训相结合，以省级培训为龙头，校本培训为重点，以分类指导为原则来设计。目前，师资培训平台体系和项目服务体系建设取得了较大进展。在平台体系建设方面，与美国、英国、加拿大、澳大利亚、俄罗斯、日本等十多个国家和地区的世界高水平大学建立了高层次学术交流计划。在国内与清华大学、北京大学等"985"院校建立了国内访问学者接收基地。在项目服务体系建设上，建立了访问学者、短期培训、高层次学术会议、专项考察培训等项目服务体系。仅 2011 年一年，省教育厅就投入经费 1500 余万元用于师资培训工作，当年共选派国外高层次访问学者 150 名，国内访问学者 200 名，省属高水平大学访问学者 300 名，面向高校中高级管理干部组织了高级管理人员专题培训 4 期，选派高校骨干教师共近 100 人次赴德国、英国、美国等国进行各类高层次国际交流与培训，全年共有 6000 余名教师和管理干部参加省教育厅组织的各类培训。通过省级培训项目的示范和引领作用，带动各高校根据校情采取多样化的培养培训项目，全省高校两万余名教师从中受益，取得了较好的效果。

第四节　存在的问题和原因

高等教育综合改革通过试点省份的积极探索，取得了可喜的改革成效，积累了宝贵的实践经验。但高等教育综合改革作为一项基础性、综合性、全局性的系统工程，同其他领域的改革一样，已进入"深水区"，涉及观念的转变、利益的调整、体制的变更，牵一发而动全身，一些深层次矛盾和问题交织在一起，具体表现在以下几个方面。

一、关于政府管理机制不完善问题

由于目前政府及教育主管部门集办学权、管理权于一身，高校的学科专业设置、招生就业以及人、财、物等决策权都高度集中于政府，学校的经费来源、领导班子配备、招生计划、收费标准、人事编制、职称评聘、文凭管理、财产管理与使用、对外学术交往等方面，都对应着政府一系列烦琐的行政审批，加大了高校的建设成本和办学负担，严重束缚了高校的健康发展。

在推进教育体制改革中，地方承担的高等教育综合改革项目，涉及面广，如果单靠某一方的推动很难取得实质性进展，需要多管齐下方能见成效。对高等学校进行分类评价和分类管理，是适应我国进入高等教育大众化阶段的实际需要。而高等学校分类体系是各高校对自身进行定位、管理部门对高校进行管理和评估的前提条件和主要依据。由于没有多样化的高等学校分类标准，高等学校就没有明确的参照系，无法进行合理定位，更无法形成鲜明的办学特色。高校反映强烈的院校设置、招生计划审批、专业设置与审核、人才引进、考试招生、学位授予、毕业注册等方面的政策壁垒和管理权限问题也应进一步放开。

二、关于区域教育一体化发展问题

高等教育是经济社会发展与转型的动力源与引擎之一，高等教育发展在结构、规模、速度上，需要与国民经济发展和社会发展要求相适应或对接互动。随着区域经济一体化的发展和高等教育改革的深入，需要整合发展目标和思路，在整合资源、优化配置和整合机制、协调政策等三方面实现联动。目前，许多区域教育一体化发展问题，由于涉及省与省、市与市之间的行政区划，受自成体系的行政区划分割体制和产权、税权、行政隶属权合一的财政包干体制的影响，本位主义驱动的力度过强，客观存在的政策规定、执法标准、教育发展大的环境差异，还没有得到及时有效的统一规范。全方位的推进机制尚不完善，整体联动的程度过低，没有形成规范有效的推进机制，高校教育综合发展规划不能贯彻突出特色、有所为有所不为的方针，阻碍了区域教育一体化中各个高校的协同发展。

三、关于省级统筹权和高校办学自主权问题

高教综合改革试点的许多工作任务都是对机制体制方面的改革，如现代大学制度、二级学院改革试点、人才培养模式改革等。随着工作的不断推进，这些改革也逐步进入深水区，部分现行体制机制束缚已成为制约这些改革工作进一步深化的重要影响因素。学校办学自主权在教育法和高等教育法中虽有相关规定，但是目前还没有得到彻底有效的落实。教育部在 2013 年工作要点和《教育部关于 2013 年深化教育领域综合改革的意见》中，强调要扩大省级政府教育统筹权和落实高校办学自主权，并明确提出对试点省份有序下放学校设置、招生计划、学位点评审、学科建设等方面的权限，各高校迫切希望能尽早落到实处。

四、高校优势学科建设问题

高校优势学科建设是一项长效工程，需要坚定不移、毫不动摇地持续进行下去。高校优势学科建设对于提升高等教育优势地位，实现科教强省、人才强省、经济文化强省起着核心作用。目前，优势学科建设受到各省政府和各高校的重视，但各省、各校取得的阶段性"优势成果"水平不一，与"优势目标"相比还有一定差距。主要存在以下几个问题。

第一，研究团队与科研平台建设有待进一步加强。高水平、有国际影响力的大师级学科带头人和高水平的创新团队仍然缺乏，培养和引进高水平人才力度和能力还不足，尤其是省属院校受学校平台的限制的情况更为突出，滞后于学科发展需求。有的学科实验室建设较为分散，公共平台集聚度不高。

第二，现行研究生招生政策亟须进行改革。目前限于学位点审批制度、国家招生政策等原因，有些省属高校立项学科的研究生招生数量，尤其是博

士生招生数量较少，影响了学科创新能力的提升和学科综合优势的发挥。

第三，学科建设存在重研轻教导向，学科评价体系尚需完善。国内的学术评价体系没有将对学科本身的发展做出的贡献放在评价的核心地位，对学科发展贡献度的导向与激励严重不足，同时，将政府拨款与现有大学及学科评价体系挂钩的行政化教育管理方式，使得教育科研评价体制和方法形成重视科研成果的产出、轻视教学成果的建设和拔尖人才培养的导向。

第四，经费管理不适应优势学科建设的需求。优势学科建设经费管理灵活性不够，与工程组织实施的实际需求相比还不完全适应。如在仪器设备购置、管理和运行制度方面，缺少根据学科发展前沿需求和适度调整经费预算项目的空间。经费使用程序较为复杂，增加了劳动强度和成本，影响经费使用效率。另外，优势学科建设工程经费拨付到学科的时间滞后于原计划的时间，在一定程度上影响了学科设备购买、实验室建设、人才引进等工作。

五、产学研问题

在高教综合改革试点工作中，促进高校、科研院所、企业科技教育资源共享，促进科研与教学互动、与创新人才培养相结合是推动高校知识服务平台建设的关键。深化科研体制改革，营造良好创新制度环境尤为重要。目前，各部门、机构间条块分割严重，缺乏统一协调，严重影响产学研合作的成效。主要存在以下几个问题。

第一，产学研尚未真正实现人才培养与行业企业需求相对接。表现在高校的人才培养与行业企业需求匹配度不够，行业企业参与高校人才培养不仅不能带来现实利益，同时还会增强管理成本、消耗成本，因此，企业缺乏参与校企合作的积极性。

第二，科技与经济存在一定程度的脱节。我国目前缺乏合理的科技成果评估标准和利益分配机制，科技成果转化过程中各方利益得不到有效保障，不少科技成果束之高阁，科技信息交流不畅，中介服务体系建设滞后，影响了产学研合作的效率和效果。

第三，管理队伍建设亟待加强。部分校地、校企共建的研发平台缺乏专门的管理机构和高素质的人员队伍，平台管理和运营水平亟待提升。

第四，高校与行业企业的体制壁垒阻碍产学研合作开展。目前，高校和行业企业中高层次人才转移渠道不畅，很大程度上阻碍了科技成果的转移。因此，加大对企业参与高校人才培养工作的支持力度，完善成果转化机制势在必行。

六、高端人才队伍建设问题

引进人才是造就高层次人才队伍的快捷途径，培养人才是造就高层次人才队伍的重要根基，而良好的制度和机制对人才队伍建设至关重要。高端人才队伍建设问题主要表现在以下方面。

第一，社会保障体系不完善。近年来，我国政府虽然在社会保障体系建设方面做出了很大的努力，如建立健全了相关法律，扩大了社会覆盖面等，但仍不够完善，不能解决高校和高端人才的后顾之忧。政府机关、企业和事业单位在养老、医疗、工伤、生育、失业等社会保险方面还存在较大差异，制度模式、调整机制和待遇水平的不尽相同致使其衔接不力，高校高端人才在保险制度不同的单位、地区和境内外之间流动，如果不能恰当地转移社会保险关系或者购买保险，将直接影响到高端人才的切身利益，使之产生后顾之忧，影响人才的合理流动和智力共享，人才队伍建设工作也难以深入。

第二，高端人才引进存在无序竞争。由于我国目前尚未形成规范的人才市场，缺乏有效监督，导致有些地区与地区之间、行业与行业之间、高校与高校之间互相攀比，盲目引进，在一定程度上造成了人才引进的无序竞争。人才引进政策出台时间比较集中、标准较为雷同，人才引进规模、人才使用方式均较为类似。各地区集中出台类似的高端人才引进政策，造成一些拟归国的海外人才"待价而沽"，在多个地区、多个单位之间"要价"的现象，也难免造成各地之间在人才引进上的"恶性竞争"。这不仅人为抬高了引进成本，降低了人才引进的针对性，也为一些人通过频繁跳槽来获取多重待遇提供了可能。

第三，校内和引进人才的待遇失衡。高端人才是当前高校人才引进的重点。由于高端人才在国外相对有机会接受高水平教授的指导，有机会接触先进的科学仪器设备，有机会了解学科发展的前沿，因此，引进高端人才能在一定程度上提升学科的国际化水平，高校也会不惜用与国际接轨的待遇和工作条件吸引他们归来。而对于高校内部的优秀人才，尽管不少高校也在努力提高他们的待遇，但是两者之间还存在很大的落差。同时，新引进高端人才会挤占高校内部教师的资源，引起引进人才和现有人才之间的对立情绪，从而带来"引来一个、气走一群"的负面影响，不仅不利于学校的可持续发展和安定和谐，而且也为新引进高端人才顺利开展工作、充分发挥作用制造了壁垒。

第五节　对策和建议

在高等教育综合改革试点中，最迫切需要解决三个层面的问题：国家层面——如何将顶层设计转化为具体的政策支持；省级层面——如何增强省级政府的统筹力度；校级层面——如何发挥学校的主体作用。具体分述如下。

一、对高校进行分类评价、分类管理的改革思路与政策建议

（一）尽早出台对高等学校分类指导、分类评价、分类管理的具体意见

打开政策通道，对研究型大学、教学型大学、应用型高职院校等实行不同的管理要求和政策配套，下放管理权限，落实高校办学自主权，引导高校各安其位、错位发展、同类竞争、突出特色、争创一流。增强省政府推进改革的统筹权，充分发挥省教育体制改革领导小组的协调作用。同时要加强部省教改部门之间的协调，以及与兄弟省市的联系。强化对高校实行分类管理、分类指导，按照多层次、多类型、多样化的要求，在高校布局结构、专业设

置、资源配置、招生计划安排等方面采取不同的管理办法，引导高校有序竞争、科学发展，为深化试点提供政策保障。

（二）放大高校分类评价的试点效应

在对高校进行分类评价的基础上，探索更多元的评价方式与机制，如通过学科专业排名、绩效拨款等形式，切实促进高等教育质量的提高和高校内部质量保障体系的建设，完善基本状态数据库，健全高等学校质量年度报告制度。

二、对区域高等教育一体化发展的改革思路与政策建议

（一）出台教育改革与合作发展的指导意见，推动区域教育一体化发展

出台关于进一步推进长江三角洲地区教育改革与合作发展的指导意见，建立统筹推进长三角教育一体化发展的协调机制，在目前上海、浙江、江苏、安徽三省一市各自承担的国家教育体制改革项目的基础上，推进长三角地区建立教育综合改革实验区，促进三省一市在体制机制上实现融合，加快长三角教育一体化进程，为全国区域教育协作先行先试做出贡献。

（二）深化区域高校合作办学，推进多层次、全方位的共享合作

加大统筹规划力度，在更高层面完善机制，在更大范围整合资源，充分放大合作办学的巨大效益。现行的高校联盟，由于区域高校间学校办学层次差异，高校招生制度、培养方案亦不同，导致高校间实质性合作存在距离，学生到高层次学校交流学习制度的保障也有差异。建议出台相关文件，给予联盟校更多的办学自主权与政策支持。例如：进一步完善优秀生选拔转校机制，构建联盟校教学质量保障体系，加强联盟教学管理与服务平台建设；加大暑期学校以及交换生工作推进力度，让更多学生实现联盟院校的交流学习，进一步推行教师互聘、开展跨校资源共享和联合人才培养，加快教师互开课

进程；在支持联盟校联合试点招生、联合培养本科生等方面，给予政策上的支持与便利。

三、关于省级统筹权和高校办学自主权的改革思路与政策建议

转变政府管理方式，强化规划、标准的制订与实施，统筹编制办学条件、教师编制、招生规模等基本标准，严格控制对高校的行政审批，综合运用法规、政策、公共财政、信息服务等多种手段，减少行政干预，落实高校办学自主权，更好地发挥高校办学积极性，推进改革进一步深化。制订出台具体的管理权限改革措施与工作方案，细化目标任务，如在院校设置、学科专业设置、软件学院设置、实施高层次人才项目、科研立项和成果评选、重点实验室和人文社科基地建设、高等教育质量工程建设项目等方面给予试点省份或院校优先安排及政策倾斜。

四、关于学科建设方面的改革思路与政策建议

（一）加强优势学科建设的分类指导、分类建设与分类考核

优势学科建设需要定期组织交流活动，建设与优势学科建设相适应的经费管理模式。具体建议如下。一是重视学科差异问题。根据立项学科的性质、基础和学科发展前景，实行分类指导、分类建设；二是建立学科带头人、学校管理人员之间的定期交流研讨制度；三是建立科学的评估体系。在优势学科建设考核评估方面，加强分类考核，考虑学科差异性、学科基础差异性、一期项目与增列项目差异性，探索建立长期目标与近期目标、共性指标和个性指标有机结合的考评指标体系；四是采取更加灵活的经费管理模式，允许立项学科根据学科发展的前沿实际进行一定比例范围内的调整，加大人才引进和研究生助研费的比例，加强项目资金的绩效监督，建立健全检查评估和追踪问责制度，提高优势学科建设效益；五是营造良好的学科建设氛围，积

极探索有利于拔尖人才和青年教师培养的学科软环境建设的创新举措。如引进高端人才的家属工作问题，在科研成果报奖、研究生招生计划方面给予优势学科倾斜等。

（二）学科评价实行分类申报和分类评价

建议在学科评估、项目评审中，学校或学科可以对致力打造世界一流和服务国家急需两类导向实行分类申报和分类评价。同时明确把对学科发展本身的原创性贡献作为评价打造世界一流研究型大学和学科的根本性指标。因为国际学术共同体评定一流大学与学科的重要评议依据，就是在公认的国际顶尖和一流期刊上的论文发表及其引用率，它对学科建设、一流师资队伍建设、人才培养体制、科研管理体制等的导向的作用非常大。所以，服务国家急需的评价指标应该是应用研究体系，而不是以在世界一流的期刊上发表论文为核心考核指标。

（三）大力加强具有优势学科的地方高校的建设

在现有"985 工程"、"211 工程"建设基础上，遴选一批拥有排名全国前列学科、服务于地方战略新兴产业发展贡献突出的学科的高校，充分放大优势学科建设效益，实现以一流学科建设推动一流大学建设、以一流学科和一流大学建设推动经济社会又好又快发展。

五、关于产学研合作的改革思路与政策建议

（一）完善体制机制，给予税收减免等方面的政策支持

进一步加强顶层设计，统筹科技体制改革和高等教育体制改革，加大基础研究力量向高等学校的转移，逐步形成科教融合的高校科研制度，促进科学研究与人才培养的有机结合，在高水平科研实践中培养创新团队和优秀人才。建议出台校企合作促进条例，引导校企建立起风险共担、利益共享和优势互补、协同高效的运行机制，对于参与企业给予税收减免等方面的政策支

持。地方政府需进一步加大对大学科技园的政策和资金的支持，不断完善相关政策法规支持体系，吸引行业企业与高校联合，支持大学科技园做大做强，实现产学研深度融合。

（二）吸引行业企业实质性参与人才培养过程，并鼓励教师到企业实践

通过明确互聘政策，给予行业企业高层次人才的优惠政策，鼓励企业将有关企业人才参与高校教学的经历和成效，纳入员工职务晋升体系，让行业企业愿意参与到高校人才培养全过程当中。在高校教师职称评定上设立社会服务类系列，建立健全应用型专业的相关教师到企业实践的制度，支持教师到企业挂职锻炼、技术创新等实践活动，将教师产学研践习经历和成效纳入教师职务考核、聘任、晋升体系；支持教师结合学科专业发展需要，主持或参与企业等实践部门的应用研究和产品研发；对校企合作开展教学科研项目，同等条件下给予优先支持。

六、对高端人才队伍建设问题的改革思路与政策建议

进一步加强高层次项目审批和人才评价机制改革力度加大国家和地方、党委部门和行政部门各类高层次人才项目的统筹力度，对各类人才项目进行梳理、分层，同层次项目不得重复申报。进一步深化高校用人制度和评价机制改革，扩大高校用人和办学自主权，改革职称评价体系，培养扶持高校内部的优秀人才成长，促进优秀人才脱颖而出。进一步建立健全高层次人才在养老、医疗、工伤、生育、失业等社会保险方面的保障模式，使之解除后顾之忧，促进人才的合理流动和智力共享，从而实现高校办学能力和水平的整体提升。

参考文献：

[1] 蒋国华. 着力培养应用型复合型创新人才 [J]. 黑龙江日报，2011（11）.

［2］陆小兵. 江苏高等教育综合改革试验区建设方案内涵分析与实施建议［J］. 江苏大学学报：社会科学版，2013（6）.

［3］骈茂林. 教育综合改革的内涵与推进策略［J］. 当代教育科学，2011（20）.

［4］王建华. 江苏高校优势学科建设工程一期立项项目统计分析［J］. 高等理科教育，2012（4）.

［5］武晓晗. 新公共管理视角下的高等教育综合改革［J］. 重庆与世界，2011（11）.

［6］杨晨光. 教育部湖北省深入推进教育综合改革［N］. 中国教育报，2012-03-04.

［7］袁贵仁，刘自成. 中国教育咨询报告（一、二）［M］. 北京：高等教育出版社，2012.

［8］张永洲. 积极推进高等教育综合改革构建黑龙江特色的现代高等教育体系［J］. 黑龙江高教研究，2011（9）.

［9］郑炎. 武汉城市圈教育综合改革对湖北高教的影响［J］. 当代经济，2009（9）.

［10］周长春，徐雷雷. 高等教育综合改革与高教强省建设［J］. 阅江学刊，2011（5）.

第二章 建设中国特色现代大学制度

许 杰[*]

制度建设是现代大学发展的永恒命题。建设中国现代大学制度，是促进我国高等教育事业科学发展"躲不开、绕不过"的一个关键问题。2010 年 10 月，国务院办公厅下发《关于开展国家教育体制改革试点的通知》，将建设中国特色现代大学制度作为改革试点项目之一，这标志着建设中国特色现代大学制度已经从理论研究、少数学校自发探索，进入了国家主导，由国家统一决策和统一部署的阶段，已上升为国家意志。三年来，试点工作取得了重大成就，但一些深层问题也显露出来，建设中国现代大学制度的任务依然艰巨。如何破解现代大学制度建设中所遭遇的现实难题，进而推动改革实现新突破、取得新成效，亟待我们对试点院校的进展、成效、经验及问题予以总体把握和理性分析，在此基础上提出新的对策建议，以推动试点工作实现预期目标。

第一节 试点任务的进展情况

《教育规划纲要》对完善中国特色现代大学制度进行了顶层设计，对大学制度试点提出了明确的目标要求和任务，该项改革涉及 6 个省份和 30 多所

---

* 执笔人：许杰；课题组成员：杨志刚，郭丽娟。

中央部属高校，共51个试点项目，重点进行6个方面的体制机制探索：一是探索高等学校分类指导、分类管理的办法，落实高等学校办学自主权；二是推动建立健全大学章程，完善高等学校内部治理结构；三是建立健全岗位分类管理制度，推进高校人事制度改革，改革高校基层学术组织形式及其运行机制；四是建立高校总会计师制度，完善高校内部财务和审计制度；五是改革学科建设绩效评估方式，完善以质量和创新为导向的学术评价机制；六是构建高等学校学术不端行为监督查处机制，健全高等学校廉政风险防范机制。改革的目标为"建设依法办学、自主管理、民主监督、社会参与的现代学校制度"，改革的内容是"完善治理结构、加强章程建设、扩大社会合作，推进专业评价"，改革的方式是"推进政校分开、管办分离"、"转变职能、简政放权"，改革的重点是"落实和扩大学校办学自主权"，改革途径是"探索不同类型教育和人才成长的学校管理体制与办学模式"。

三年来，试点高校确立了"制度先行"的发展理念，在发展方式上从注重争取资源，扩展硬件逐步向创新制度、优化软件转变，现代大学制度建设得到高度重视，形成了自上而下和自下而上相互促进的好局面、好态势，试点学校按照既定的实施方案，积极探索现代大学制度实现形式，在重点领域和关键环节进行了大胆实践，具体表现如下。

一、坚持和完善党委领导下的校长负责制

坚持党的领导，实行党委领导下的校长负责制，是完善大学内部治理结构、建设现代大学制度必须坚持的前提和方向。试点院校在坚持和完善党委领导下的校长负责制方面进行了一系列重要探索。吉林大学按照党和国家有关规定及要求，结合学校实际，制定出台《关于改进和加强党委领导下的校长负责制实施办法》，进一步探索明晰党委和校长科学有效行使职权、履行职责的机制和方式。修订完善《党政议事规则》和《党政联席会议制度》等各项决策议事制度及程序，以保证实施办法落到实处。同时，进一步健全完善校长向学校党委全委会报告工作制度，建立健全学校内部辅助决策、跟踪督办和执行反馈机制，促进校务决策与管理的民主化和科学化。

华中师范大学先后出台了《华中师范大学关于落实党政领导班子"三重一大"决策制度的暂行办法》、《中共华中师范大学委员会常务委员会议事规则》和《华中师范大学校长办公会议事规则》等规章制度，理顺关系，做到权责一致、分工合理、决策科学、执行顺畅、监督有力，为建设高水平大学提供制度保障。同时，学校进一步界定党委和行政工作，初步建立了决策权、执行权、监督权既相互制约又相互协调的运行机制。在决策机制上，分离了提议权、审议权和定议权，将其分配给不同的机构。而为了使提议更加科学，学校成立了咨询委员会，对重大事项提出咨询意见，为集体决策提供咨询；成立了法律顾问团，一些关系复杂的事项在决策前提交法律顾问团审议，提出法律意见，作为决策参考。

东北师范大学以治理结构为突破口，依法落实党委、校长职权。首先健全党务治理结构，健全常委会和全委会议事规则与决策程序，落实"党政联席会制度"，健全学院党委"大政共议、制度共立、利益共决"的工作机制。同时，完善行政治理结构，保证大学行政管理组织系统的服务水平和执行效率。重庆大学通过加强党的建设，实行党代会代表任期制，执行"三重一大"决策制度与党风廉政建设责任制；尤其通过大学章程建设，进一步规范学校党委集体领导的议事规则、决策程序，探索形成了"职责分工不分家，相互支持不拆台"的党委行政有效分工配合的工作方法。

二、制定和完善学校章程

大学章程上承国家教育法律法规，下启学校规章制度，是规范高校与政府、社会及其内部关系的准则，是大学的"宪法"。章程建设是推进现代大学制度建设的一个重要抓手。各试点高校以章程制定为统领，积极理顺与政府之间的关系，全面梳理各项规章制度。吉林大学作为部属高校中较早正式发布并施行现代大学章程的高校，根据国家教育体制改革试点项目和《高等学校章程制定暂行办法》的基本精神和要求，开展了大学章程修订和完善的调查研究工作，形成了《〈吉林大学章程〉修订和完善工作基本思路》，制订了《〈吉林大学章程〉修订和完善工作安排意见》，自 2009 年以来，学校依托大学章程共出台各类规范性文件 70 余份，不断完善了以《吉林大学章程》为"基本法"的学校制度体系。中国政法大学认真落实《高等学校章程建设暂行办法》，着力加强大学章程建设，形成了以《中国政法大学章程》为学校"宪法"，以教学、科研、学科、人事和财务等专项规章制度为支撑，有关实施细则为辅助的制度体系。在章程建设中，妥善处理了一些重要问题。一是章程制订主体。广泛吸收了包括大学举办者、学校管理者、教职工和学生以及其他利益相关者在内的代表参与，并拟由大学举办者最终审定。二是规范章程编制程序，着力充实完善章程内容。三是明确章程"宪法"地位，严格章程修订程序，使其不受任何个人意志和组织力量的干预，真正成为学校最高准则。东南大学以制定《东南大学章程（草案）》为契机，依法明确学校各部门、各主体的责权利，依法规范学校各部门和各院系管理体制机制进一步完善"党委领导、校长负责、教授治学、民主管理"的实现机制，依法监督和保障各项制度和政策的有效落实，推动体制机制改革创新，使《东南大学章程》成为规范学校各方面主要工作的基本依据。华中师范大学在制定大学章程中，明确规定大学宗旨与使命、组织机构、各利益相关方权利义务、运行机制、学术事务的处理等内容，作为规范大学运作的"宪法"，为推动建立现代大学制度奠定良好的制度基础。同时，学校认真开展校内规章制度的审查和清理，出台《华中师范大学规章制度制定暂行办法》，作为校内规章制度的"立法法"，从源头保障规章制度的科学性，并以章程制定为契机，狠抓规章制度的清理工作。通过对现校名使用以来学校各类规章制度的"废、改、立"，目前学校已建立起"章程—学校基本制度—部门规章制度—单位内部管理制度"四个层面的层次合理的制度体系，有效保证了学校的规章制度体系层次合理、简洁明确。

三、建立健全教授治学体制机制

教授治学是现代大学制度的核心内涵。党委的政治领导、校长的行政职权和教授的学术权力，构成高校管理体制和运行机制的基本方面，构成大学内部治理结构的基本要素。

　　东北师范大学在教授治学体制机制创新方面，形成了自己这样一些独创性的做法。一是在校级层面建立各专门委员会，并制定了各委员会章程。这些委员会基本涵盖了学校内部治理的各个方面，其成员广泛吸纳教授、专家和职能部门人员，在校长授权下行使决策咨询职能，充分体现了教授治学。二是在学院（部）层面，深化发展了教授委员会制度。学校在修订《教授委员会章程》的基础上，对学院党政联席会在学院事务决策中的地位、教授委员会的性质和职责、教授委员会委员的聘任与考核标准等问题进行了明确，对学院教授委员会聘任机制进行了调整，学院教授委员会制度得到进一步完善和发展。

　　吉林大学修改完善《吉林大学学术委员会章程》、《吉林大学教学委员会章程》和《吉林大学学位评定委员会章程》，进一步明晰和落实各级各类学术组织在学术事务管理中的职权。改革完善各级学术委员会、教学委员会和学位评定委员会人员组成方式，明确学校领导和职能部门管理人员不再担任各级学术组织负责人，明确学院党政负责人不再担任各级学术组织主要负责人。坚持学术管理与行政管理有机结合，明确学校学术委员会是学校最高学术权力机构，在学术评价标准制定、学术评价程序审定、学术评价过程实施、学科建设规划与学术相关政策制定、学术规范制定和学术违纪问题认定处理等方面赋予学术委员会相对独立的职权。建立校长向校学术委员会（教学委员会）报告学术工作制度。

　　东华大学完善学校学术委员会和学位评定委员会议事规程，成立学校师资队伍建设专家委员会等学术组织。整合学院现有学术组织，建立学院教授委员会，使之成为学院重要学术事项的评议决策机构和重大改革与发展事项的咨询机构。

　　西北农林科技大学整合学院教学委员会、学术委员会、学位评定委员会和职称评定委员会，构建"四位一体"的教授委员会运行模式，充分调动教授参与学院事务决策的积极性，发挥其在学院重大事项中的评议和决策权力，实现学术权力和行政权力的协调均衡发展。

四、完善校院两级管理体制

向学院下放权力，实现管理重心下移是现代大学制度创新的重点和难点。

中国政法大学在完善校院两级管理体制方面，具体从两方面入手。第一，明确权力配置原则，推进权力有序下移。在校院权力分配上，坚持"三原则"，即学术权力为主、行政权力为辅的原则，公平与绩效相结合的经费配置原则，分类、分层指导与责、权、利统一的原则。第二，建立制约机制，确保权力运行廉洁高效。主要有四点措施。一是在学校层面建立学院权力运行约束机制。二是在学院建立院务委员会制度，通过院务委员会对学院重大行政事项进行集体决策，并由各分管院领导负责执行。三是赋予院教授委员会咨询、审议和决策的功能，使院行政班子与院教授委员会之间形成制约机制。四是充分发挥二级教代会的作用，赋予二级教代会应有的权力，包括审议学院规章、发展规划、年度工作计划及总结、经费预算、分配方案等；同时，建立确保教代会有效行使审议权、建议权、决定权的规程，确保对权力的监督实施到位。

天津大学研究制定《天津大学校院两级管理模式实施细则》，学院自主制定财务政策、自主支配收入和支出，明确学院在事业发展中的主体地位。合理划定校、院的权责，改进管理方式和资源配置方式，强化学校层面谋划总体战略和目标、制定影响全局政策、提供公共服务和保障、宏观调控和沟通内外、过程监控和考核的职能，逐步推动人事管理、财务管理权限下移，使学院一层成为"事权、财权、人权统一，责、权、利对等"的充满活力的自主管理、自我发展、自我约束、自我完善的办学实体，激发学院在学校事业发展过程中的积极性、主动性和创造性，提升学院根据经济社会发展进行调节的能力。

西北工业大学在改革学院管理体制方面进行了大胆探索。第一，根据各学院学科、专业、平台、教学、科研、人才队伍现状和学校的总体发展目标要求，确立各学院的总体发展定位和近期与中长期发展目标。第二，研究确定学院管理权限，主要包括：学科建设方面；学科平台、重点实验室建设管理方面；学科带头人、学术骨干培养引进方面；教师岗位聘用管理方面；学院职工收入分配方面；教学组织、人才培养质量控制方面；科研组织、成果转化方面；国际化办学方面；学生工作方面及其他方面。第三，确定学院目标责任关键指标。第四，对学院实行整体绩效目标考核。第五，根据学院整体绩效目标考核实施奖励。

重庆大学通过明确学校和各二级单位责权利关系，下移管理重心，推进专业设置、招生、机构设置与人员配备、职称评聘、国际交流与合作以及资产管理使用等方面自主权在大学的落实，形成统一领导、集中调控、科学决策、分权实施、目标管理、自主运行、民主监督、动态考核的管理运行机制。

五、探索大部制改革

推行大部制改革，有利于复归学术本位，进一步降低行政成本、提高管理效能和效率。

北京大学将加强学部制建设作为改革学术管理的重要举措，不断探索建立健全扁平、高效、具有竞争力的学校—学部—学院—学系学科纵向管理体制。积极开展国际比较研究，系统研究和借鉴美国哈佛大学，我国台湾大学、香港大学等世界一流大学经验，为学部制改革提供大量一流大学一手资料支撑。同时，进行高校实地调研，借鉴兄弟院校改革经验，了解浙江大学大学部的改革缘起、机构设置与职责、推进与各方反馈，提出了一套学部设计新模式和扁平、高效、具有竞争力的学校—学部—学院—学系学科纵向管理体制的新思路。

大连理工大学以基层组织变革助推现代大学制度建设，基本完成学部制改革，学校原有的30多个二级实体院系，变成了现在的7个学部、5个学院共12个二级实体教学科研单位。通过改革，构建以学科和学科群为基础的"学校、学部（二级学院）两级管理，学校、学部、学院（系）三级建设"的管理体制；下移管理重心，制定了学部及学院等学术组织的运行规则，充分发挥学部党政联席会、学术分委员会、民主管理委员会的作用，进一步理顺教学和科研的关系，构建矩阵式的教学、科研模式，促进教学与科研的深度结合。

东南大学加快学部制建设步伐，明确学部职能，逐步完善学部的规章制度和运行机制，探索学部制运作的有效模式，有效发挥其在引进人员学术水平认定、科研成果评价、学术失范行为确证调查、学部及跨学科发展规划的制定、交叉学科的建设协调、跨学科科研项目的合作及跨院系人才培养等方面的重要作用。加速完善支持学部制运行的相关配套政策，确保学部科学运行、有序推进、健康发展。

重庆大学实施学部制改革，完善学术管理构架。学校把学部建设作为内部治理结构改革和调整的关键环节，出台了《重庆大学关于学部设置与运行的意见》等相关文件，加快学部制建设。通过学部制建设，进一步深化了学校内部治理结构改革，理顺了学校与各建制性学术机构以及相关主体之间的责权利关系，进一步规范和完善了学校、学部、学院学术管理体系。

东北师范大学以教育学部先行试点，逐步在全校实行学部制，建立和探索学部制框架下的部务委员会、教授委员会等工作机制，形成基层党组织权力、行政权力、学术权力和民主权力的协同模式。

六、创新基层学术组织

构建有效的基层学术组织制度是优化学术资源配置、提高学术产出、激发大学学术创造力的重要组织基础。

东南大学探索学术特区的学科组织模式和科研管理模式，给予学术特区在人员评聘、薪酬分配、实验室建设等方面充分的自主权，赋予其相应的学术和行政权力；创新学术特区的岗位聘用制度，推行全球公开招聘制度，实行协议工资制和合同制管理；创新学术特区考核机制，实行合同期满后根据其学术绩效等综合考虑是否与相关人员团队续聘的聘任制度。

华南理工大学科学地构建了基层学术组织的形式：在纵向上，构建起研究院、学科群、学科团队、学术团队的基层学术组织，建立能适应国家战略需求、解决重大科学问题的基层学术组织；在横向上，构建完善的国家级创新平台、省部级创新平台、国家大学科技园、产业化基地和公共平台，支撑各级基层学术组织的发展。同时，在基层学术组织的管理体制和运行机制方面实行了一系列创新举措，构建基层学术组织矩阵状交叉运行模式，创新了基层学术组织管理模式。

中国科技大学创新了科研组织模式，建立起"开放、联合、创新、竞争"的运行机制，并着力促进六个转变：转变科研组织形式，从"单兵作战"向团队协作攻关转变；转变考核评价体系，从一概而论、缺乏特色向对基础研究、应用研究等进行分类考核，促进高水平科研的评价体系转变；转变考核评价内容，从以论文、奖励的数量、质量评价为主，向以创新实际贡献、创新发展态势、创新质量水平评价为主转变；转变考核评价方法，从以比较关注同行评价为根据，向更加关注实际贡献并经受实践和历史的检验和评价转变；转变科研形式和方向，从分散自由的研究探索，向面向国家重大战略和区域及行业重大需求的定向选题与自由探索相结合转变；转变科研政策环境，从浮躁的、成果至上的不利于原始创新的环境，向宽松的、鼓励原始创新、宽容失败的科研环境转变。

七、改革学术绩效评价机制

构建科学全面的学术绩效考核评价指标体系是做好高校考核评价工作的基础，也是当前高校管理制度改革的迫切需要。

湖南大学改革学科建设绩效评估方式，将学科建设绩效评估指标划分为投入指标和产出指标两大模块。并对评估标准进行改革，实施分类指导，根据不同学部的性质和特点，对不同学部制定了相应的评价指标和评价标准；同时，改革了评估方法，设计了绩效系数计算公式。

长安大学坚持"分类管理、适度分权、协调运转、民主监督"的治理思路，优化制度体系，调整组织机构，探索形成学术绩效评价分类指标体系、校院二级学术绩效管理新机制、学术委员会相对独立运行机制和学术绩效评价申诉仲裁机制四大主导改革措施，确保学术绩效评价体系完善、方法科学、过程公平、结果公正。第一，依据学科属性和研究特点，分类建立理工与人文、基础与应用学科的学术研究绩效评价指标体系，形成科学、合理、公平的绩效评价指标体系。第二，依据校、院两级学术管理职能，明确校、院两级学术研究绩效管理重心，形成高效、公正的学术绩效管理机制。第三，依据独立性、专业性原则，规范学术绩效考评机构的人员结构，形成独立、专业、权威的学术绩效考评组织机构。第四，依据公平、民主原则，成立以各职能部门为主体、由不同职称结构的教师和科研工作者参与的申诉仲裁机构，维护学术绩效评价的公正性。

中国科技大学对研究型大学学术绩效评价制度进行了改革，制定关键绩效指标体系。制定学校发展水平关键绩效指标库和各项上水平指标；按照学科的不同属性，分别制定各学科（基础学科、高技术学科、管理人文学科）的绩效评价指标体系；指导各学院在学校关键绩效指标库和各项上水平指标的基础上自主制定符合自身发展的关键绩效指标体系。同时，开发关键绩效指标监测和跟踪数据库与国家科学图书馆、汤姆森路透（Thomson Reuters）和爱思唯尔（Elsevier）等国际数据提供商开展合作，探讨开发学校关键绩效指标监测和跟踪数据库。并建立与国际接轨的院系（学科）评估机制优势学科率先试点国际同行评估，评估专家组成员均由该学科领域国际一流专家组成，并形成学科诊断报告，以利于学科发展思路的调整。

八、推动人事制度改革

推动高校科学合理地进行岗位设置、岗位考核和收入分配，实现"人尽其才、才尽其用"是现代大学制度体系的重要组成部分，也是深化高校改革的核心内容。

浙江大学自2010年起实施教师岗位分类管理，按照教学科研并重岗、研究为主管、教学为主岗、社会服务与技术推广岗、团队科研、教学岗等，探索教师多渠道职业发展的人事管理体系。实施"1311人才工程"，积极推进"高层次人才队伍建设计划"、"青年学术骨干队伍建设计划"和"创新科研团队建设计划"等，以解决拔尖优秀青年教师人才规模偏小、高端人才数量和教师规模不相称、师资国际化程度偏低等教师队伍建设问题。

上海财经大学积极探索开放环境下高校师资队伍建设模式：一方面借鉴

国际主流师资管理模式和学术评价标准，进行海外院长"非全时实聘"、"常任轨"、海外特聘教授等方面的制度创新；另一方面，积极探索教师岗位分类管理、新进教师首聘期退出机制，对新进中级以下职务教师实行类似"常任轨"的管理方式，不断健全考评体系，逐步提高职务和岗位聘任标准，强化对本土教师的激励导向作用。

哈尔滨工程大学对研究生导师队伍遴选、管理与评价机制进行了改革，逐步建立适应新形势下的导师遴选、管理、考核、退出及提升机制，形成了新型的研究生导师评价机制；改革研究生导师遴选制度，建立以研究生培养机制改革为切入点，以高水平科研项目为核心的研究生导师遴选模式；初步建立了较为合理的研究生导师质量评估机制，实行导师考核与退出的动态管理机制。

九、完善民主管理制度

民主管理是激发和调动高校师生员工积极性和创造性、保障师生员工合法权益的基本要求。

四川大学积极推进以校务公开、民主参与和监督、校院两级"双代会"（教代会、工代会）制度为重点的民主政治建设。与此同时，全面推进党务、校务、院务公开工作，把党务、校务、院务公开工作作为各级领导班子和干部的考核指标。

华中师范大学探索形成了党内监督、行政监督和群众监督三位一体的全方位监督体系。学校不断完善党内监督制度，健全党风廉政建设责任制，对重点部位和关键环节查找风险点，实施廉政风险管理和监督；进一步发挥党委全委会的作用，财务预算、正副处提干、重大政策全部在党委全委会表决；不断强化行政监督，对重点领域实行全过程跟踪审计，监察部门在参与中实施监督；不断健全群众监督，拓宽群众监督渠道。

吉林大学改革完善民主管理和民主监督机制，大力推进校务公开，加强党风廉政建设。同时，学校积极修订完善教代会章程，建立健全校院两级教代会工作制度，完善教代会对学校和学院事务的民主管理和监督机制；建立校长每年向学校教职工代表大会报告年度工作，教代会对校长和学校年度行政工作进行民主评议的制度；建立学院院长定期向学院教职工报告工作，接受民主监督的制度；建立和完善学校新闻发布制度，通过面向社会发布学校事业发展报告、社会责任报告、重大政策举措和重要信息等形式，畅通社会监督渠道。

十、建立理事会或董事会

建立理事会或董事会是加强高校与政府互动关系、建立健全社会监督、支持高校发展长效机制的重要途径，更是《教育规划纲要》提出的一项重要任务。

中国人民大学是较早设置学校董事会的高校之一。董事会的成立搭建了社会参与高校治理和高校服务经济社会发展的两个平台，为学校发展汇聚了政策、资金、智力三方面的资源支持。董事会在筹集办学资金、增强办学活力、加强与社会各界的联系的同时，充分发挥了其改善大学内部治理结构的功能。

西南财经大学组建西南财经大学董事会（理事会），制定《西南财经大学董事会章程》，明确其议事规则，并以之为纽带，吸纳原主管部委、重要金融机构、合作方企业代表、著名专家、社会人士和学生代表参与学校发展重大事宜的决策和咨询。同时，建立不同性质的基金，组建基金群，探寻高校董事会介入高校发展的实质性创新模式，形成社会支持和监督学校发展的长效机制。

华中师范大学科学界定理事会定位、职能，制定《华中师范大学理事会章程》，理顺了理事会与学校党委、行政的关系，探索实行党的领导与事业法人治理相结合的理事会运行机制。学校正在改革内部自我决策的传统方式，探索实行审议型董事会（或理事会）运行机制，打破了传统的行政管理观念和封闭的办学体制，形成了政府、社会人士、大学管理者、师生等共同讨论或决定大学发展的治理模式，从而为社会参与大学决策和管理搭建一个开放的平台。

第二节　试点改革成效

三年来，试点工作有序推进，在建设中国特色现代大学制度项目推进过程中，各试点院校都将完善领导体制、加强大学章程制度建设、优化组织结构、保障民主管理以及推进功能提升等作为重点。在制度建设推进中，注重系统设计，整体推进，紧抓关键环节，采取重点突破，积极探索现代大学制度实现形式，取得了可喜的前期成果，初步完成了《教育规划纲要》部署的试点任务。

一、完善了大学的领导机制

中国大学领导体制的确立经过了一个探索的过程，最终《高等教育法》和《教育规划纲要》明确规定，高等学校实行党委领导下的校长负责制。试点学校在坚持和完善党委领导下的校长负责制的前提下，从制度上明确了党委和校长的职责，完善了大学党委和行政的议事规则和机制，强调了党政之间的团结和协调，强化了民主管理的功能，初步构建了科学的议事及决策机制，为大学的管理和决策的科学性、民主性、效率性提供了保障。特别是通过制定（修订）《关于进一步贯彻落实"三重一大"决策制度的实施办法》、《校务会议制度》和《教职工代表大会实施办法》等关涉学校权力运作的制度体系，确保了党委在事关学校发展的战略性、全局性、根本性的问题做出决策的重大职责，充分发挥了校长的行政领导作用，使校长独立负责地行使行政管理职权。构建了科学的高校党政会议体系，进一步明确了两个会议的职责定位、议事规则及范围，增强了贯彻执行党委领导下的校长负责制的规范化。同时，强化了党内监督与民主监督的有效结合，进一步推动了决策权、执行权与监督权的彼此分离和良性互动，确保党委在事关学校发展的战略性、全局性、根本性的问题做出决策的重大职责，充分发挥校长的行政领导作用，使校长独立负责地行使行政管理职权，有效地处理好决策权、执行权与监督权的关系，建立高效有序的权力运行机制。

在决策权上，进一步发挥党委全委会的作用，学校重大事项，如发展方向、干部工作、财务预决算等重大决策由党委全委会作出。在执行权上，围绕决策的执行，校长积极主动、独立负责地进行教学、科研及行政管理工作，推进行政执行的高效化和专业化。在监督权上，突出建立党内监督、行政监督和群众监督三位一体的全方位监督体系。

二、加强了以章程为核心的制度建设

从"治理"的角度来看，大学具有典型的利益相关者组织的属性。大学教育是由政府、社会、大学、教师、学生、管理者、校友、董事、用人单位等多元主体共同完成的，不同的主体都对大学有着不同的期待。大学治理主要是解决在冲突和多元利益状况下管理其一般事务的组织性框架及体制机制建设的问题。在大学章程制定过程中，试点院校对学校的办学理念和特色、学校发展目标和战略，校内各种关系、学校的领导体制、治理结构、管理模式，教职员工的权利和义务，学生的权利和义务等重要内容都作了明确规定，回答了包括现代大学治理等现代大学制度的核心问题，为学校依法自主办学提供了可行的自治规范。通过构建"以章程为宪法，以专项制度为辅助，以实施细则为支撑"的三级制度体系，为学校内部治理结构改革提供了制度保障。通过全面加强制度建设，切实推动了学校制度的顶层设计和整体创新，并且以此为指导原则，建章立制，开展制度建设。

各试点院校普遍反映，最近几年是学校制度建设的高峰期，以章程制定为契机，学校狠抓规章制度的清理工作，全方位重构学校制度体系，把试点过程作为学校各类规章制度的"废、改、立"过程，建立起"章程—学校基本制度—部门规章制度—单位内部管理制度"四个层面的层次合理的制度体系，有效保证了学校的规章制度体系层次合理、简洁明确，基本上形成了相对完整的制度框架体系，从而让大学的发展走向规范化和制度化的轨道，在大学章程建设方面有重大突破性进展。

三、优化了大学的组织结构

大学本质上是一个学术共同体，大学的品格是科学精神，是向往与追求真理。大学的成员应该以学术为生存方式，是大学精神、大学文化传统的主要塑造者和弘扬者。大学内部治理必须探索最有利于释放大学组织的本体功能，最能够激发大学的教育家精神和科学家创造力，最足以帮助大学用它创造出的物质成果与精神成果造福人类社会的大学管理模式。

三年来，试点项目的持续推进，使大学的组织结构得以优化，进一步彰显了大学的学术属性，学术权力和行政权力不协调的现状得到改变。进而言之，试点院校通过建立和完善教授治学体制机制和学术管理体制，普遍设立了教授委员会和学术委员会，充分发挥了教授在教学、学术研究和学校管理中的作用，确保了学术委员会和教授委员会依照章程独立开展工作，依法履行审议学科、专业设置、教学科学研究计划、评定教学科学研究成果等有关学术事项的职责。通过学术权力重心下移，完善基层学术组织架构，赋予基层学术组织较大的学术自治权和管理权限，进一步激发了学术组织的自主性和创造性，提高了组织运行效率，夯实了学术权力厚重的底基。一些试点院校的学术委员会章程明确规定，行政领导原则上不进入委员会，彰显了行政权力让渡给学术权力，体现了教授治学的基本精神。通过创新基层学术组织，扩大基层教学科研单位的自主权，实现了学术权力和行政权力在学院层面的分治，更好地遵循了教学和科研活动规律。通过学术绩效评价方式和评价机制以及科研体制机制改革，凸显了不同学科特点，加强了学科交叉和融合，激发了学术研究创新动力，健全了学术绩效评价组织结构，推动了教育教学、科学研究和社会服务的协调发展，实现了变学术潜能为学术实力、变绩效管理为战略管理、变制度化学科管理为学校核心竞争力的良好态势，最终形成"教授治学、民主办学、全校参与、科学发展"的学术创新格局，也使大学结构更加科学、高效。

四、深化了大学的内部管理体制

校院两级管理体制是大学内部管理体制和治理结构的重要组成部分。在大学的自主权不断扩大的同时，通过向学院放权，进一步明晰了学校、学院的管理职能和权限划分，完善了校院二级管理体制，逐步扩大了学院一级的自主管理，使其作为基本教学单位的学院更具活力。针对原有学术组织过多、决策效率较低、决策水平不高的问题，借助教授委员会试点在政策上进行突破，将学院原有的学术委员会、学位评定委员会、教学委员会等学术组织归并为学院教授委员会，对其职能、组建原则、议事规则等做了比较详细的规定，转变了原来学院一级学术组织松散、学术权力难以整合并起到实质性作用的状况。

学院教授委员会通过实质性地参与学院人才培养、学科规划、师资队伍建设等学术性事务，能够对学院教学、科研和管理能力的提升发挥积极作用，极大提高了学院学术事项的决策效率和水平。通过教授委员会条例、院（系）工作规则等一系列制度建设，在学院层面形成了党政联席会、教授委员会、学院领导班子和二级教代会相互协作、紧密配合的学院内部治理结构，形成了学术权力与行政权力的互相制衡与监督，确保了学院决策事项的公平、公正、公开与科学、民主，实现了学术权力和行政权力的协调均衡发展。通过人事制度改革，确立多样化的用人管理制度，推动人员分类管理机制建设，实行教学科研岗、专职科研岗、实验技术岗以及管理人员分类管理，建立分类教师和各类人员分类管理体系，建立职工薪酬增长机制，进一步激发了人力资源的潜力，加强了重点学科、优势学科高端人才引进力度，促进了优秀人才的脱颖而出，学院破解发展难题的能力和意愿明显提高，进一步降低了行政成本、提高了管理效能和效率，推动了学院各项目事业的发展。

五、保障了大学的民主管理

一是民主管理体制机制进一步健全。有的试点学校通过建立常委会向全委会、校行政向教代会定期报告工作等制度，通过校务公开、教代会、工会、共青团、民主党派等多种途径，广泛动员和组织师生职工依法管理和监督学校事务，维护师生职工合法权益，推进学校民主政治建设制度化、规范化、程序化，逐步形成了党委领导、行政支持、工会牵头、师生职工多层次和多领域有序参与、形式多样的民主管理格局，最大限度地保障了利益相关者的知情权和参与权。二是建立权力制衡和监督机制。通过加强监督平台建设，拓宽了监督渠道，形成了有效的权力监督体系，实现了行政权力和学术权力各安其位、各司其责，相互匹配、相互制约的格局。三是全面完善民主管理和决策的制度体系。具体体现为：坚持民主管理，完善监督机制，大力推进校务公开，加强党风廉政建设；修订完善教代会章程，建立健全校院两级教代会工作制度，完善教代会对学校和学院事务的民主管理和监督机制；建立校长每年向学校教职工代表大会报告年度工作，教代会对校长和学校年度行政工作进行民主评议的制度；建立学院院长定期向学院教职工报告工作，接受民主监督的制度；建立健全学生事务听证制度，健全完善学生广泛参与学校民主管理和监督的机制；建立和完善学校新闻发布制度，通过面向社会发布学校事业发展报告、社会责任报告、重大政策举措和重要信息等形式，畅通社会监督渠道。

六、扩大了大学与社会的合作

试点学校通过建立具有广泛代表性，能够支持学校建设发展事业，深度参与学校管理的学校董事会，进一步探索了高等学校与行业企业密切合作共建的模式。通过校董会筹措社会资金支持学校建设发展，充分发挥了校董会反映社会需求参与学校管理的议事咨询和决策辅助功能，扩大了社会参与学校管理的领域和范围，建立了适应社会发展、回应社会需求的新型管理模式。有的试点学校还以基金会和校董会为"两翼"，积极探索构建以社会服务专家咨询委员会为载体的社会服务平台，在保持基金会和校董会相对独立的基础上，形成合力共同推进学校社会服务事业的长远发展，进一步拓宽了社会服务合作空间。有的试点学校则采用"引进来"和"走出去"相结合的发展战略，有力推动了本校教育资源与社会科技、经济、文化等的紧密结合，在积极探索与政府，科研机构，行业企业的合作办学模式，规划设计具有前瞻性、创新性和可操作性的合作框架，建立战略联盟、促进资源共享等方面实现了共赢。

七、提高了人才培养的质量

试点学校普遍反映，通过积极开展各项试点工作，创新驱动发展、服务提升效益的理念成为师生共识，提高教育质量、推动内涵发展的观念深入人心，学校在管理服务机制、人才培养、科学研究等领域的改革举措受到了广大师生的欢迎和认可。通过项目试点，进一步扩大了基层学术组织和学术人员的自主权，激发了他们的改革热情和创新活力，促进了人才培养模式改革，提高了人才培养质量。广大教师坚持以促进教学和科研的有机结合为核心，着力构建寓教于研的人才培养模式，注重把建设高水平研究型大学过程中形成的研究特色和研究优势及时转化为人才培养的优势和资源，注重把科研成果转化为教学内容，把科学精神和创新思维融入教学活动，把国内外最先进的科学文化知识和科技成果补充进课堂。坚持开展大学生创新创业计划，要求学生积极参与科学研究过程和科研训练，激发求知欲和创新激情，将课堂所学融会贯通，努力成长为创新型人才。学校教育教学质量得到了有效的提升，促进了协同创新，提高了自主创新能力和服务社会水平，受到了师生、社会的高度关注和广泛认可，取得了初步成效。

第三节　主要经验和典型模式

试点项目实施三年来，各试点院校坚持立足国情、结合校情、放眼世情，以制度建设为重点，积极探索建设中国特色现代大学制度，积累了一定的经验，出现了一些典型。三年在时间段上是一个关键节点，需要我们以此为契机，予以总结和挖掘，以利于试点项目任务的进一步推进，完成项目预期。

一、主要经验

（一）政府简政放权，落实和扩大学校办学自主权

建设现代大学制度，需要相关的政策支持作为条件保障。试点工作以来，教育部先后出台了一系列指导性政策文件，包括《关于进一步推进直属高校贯彻落实"三重一大"决策制度的意见》、《高等学校章程制定暂行办法》、《学校教职工代表大会规定》和《全面推进依法治校实施纲要》，另外，关于高校办学自主权和高等学校学术委员会的相关政策文件的讨论稿已初步形成，正广泛听取意见。这些都为试点高校的工作推进起到了引领、指导和规范作用。同时，政府部门积极简政放权、转变职能，进一步落实和扩大学校办学自主权，制度空间建设得到有效拓展。《教育规划纲要》颁布实施以来，教育部先后下放取消研究生院设置等 13 项行政审批事项；2013 年教育部又按照国务院部署完成了对教育部行政审批项目进行了全面梳理，共取消、下放、调整 25 项，占总数的 40%；扩大了高校本科专业设置权限，除国控专业外，不再限定专业数和学科门类，高校可以经高校专业评审组审议后，自主设置《普通高等学校本科专业目录》（2012 年）内所有本科专业；扩大高校自主招生权，目前已有 90 所高校拥有自主招生权；放权 58 所研究生院单位自行审核博士、硕士学位授予点。可见，落实和下放高校自主权已成为教育部工作重点。

（二）系统上下联动，试点学校与主管部门间形成合力

建设现代大学制度就是要建立起一套符合国情、校情的制度体系，需要系统研究、顶层设计，通过制度来推进。三年来，试点学校与主管部门建立了上下沟通协调机制，教育部政策法规司作为现代大学制度试点项目的主管部门，2010 年 12 月会同有关部门召开试点工作启动部署会议，其后又分别于 2011 年、2012 年、2013 年召开现代大学制度研讨会、章程建设研讨会、阶段总结会等，有步骤、有重点地对试点学校的工作进行沟通、引导和推进。

国家教育咨询委员会现代大学制度组先后赴吉林大学、东北师范大学、浙江大学、杭州师范大学等试点高校调研，提交了高质量的咨询报告，对试点工作提出了很多很好的意见和建议，共同探索、共同研究解决试点工作中遇到的问题和困难。同时，建立了试点高校间的交流借鉴机制，试点单位以阶段总结为契机，认真梳理已有工作，明确已经做了什么，突破了什么，还需要深化什么。同时，推动各试点高校间及时总结交流彼此的好经验、好做法、好成果，互相学习，互相支持，共同发展，确保改革的正确方向和目标任务的顺利实施。

（三）搭建机构平台，统筹规划改革试点

各试点高校高度重视，都成立了改革试点工作领导小组，负责试点项目的战略导向和整体协调，不论是党委书记、校长，还是具体负责这项工作的处室都非常重视，对现代大学制度进行了认真思考和讨论，广泛论证，确定了试点方案，提出了具体举措，积极扎实推进，把试点工作作为一次机遇、一件大事。有的试点学校将改革试点任务明确列入学校"十二五"发展规划的重大议题，集全校之力，群策群力，将现代大学制度建设充分融入学校教育事业发展的全局考虑，作为一件重要的工作来抓，做到整体部署和长远规划。有的学校则将试点工作列为学校"985工程"的重点项目，投入专项资金整体推进，从组织、人力、物力、财力方面提供了必要的保障条件。

（四）凝聚社会共识，广泛动员各界力量

建设中国特色现代大学制度要以中国特色社会主义理论为指导。现代大学制度要坚持科学发展，以人为本，着重高等教育、高等学校的内涵发展，目的是增强活力，提高质量。各试点学校在实际工作中都将改革试点工作的指导思想列为重点宣传内容，并结合学校阶段工作特点，由全校师生知晓试点任务，争取教职工的支持，并给试点工作建言献策，为改革的推进营造良好的氛围。试点高校不是为改革而改革、就改革谈改革，而是以改革促发展、以改革聚人心。学校通过论证会、听证会、专家咨询会、公开征求意见等方式，让广大师生员工一起来谋划学校的发展，调动了大家的积极性。

（五）强调稳步推进，力求重点突破

建设现代大学制度体系庞大，任务艰巨，没有捷径可走，他国的经验只能借鉴不能复制。三年的实践探索，试点高校紧紧抓住完善治理结构，加快章程建设这一核心内容作为重要突破口，把章程制定过程作为制度"费、改、立"的过程，重点推进坚持和完善党委领导下的校长负责制、制定或修订大学章程、加强学术组织建设、深化人事制度改革、扩大社会合作等内容，以局部带动全局，进而推动学校整体的制度建设工作。通过制定或者修改章程，全面梳理学校的历史、现状和未来，规范内部治理结构和权力运行机制，加快建设现代大学制度，实现学校科学发展。

（六）尊重教育规律，体现自身特色

建设现代大学制度要尊重教育规律、高等教育规律和管理规律。在此基础上，各试点单位在科学分析自身办学传统和优势的基础上，针对自身面临的重点难点问题，反复研究完善试点方案，科学统筹、系统设计，明确了改革目标、改革措施、进度安排、配套政策、保障条件、责任主体、风险分析及应对措施、预期成果等核心内容，各有侧重、各有特色、各有优势、稳步推进。这已经成为重建符合高校一般规律、体现特色治理模式的中国现代大学制度的基本过程。

二、典型模式

（一）吉林大学：建立完善现代大学章程，深化内部治理结构

1. 制定章程，建立学校内部治理结构改革的新载体

吉林大学在新世纪初国家高等教育管理体制改革和布局结构调整中由 6 所原部委所属院校合并而成，合校的过程是现代大学制度重新建构的过程，而建构一套顺应高等教育发展规律的现代大学制度，最关键的是要有基本一致的价值取向、相互认同的文化理念和共同遵循的行为规范。基于这样的认

识，在合校工作基本完成并初步稳定运行之后，学校开展了章程制定过程。2003 年，制定《吉林大学依法治校规划纲要》，探索高校改革发展。2004 年，颁布实施了《治理结构与管理体制改革纲要》，着手进行了校内治理结构与管理体制改革，同时启动了大学章程制定工作。2005 年，《吉林大学章程》在学校党代会上讨论通过，2006 年施行。通过章程，吉林大学把正在做、应当做和能够做的事情以基本法的形式规定下来，使学校的改革探索实践等各项工作更能有法可依，有章可循，有力地推动了学校的稳定融合，为学校建设高水平研究型大学提供了制度设计和保障。

2. 施行章程，推进学校内部治理结构改革的新实践

自 2006 年《吉林大学章程》开始施行以来，学校从稳定融合发展阶段进入快速和谐发展阶段，但制约学校改革发展的一些敏感、深层次的结构性矛盾和问题还没有完全消除。在解决这些矛盾和问题的过程中，《吉林大学章程》都以其"基本法"的权威地位发挥了作用。正是依据《吉林大学章程》这部"基本法"，学校顺利地推进了一系列改革发展的新实践。

一是明确了目标定位。《吉林大学章程》明确了学校的基本定位和发展目标，为学校制定"十一五"、"十二五"和中长期改革发展目标及其规划奠定了基础。二是完善了领导体制。《吉林大学章程》对学校党委的领导职权和校长的行政职权做了比较明确的划分。学校修订完善了党委全委会、常委会、校长办公会和书记办公会的议事规则，探索和明晰了党委和校长科学有效行使职权、履行职责的运行机制和实现方式。三是创新了学术管理。《吉林大学章程》明确提出实行教授治学，并规定了基本组织形式、管理方式和运行机制。依据章程规定，学校建立了校长向学校学术委员会报告学术工作制度，明确了学校领导和职能部门管理人员不再担任各级学术组织的负责人，明确学院党政负责人不再担任各级学术组织的主要负责人等有关规定，建立完善了由学术委员会、学位委员会和教学委员会构成的学术治理体系。四是深化了体制改革。《吉林大学章程》确定学校实行校院两级管理为主的体制。学校对校内公共事务实行垂直管理、延伸管理和属地管理，并对学院和学部的设置及其职能作了规定。同时，学校依据章程规定，进一步深化了学校管理体制改革，适度调整了部分管理机构，逐步扩大了学院自主管理的领域和

范围。五是加强了民主建设。依照章程规定，学校修订完善了教代会章程，建立健全了校院两级教代会工作制度。建立了校长每年向学校教职工代表大会报告年度工作，教代会对校长和学校的年度行政工作进行民主测评的制度。建立了学院院长定期向学院教职工报告工作，接受民主监督的制度。同时，对民主党派、群团组织和师生参与学校民主管理的权利、义务和形式等也作了相应规定。

3. 完善章程，推进学校内部治理结构改革的新探索

一是坚持和完善党委领导下的校长负责制，建立更加科学的组织体系和运行机制；二是坚持以学术建设为主线，继续探索完善学术权力与行政权力相对分离与分立、相互制约与支撑的学术管理运行机制，进一步加强学术委员会、学位委员会、教学委员会等各级各类学术管理组织及其体系建设；三是以重心下移和学部综合化、学院实体化建设为重点，深化校院两级管理体制改革；四是以外部治理结构与内部治理结构有机结合、相互促进为重点，深化开放合作与社会服务机制改革，探索建立社会利益相关者"近距离监管、深层次参与、全方位支持"的外部治理模式；五是以加强社会利益相关者和学生参与学校民主管理和监督为重点，继续扩大以董事会和校友会为代表的社会利益相关者参与学校民主管理和监督的渠道，进一步完善学生参与学校民主管理和监督的体系建设；六是以大学章程建设试点工作为契机，着手开展《吉林大学章程》的修订工作，不断完善以《吉林大学章程》为"基本法"的学校制度体系，深入推进依法治校。

（二）华中师范大学：正确处理四种关系，构建有中国特色的大学治理结构

1. 探索实行党的领导与事业法人治理相结合的董事会或理事会运行机制

学校主动改变内部自我决策的传统方式，探索实行审议型董事会（或理事会）运行机制，推动大学主动适应经济社会发展需要，形成政府、社会人士、大学管理者、师生等共同讨论或决定大学发展的治理模式。审议型的董事会（或理事会）将对学校党委常委会提交与会的关于大学发展过程中的重大战略和决策问题进行审议，审议结果还将交由学校党委全委会形成最终的

决议。决议最后交由校长领导下的学校行政组织执行，并接受教职工代表大会对决议执行工作的质询，以此形成党委领导、社会参与和校长负责有机结合的治理架构。

2. 探索构建科学合理的权力系统

在行政管理方面，本着精简、高效的原则，从人才培养、科学研究、社会服务、文化传承创新的四大职能出发，对学校内部的各项常规管理事务进行整合，按扁平化的组织模式来设置机构，实现分类管理，突破传统的垂直管理模式。在纵向权力配置方面，学校实行校院两级管理体制，除需要学校统筹规划和统一管理的事项外，涉及教学、研究和社会服务的事权、财权和其他资源配置，将权力重心下移，使院（系）获得更大的自主权。在加强学术委员会建设方面，为避免行政权对学术决策的过多干预，学校调整了学术委员会的构成，校长和职能部门负责人退出学术委员会，由无行政职务的资深教授担任学术委员会主任，学科规划、职称评聘、发展规划制定以及相关的资源配置、学术成果水平鉴定等权力都回归学术委员会。在发挥教职工代表大会作用上，进一步发挥教职工民主管理、民主监督的权力，明确教职工代表大会在维护教职工基本利益方面，具有赞成和否决权。在二级院系全部推行二级教代会制度，明确各院系的重大决策事项出台前都要提交教代会进行讨论。

3. 建立高效有序的权力运行机制

按照党的十七大报告中提出要"建立健全决策权、执行权、监督权既相互制约又相互协调的权力结构和运行机制"，学校内部的决策权、执行权和监督权实行相对分离，着力改变现行决策、执行"两权一体"的格局。决策权上，学校进一步发挥党的全委会的作用，重大事项，如发展方向、干部工作、财务预决算等重大决策由党委全委会作出。执行权上，围绕决策的执行，校长积极主动、独立负责地进行教学、科研及行政管理工作，推进行政执行的高效化和专业化。监督权上，突出建立党内监督、行政监督和群众监督三位一体的全方位监督体系。完善党内监督制度，健全党风廉政建设责任制，对重点部位和关键环节查找风险点，实施廉政风险管理和监督。

4. 探索建立对"一把手"的约束机制

从建立科学决策出发，学校着力改革现行集体领导决策中，提议权和定议权都在"一把手"手里的现象，从决策机制着手，分离提议权、审议权和定议权，将其分配给不同的机构。提议权充分发扬民主，定议权则坚持集中制，并建立起相应的制约机制。如针对重要干部的任用，学校以公开选拔的方式产生候选人进入竞聘，竞聘考核评委由学校党委委员、纪委委员、校工会主席、教师代表等组成，根据竞聘结果，党委常委会确定考察人选，考察后，党委常委会差额票决产生拟任人选，最后提交党委全委会对拟任人选进行票决。在整个过程中，干部考察人选的提议权充分发挥民主，确定拟任干部的定议权在党委常委会和党委全委会，通过提议权与定议权的分离，确保了决策的公平、公正和科学。

（三）东北师范大学：从"教授治学"到"专家治理"，分层、分类建立委员会体系

1. 教授委员会：学院层面上的"教授治学"

2000 年，东北师范大学在全校 15 个学院成立了教授委员会（目前总数增至 18 个），在学院一级实行教授委员会集体决策基础上的院长负责制。学校规定教授委员会教授必须是二级学科的学科带头人，对学院的学科建设、专业建设、人才队伍建设等重大问题负责。教授委员会主要有讨论、确定学院发展规划，学院本科生、研究生教学计划或培养方案，学院学科建设或教师队伍建设规划，学院教学与科研组织形式，学院资源配置原则等 8 项权力。概括起来，即教授拥有"治学科"、"治学术"、"治学风"和"治教学"等 4 方面"治学"的权力。

教授委员会制度的建立，契合了新时期高校管理重心下移、提高学术事务科学民主决策水平等形势的客观发展需要，也符合高等教育发展对基层组织变革的历史趋势。现在，东北师范大学的教授委员会制度现已成功运行了 4 届 12 年。近十余年来的实践证明，这一制度的建立，有效发挥了教授在学院发展中的作用，对促进学院发展起到了积极作用。教授委员会制度也在国内教育界产生了广泛影响。教育部、省市有关领导多次给予肯定，并向其他高校推荐了东北师范大学的做法，中国社会科学院等单位还派人事部门干部专程到学校了解情况。香港《凤凰周刊》在报道东北师范大学的教授委员会

情况时，评价说"东北师大的教授会几乎掌握了目前大学校园内最为重要的人事权和财权，也最接近于1917年蔡元培在北大的改革"。

2. 专门委员会：学校层面上的"专家治理"

教授委员会制度的巨大成功和轰动效应，为东北师范大学现代大学制度的建设提供新的思路。既然教授委员会这种组织形式，可以有效凝聚和发挥教授在学术治理方面的智慧和热情，那么在高校中还有许多与教授一样具有丰富管理经验的专家和学者，他们在学校的其他与学术相关的事务中，可不可以发挥同样的作用。国家教育体制改革试点项目"现代大学内部治理结构改革"为解决这一问题提供了契机。

2006年，学校取消了校一级的学术委员会，重新建立了哲学社会科学学术委员会和自然科学学术委员会，赋予它们相应的纯学术事务的决策权力，并制定了《东北师范大学哲学社会科学委员会章程》和《东北师范大学自然科学学术委员会章程》，对两个学术委员会的职责职能、组织方式、权利义务进行明确规定。近年来，学校凡涉及学术基金（包括"211"工程建设、"985"优势学科创新平台专项经费）使用、学术评价与遴选、学术资源分配等事宜均不再直接由校长办公会讨论决定，而是由两个学术委员会先做出决策，再由校长办公会表决通过。几年来，校长办公会还没有否决过学术委员会的决策，实践证明，学术委员会较好地履行了职责。

继校学术委员会重组之后，学校又相继成立了教务委员会、预算工作委员会、校园建设规划委员会、文献资源建设委员会、人才队伍建设委员会、国际化工作委员会、大学发展委员会等多个专门委员会，并制定了各委员会章程。这些委员会的设立，构成了涵盖学校内部治理的各个方面。近年来，各专门委员会依据章程赋予的职责，相继审议了学校《十二五发展规划》和《十二五发展分规划》，参与了学校本科专业自评估和调整、学术领军人物的引进和补充、省部级科研实验室建设等重大事项的咨询决策，在学校层面与学术有关事务中发挥着越来越明显的作用。

3. 委员会体系：学术权力、行政权力的相对分离与协同运行

根据大学内部权力和权力主体不同，大学内部治理结构可以分为党务治理结构、行政治理结构、学术治理结构、民主监督结构。如何优化配置四种

权力并保障四种权力的优化运行，是内部治理结构改革的实质性内容。特别是行政权力和学术权力两项权力的配置，更是事关内部治理结构改革成败的决定性因素。东北师范大学委员会体系的建立，不仅有效实现了学术权力与行政权力的相对分离，而且推动了学术权力与行政权力的协同运行。

从这些委员会的组成成员来看，除去教授委员会，据统计，行业专家和教授在其他委员会中占到的比例一般在 70%～80%，有效保证了教授在学术事务中权力的充分发挥；从章程中对各委员会的职能规定来看，各委员会依据章程在校内管理领域，按照工作性质及切块管理的原则，对教务、财务、文献资源建设、人才队伍等各方面事务开展充分调研论证，保证了各方面事务的民主科学决策和高效规范执行。由此，学校管理的事、治校的事都交给行政人员，教授们的本业和专长主要是治学。

东北师范大学纵向上从校院（部）两个层级，横向上从教学、科研、学科、队伍等若干与治学有关的各类事宜中建立的多个委员会，逐步形成了一整套科学合理且行之有效的制度和机制。这样确保全校几乎所有的专家学者们，参与到学校内部事务的管理和运行中，自主发挥才能和智慧，有力地推进了学校教学、科学研究和学科建设水平的提高，赢得了广大师生的尊重和信赖。特别是近几年来，学校一级学科博士点，国家重点学科、国家工程实验中心、全国优秀博士论文、高水平学术著作等都有大幅度增加。学校的学术氛围也日益浓厚，以"治学者为优先"的校风学风悄然形成。

（四）上海财经大学：构建"四位一体"院系治理结构模式

1. "四位一体"的内涵

所谓"四位一体"治理结构，是指在学校内部的学院（含同级系和研究院所，以下简称学院）一级，建立由行政班子、党组织、教授委员会、二级教代会构成的既分工明确又相互合作、相互制衡的治理机构。

一是行政班子。学院行政班子是院系的行政核心。行政领导班子一般由 2—4 人组成，一般设正职 1 人、副职 1—3 人。根据工作需要，经校党委批准，可设常务副职 1 人。院长全面负责本院系的教学、科学研究、社会服务和其他行政管理工作。行政班子成员的构成应考虑学科和专业的布局，实行任期制，每届任期为3年。

二是党组织。院党组织（分党委或党总支）是院系的政治核心和监督保证。分党委或党总支成员根据党员人数和工作需要配置，一般由5—7人组成，设正副书记各1名。总支委员会（分党委）由党员大会选举产生，每届任期3年。

三是教授委员会。教授委员会是学院学科建设和学术管理的审议、咨询和决策机构。教授委员会原则上以学院为单位建立，总人数控制在7—9人，不担任院党政职务的委员须超过全体委员总数的1/2，委员候选人从现职在岗教授中产生。教授委员会委员实行聘期管理，每届聘期为3年。

四是二级教代会。二级教代会是学院实行民主管理、民主监督和教职工维护自身权益的重要形式。二级教代会在院党组织领导下开展工作。二级教代会代表以院系为单位、由教职工直接选举产生。凡依法享有政治权利的在编教职工，均可当选教代会代表。二级教代会代表实行任期制，每届任期3年，可连选连任。

2. "四位一体"各主体的职责界定

第一，行政班子（正、副院长）的职责。院长是本单位行政领导班子的主要负责人，全面主持本单位学科建设、教育教学、科学研究、社会服务和其他行政管理工作。

第二，党组织（正、副书记等）的主要职责。学校明确院系党组织要做好"四管"：一管政治方向，参与讨论和决定本单位教学、科研及行政管理工作中的"三重一大"事项，坚持党的教育方针和社会主义办学方向；二管思想教育，指导本单位工会、共青团以及学生会等群众组织工作；三管干部培养，做好本单位干部的教育、管理工作；四管党的建设，做好党组织的思想建设、组织建设、作风建设、制度建设及廉政建设。

第三，教授委员会的职责。作为院系学科建设、学术管理等有关重大事项的审议、咨询和决策机构，教授委员会履行的职责是：审议并监督实施学院学科发展规划；确定学院在专业技术职务聘任、岗位聘任、人才引进等方面的学术标准；审议学院学术资源的配置方案；履行学校其他文件赋予的职责。

第四，二级教代会的职责。二级教代会主要履行四个方面的监督和评议职责：一是审议院系行政主要负责人的工作报告、院系年度财务预算（决算）报告以及其他涉及院系发展的重大事宜的报告，提出意见和建议；二是审议通过本单位岗位责任制方案、教职工奖惩办法等与单位建设和发展以及教职工利益密切相关的规章制度，由行政颁布实施；三是审议决定有关教职工的集体福利事项，行政班子根据教代会的决议具体实施；四是对院系行政班子和教授委员会的工作绩效进行评议，并对其工作进行监督。

3. 运行机制与治理主体之间的关系处理

在实际运作中，院系党组织和行政班子对院系工作要做到同步谋划、同步考核、协同发展，凡是院系的主要工作和重大问题（如本单位的事业发展规划、改革措施和年度计划，经费预算、制度建设等），院长（系主任）和书记都有责任，都应当认真思考，深入调查研究，及时提出意见和建议，形成院系党政共同负责、协调运转的局面。党政班子要认真听取教授委员会有关学科建设和学术管理方面的咨询意见；行政班子要负责执行教授委员会做出的学科建设和学术管理方面的决议。二级教代会除了维护教职工的正当权益外，还要对学院行政工作和学术事务的开展与贯彻情况行使监督和评议职责。行政主要负责人要定期向教代会作行政工作报告、年度财务预决算报告及其他重大事项的报告，并负责执行二级教代会做出的有关决议。"四位一体"院系治理结构的运作机制如下图所示。

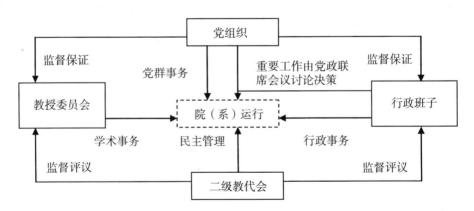

"四位一体"院系治理结构的运行机制

4.“四位一体”治理结构的保障机制

基于“角色界定是前提，党政关系是关键，制度建设是保障”的认识，在界定院系治理主体的职责、梳理相互之间关系的同时，学校主导建立了各主体的决策程序及工作制度，以保障“四位一体”治理结构的顺利运行。

第一，党政联席会议制度。党政联席会议是院系工作中重大事项议事决策的基本制度和主要形式，在院级单位职权范围内具有最高决策权。通过党政联席会议制度，逐步形成有效的院系党政相互配合、协调运转的工作机制。党政联席会议制度化、规范化，每月至少召开一次，遇有重要情况可随时召开。出席党政联席会议的成员包括党组织正副书记、行政班子正副负责人。其他出席成员根据需要由党政主要负责人研究决定。党政联席会议讨论决定的重要事项包括：研究贯彻学校的各项决定和工作部署，本单位的发展规划及工作计划，教学、科研、行政管理工作等重要改革举措，规章制度的制定、修改与废止，内部组织机构设置，科研开发、对外咨询和服务中的重要事项，思想政治工作重要事项等。涉及学科建设或学术管理的议题应提交教授委员会讨论。党政联席会议的议题由党政主要负责人共同研究确定。议题确定后，在一定范围内听取意见。党政主要负责人根据议题内容分别主持会议，通过集体讨论并做出决定。不能议决的事项，要补充调研论证再提交议决，必要时可向学校党政领导报告。党政联席会议必须有 2/3 以上的成员到会方能举行。同时应严格执行相应的请假、保密、回避、记录等制度。党政联席会议做出的决定，由党政领导班子成员按照各自分工认真组织落实，党政主要负责人予以督促检查。

第二，院务会议制度。院务会议是根据本单位党政联席会议的有关决定，对本单位行政工作进行研究部署、组织实施以及对日常行政管理工作进行协调的工作会议。院务会议成员由正副院长、行政助理等组成；其他出席人员根据议题需要由院长确定。会议由院长召集并主持。院务会议一般每月召开1 次，议题由院长、分管副院长或下属系负责人提出，由院长确定。院务会议的议事范围主要是涉及本单位由行政负责执行的重要事项。

第三，院党组织会议制度。院党组织（党总支或分党委）会议讨论和部署学院党的建设和管理工作。参加会议人员为全体党总支委员（党委委员）。院行政负责人必要时可列席会议。会议由书记召集主持。议题由书记汇总确定，一般包括的事项为：党组织的思想建设，党组织的组织建设，党政领导班子建设和党风廉政建设，干部管理工作，民主党派、知识分子工作和工会、共青团、妇联、学生会工作等。会议应有 2/3 以上委员出席方可召开。会议实行民主集中制，讨论问题时必须执行少数服从多数的原则，以赞成人数超过应到委员半数为通过。

第四，教授委员会工作制度。教授委员会实行例会制度，每学期至少召开 1 次例会。教授委员会设秘书 1 名，协助处理教授委员会日常事务性工作。秘书由学院教职员工兼任。教授委员会可设立若干专门小组，为教授委员会履行职责提供建议，专门小组由教授委员会成员牵头负责。教授委员会由主任委员召集并主持会议，会议应有占全体委员数 2/3 以上的委员出席方可举行。教授委员会职权范围内所讨论和决定的事项，一般先由院系党政班子提出方案，再提交教授委员会议定；教授委员会所讨论和决定的议题须获全体委员过半数的同意票方为通过。

第五，二级教代会会议制度。二级教代会每年至少开 1 次大会。每次会议须有应到代表的 2/3 以上出席才能召开，大会的选举和表决须经应到会代表的 1/2 以上通过方为有效。遇重大问题（如涉及教职工的职称评定、岗位聘任、福利待遇、培训进修、出国深造等切身利益问题），可与党政负责人协商开临时二级教代会会议。会议由院工会主席主持。院系行政负责人应认真执行二级教代会的决议、认真处理并落实二级教代会提案。院工会为二级教代会闭会期间的工作机构。

第四节　问题及归因

三年来，试点改革取得了进展顺利，成效显著。但由于现代大学制度建设是一项基础性、综合性、全局性的系统工程，涉及政府、社会、学校及学校内部不同主体之间的权利义务，涉及新旧体制的转换，社会及利益格局的调整，不可能一蹴而就，高等教育改革又进入了"深水区"。国家教育体制改革的方向和原则虽然很明确，试点项目是一项探索性很强的工作。目前一些改革也只是刚刚破题，一些深层次的矛盾和问题凸显，改革的难度加大、不确定性因素增多，改革的结果难以预期，需要面对、分析和破解。

一、国家层面

（一）相关部门需在政策制度层面予以更大支持

建设现代学校制度，需要全新的制度供给。在目前的宏观背景下，大跨度推进改革具有难度。国家层面关于党委领导下的校长负责制实施意见还没有出台，学校制度建设的"顶层设计"有待于据此进行细化：政府与学校的管理关系和权力边界如何明确？大学章程如何确定法律定位并发挥作用，制定程序和形式、内容如何进一步完善？学校内部各种权力如何平衡？克服大学的行政化倾向，保障和实现学术自由，如何在制度层面予以实现？教师的教学自由、师生的学术自由如何保障，边界如何明确？对于这些问题，在现有的法律和政策体系内还缺乏具体、清晰的规则。虽然国家和省级的中长期教育改革和发展规划纲要等为学校的改革发展提供了方向和强有力的支持，但在学校领导体制、办学自主权、外部治理结构等方面还缺少明确具体的指导性文件或意见。学校在改革方案设计和改革推进过程中还需要获得政府和专家更为具体的指导和帮助。推进高校的体制机制改革，加快构建现代大学制度，需要有关政府部门、社会中介组织以及相关领域专家等为学校的改革发展提供具体的理论、方法和实践指导。

（二）现代大学制度的建设仍缺乏足够的理论支撑

试点改革本身就是一种探索实践，需要一定的理论作指导，需要理论创新和理论自觉，以减少教育改革的成本。虽说西方现代大学制度相关理论可以借鉴，但实际上中国现代大学制度建设所遭遇的问题与欧美很不一样，中国教育问题需要用中国的理论来解释与解决。我国现代大学制度实践中发生的种种偏颇和理论探索中的诸多误区，从根本上说，是由于缺乏基本理论的指导。

加强基本理论探索，对现代大学制度建设极具启发意义，也是探索现代大学制度的根基。纵观现有研究，存在着这些不足亟待改进。一是学理研究的广度和深度不够。现代大学制度研究相关概念界定不明晰，理论体系不严密，认识流于肤浅。就现有研究而言，研究者许多是政府官员、教育行政领导或大学管理者，研究带有较浓厚的经验色彩和官本位特征，往往是一家之言，或人云亦云，较少理论上的深层剖析和实践论证。二是缺乏科学系统的研究方法。社会科学研究必须兼有严密的逻辑思辨及实证研究，而现今的研究往往缺乏分析框架，理论建构薄弱，没经过严密分析论证就得出结论。论文多是就事论事或工作总结或经验交流，重在说教，学理性和规范性有待提升，现实针对性和操作性不强。三是缺乏国内外比较研究。我国现代大学制度研究起步较晚，尚未积累充足的研究成果。而当前国外现代大学制度建设的第一手资料相对缺乏，往往是以往资料一再引用，不利于理论更新，也不利于查漏补缺，扬长避短。四是原创性研究成果明显不足。当前研究引用多，创新性少。没有基本理论的引领和规范，现代大学制度研究的效益就难以提高。因此，现代大学制度研究的当务之急是构建起具有卓越解释力的原理体系。

（三）大学办学自主权有待进一步加强

落实和扩大高校办学自主权是现代大学制度建设的动力和利益基础，现代大学制度的核心是在国家的宏观调控政策指导下，大学面向社会，依法自主办学，实行科学管理。《教育规划纲要》、《高等教育法》等规定了高等学校拥有"自主开展教学活动、科学研究、技术开发和社会服务，自主设置和调整学科、专业，自主制定学校规划并组织实施，自主设置教学、科研、行政管理机构，自主确定内部收入分配，自主管理和使用人才，自主管理和使用学校财产和经费"等自主权。但在实践层面，高校拥有的办学自主权与此相差甚远。在当前阶段，完善大学治理结构，建立现代大学制度，根本上需要落实和扩大高校办学自主权，为高等教育的更好发展创造良好的体制环境。

（四）社会第三方机构的作用未得到充分体现

长期以来，我国的教育体制中缺乏有效的第三方机构来缓冲政府和高校之间由于出发点各异和地位不对等而带来的冲突。没有一个强有力的第三方机构来缓和其间的矛盾，使得高校自产生以来，围绕办学自主权定位问题学校与政府一直处于权力的博弈过程之中。政府总想对高校多一些干预和控制，使高校按照国家的价值准则和利益需要行事，确保高校培养的人才、创造的科研成果、提供的服务等符合国家利益的需求。而高校则总是想摆脱政府的控制，尽量多争取一些权力以维护其自主办学的地位，而高校能够按照自身的内在逻辑办学免受来自政府及社会其他各方面的干预和控制。

（五）现有大学章程的公信力不足

近年来，国家在制定和建设大学章程方面出台了不少政策和法规，在此背景下，不少大学开始制定章程，但一些试点学校存在对其他法律条款的搬移或者对其他高校章程的抄袭。有些大学章程不是为了体现大学的办学理念，而是为了应付上级领导的检查，一旦领导检查过后，大学章程就束之高阁，再也没有去过问。也有些高校制定章程几乎是学校领导的事情，没有经过严格调查、讨论和论证，这样制定出来的章程，在实施过程中肯定会大打折扣，势必会严重降低章程的公信力，从而导致现行章程"乏力"以及现行章程从未产生过令人敬畏的法律效力，严重影响了我国大学章程建设的进程。尽管教育部在内的各级高等教育行政管理部门多次要求大学开展章程建设，以实现依法治校的目的，但是这项工作却始终未能得到重大实质性进展。

（六）改革措施缺乏综合性和系统性

有的省属高校进人岗位、人头要由省编办和人事部门批准。现代大学制度建设改革试点是一项涉及人事、编制、财务、外事管理等多方面的综合工程，需要进一步做好推进教育外部管理体制改革、综合配套工作，特别是推进管理人、财、物等外部管理部门的改革。目前试点有先有后，面上情况还不理想，除了先行先试之外，还需要全面部署改革任务，进一步真正形成高教系统和社会良好的改革氛围，促进全面改革。

二、学校层面

（一）对试点项目的认识和理解还须进一步深化

部分试点高校的部分领导干部和教职工对建设现代大学制度试点项目意义的理解和认识还不到位、不平衡，在观念上还停留在过去的习惯性思维中，对改革学校内部治理结构、建设现代大学的本质认识还不够，缺乏一流大学的高标准、高要求的自律和自信，缺乏革故鼎新的勇气，因而对试点改革的宣传不够，一些试点学校对试点项目的了解仍停留在学校领导层和相关职能部门，广大师生参与改革的积极性、主动性和创造性还不够，各办学主体的作用还没有充分发挥。

（二）以学生发展为本的办学理念尚须进一步加强

随着高等教育改革与发展进程的深入，以人为本的办学理念应更加凸显，并且在办学实践中得到贯彻落实。从我国高校管理的现状看，大学生参与学校管理的重要性已被大多数学校领导所认识，几乎所有试点学校在制定学校管理规定中都有关于学生参与学校管理的具体规定和条文，参与的事项包括教学质量监督、奖学金评定、学生违纪处理等。然而在实践中，学生参与学校决策基本停留在形式上，特别是在涉及学生重大核心利益方面，缺乏实质意义。其实，阻碍大学开展学生参与决策和管理的关键不在于具体举措或有关模式，而在于思想观念，即大多数学校还没有真正树立"以学生发展为本"的理念，还不能或不愿有意识地去创设学生参与决策的路径，或者即使有意识，也创设了路径，但其"作秀"和"应对舆论"的成分还比较大。试点学校尚须进一步认真思考学生代表大会等关系学生权益、地位保护与确认的机制。

（三）党委领导下的校长负责制尚需完善

通过制度建设明确党政权力的范围，是完善党委领导下的校长负责制的重要课题。理论上讲，党委领导的职能主要体现在把握高校的办学方向和相关的思想政治工作上，党委的政治权力发挥主要是以宏观性和超前性为特点；校长的行政权力主要是为了保障高等学校有效运转，而这都体现为行政权力控制性的力量。要想理顺实施党委领导下的校长负责制，定位是关键。换言之，就是"一把手"的合作问题。这是一个十分敏感但也十分现实的问题。在体制确定的情况下，高校内部管理顺畅与否很大程度上取决于党政"一把手"合作程度和个人素质，尤其是在制度还缺乏具体明确的可操作性规则情况下，如何保障体制的有效运行，主要领导的个人素养以及相互之间的人际关系十分重要。但是，这种有效的经验是个性化的，还远未提升到共性的制度规范层面。在实践中，或是党政分工不明确或有交叉，或职责与职权行使方式不够清晰，导致以党代政决策学校管理事务的现象还比较普遍。坚持党的领导，实行党委领导下的校长负责制，不等于高校的政治权力没有边界，政治权力与行政权力、学术权力的边界在哪里，还需要加强制度设计，使之具有可操作性。

（四）教师的学术主体地位未得到足够重视

教师是大学发展的第一资源，教师是学校事业赖以发展的中流砥柱，教师力量的强弱决定了大学发展的命运，大学在制度设计上应该充分吸纳最广泛的教师参与到学校各个级别、各个层面的管理之中。但是行政力量过分干预甚至统揽学术事物和学术管理活动，而作为具体开展学术事物的学术力量则处于被动弱势地位，在学术事物的决策上大多数教师处于被管理、被行政化的失语状态依然存在。第一，学术事务由行政权力主导，教师在学术事务中被边缘化。我国大学学术事物决策参与权依附校、院、系三级管理体制，形成"校长—院长—系主任—教师"的行政决策"金字塔"模式，越往上权力越大。在学术人员聘任、考核、晋升，以及课程设置、科研管理、专业设置、研究所设立等学术事物上，决策权力仍然在较大程度上掌握在校级行政职能部门和有关行政领导手中。第二，"双肩挑"混淆了学术与行政的关系，造成学术与行政的双向紧张。从表面上，这类人是作为学术人员的身份参与决策事务和管理，似乎体现了"教授治学"。实际上，这是行政权力对学术事物的隐蔽渗透和隐秘干预。第三，行政科层制度的组织结构，限制了教师参与学术事物的机会。

（五）学术组织对学术事务的决策权未得到充分彰显

第一，学术权力很大程度上为行政权力所取代。在基层，如果一个教授不兼任一定的党政领导职务，很少有机会介入各个层次的决策过程，即便是对学术事物也没有太多的发言权。而兼任党政职务的学术人员，如院长、系主任同时又是学校在基层行政权力的执行代表，各种学术权力机构中，党政管理人员占据相当大的比例，使得学术权力系统泛化为政治权力、行政权力的附庸，许多本由学术系统决定的事情基本由政治权力和行政权力系统包办。作为学术组织的大学，学术权力并不占据主导地位。这种权力结构的失衡，是政治权力和行政权力可以对学术事物进行"合法化"决策。第二，学术决策机构没有形成系统性结构。大多试点院校都成立了学术委员会，但是学术委员会内部组织架构和运行规则特别不健全，导致决策效率低下。第三，学术机构行政化现象比较严重。现行的法律法规没有给予学术管理机构如同行政组织一样明确的地位；从学术决策管理机制看，还没有完全建立一套完整的学术事务咨询、决策、指挥、执行以及监督保障体系，"教授治学"和学术自主权难以真正"落地"。

（六）内部治理结构改革中对利益相关者的协调、平衡并非易事

在完善内部治理结构中，不可避免地会触及各方利益，并且，随着改革发展进入关键时期，以及教育改革的不断深入，因社会利益关系调整引发的人民内部矛盾大量显现，涉及教职工和学生切身利益的新矛盾新问题也不断涌现，且呈现复杂多样的趋势。尤其是如何彰显大学的学术属性，解决学术事务管理的效率与质量问题依然有待突破。改革试点中的利益协调还有待加强。在改革过程中，一些组织和机构的建立和撤并打破原有治理格局，涉及教职工切身利益的节点较多，敏感度较高，实践中突破起来较为困难。如在学部制改革过程中，涉及一些院系教师归属的调整，如处理不好，会引发教师间的矛盾，影响到教学和科研的正常运转。

（七）各项制度的制定及实施需要充裕的时间保障

作为大学内部治理结构改革法理基础的大学章程，是学校办学的宪法，必须要对涉及学校发展的重大问题给予明确回答，涉及的关系非常复杂。但是，由于外部环境，特别是当前《教育法》、《高等教育法》等主要教育法律目前没有修改或对学校发展的一些主要问题没有明确，高校章程能否自行突破，或者突破了能在多大程度上发挥作用，试点学校还存有疑虑。比如，高校的办学自主权能自主到什么程度，高校举办者的权利和保障义务是否能够在章程中加以细化和明确，党委领导下校长负责制这一体制能否细化，能否创新党委领导的方式，建立吸引外部人士参加的党委以及能否在高校真正实现教师退出机制，突破现有高校人事编制管理政策等，这些关键问题都给章程制定带来了困扰。尤其是当前中国高等教育整体步入质量提升内涵发展阶段以后，关于大学发展的许多内外部机制都还处在探索与变动之中。学校推进大学章程建设的总体思路是在推进内部治理改革的基础上形成大学章程，将改革成果制度化并充分吸收进大学章程，各项改革的推进需要充裕的时间保障，因此制定大学章程的时间显得格外紧迫。

（八）及时适应新形势新情况的机制灵活性有待提升

改革方案确定以后，会不断出现新形势新问题，难以按照既定的改革任务书推进改革进程，必须按照新形势新问题即时调整改革方案。如何使改革的步伐跟上形势变化的节奏，如何能在保证改革方向的前提下，对改革方案进行灵活调整，有待于进一步探索：一是学校和上级教育体制改革主管部门之间的沟通协调机制还有待进一步健全；二是学校在自主招生、学科建设等重要领域的办学自主权还有待进一步落实；三是学校推进改革的工作节奏、工作方法和工作艺术还有待进一步提高。

第五节 对策与建议

建设中国特色现代大学制度是一项复杂而艰巨的系统工程，涉及面广，利益格局调整大，许多问题没有现成答案。三年的试点工作进展顺利，成效显著，积累了一定的经验，但一些深层次矛盾和问题亟待破解。试点改革需要进一步解放思想，更新观念，勇于创新，在已有成效和经验基础上，积极采取新的对策建议，推动改革取得预期成果。

一、抢抓机遇，充分调动各方面建设现代大学制度的积极性

在新的历史起点上，高等教育改革发展的任务很多，但建设有中国特色现代大学制度是一个躲不开、绕不过的根本问题。中国特色现代大学制度是一个打基础、立根本、管长远的重要工作，关乎在中国特色社会主义的事业发展中办什么样的大学、怎样办大学，如何把高等教育改革好、发展好、作用发挥好，实现高等教育由大到强的转变，这是摆在我们目前的鲜明的"时代命题"。抓住现代大学制度建设，就能够"牵一发而动全身"，充分调动各方面的积极性，从而提高高校整体改革的科学化水平。我们过去探索的一些经验，很多是局部的、碎片化的，还没有形成成熟的理论体系和系统的制度框架。现在，中国特色现代大学制度建设机遇难得，正处于重要"窗口期"，只有与国家整体改革步伐相衔接，乘势而上，才能充分释放高等教育的智力优势和改革红利，并让全社会共同分享。无论是从国家发展大局，还是从高校自身看，加快中国特色现代大学制度都迫在眉睫，时不我待。这就迫切需要深化改革，加快推进政府和高校两个角色的转变，让政府成为大学发展的指导者、宏观布局的调控者、教育质量的监督者，让学校成为面向社会、依法自主办学的责任主体。

二、探索总结，及时梳理制度建设过程的经验与教训

三年来，改革试点取得了积极进展，但由于现代大学制度建设是一项基础性、综合性、全局性的系统工作，涉及政府、社会、学校等主体之间的权利义务，涉及新旧体制的转换，涉及利益格局的调整，不可能一蹴而就，目前一些改革只是刚刚破题，一些深层次的矛盾和问题还需继续破解，一些理论探索和制度成果还需接收时间检验。改革的结果难以预期，要保证试点项目的顺利推进，就必须加强政策指导和理论支持。要按照反思—调整—前行的认识论、方法论，认认真真总结成绩、仔仔细细分析问题、扎扎实实推进工作。对现代大学制度建设进行彻底深入的分析和研究，加强理论分析、实践总结和国际对比研究，开展系统调研，总结、梳理制度建设过程的经验，加大改革力度、深度和显示度，形成中国特色的现代大学制度，探索我国大学运行规律，以形成现代大学制度的原理体系。对试点实践提供有效指导。

三、简政放权，进一步落实和扩大高校的办学自主权

建设中国特色现代大学制度，首先要处理好政府、高校、社会的关系，为高校发展创造良好的外部环境。同时要加快完善高校内部治理结构，形成高校内部多种机制良性配套、有效运转的格局，以此把政策制定和制度建设集中到理顺三个关系和完善内部治理结构的重点任务上来，努力实现政府宏观管学和高校自主办学的双向转变，实现扩大社会合作和接受社会监督的双向互动，形成政府管理和社会参与的双向沟通。

（一）政府层面：实现从"管微观"向"控宏观"的转变

一是做好顶层设计。要准确把握国家战略和市场要求，明确高等教育改革和发展方向。要完善高等教育布局，统筹规模、质量、结构、效益的关系，加强分类指导，搞好宏观战略、规划政策和质量标准的研究制定。二是加大支持力度。随着4%目标的落实，高校的投入大幅增加。高校自主财力不断

增加，专项资金的使用和管理的自主权不断扩大。关键是改进支付方式，优化投入结构，把资源更多地用在经济社会发展急需的人才培养上，用在形成新的体制机制上，用在整体提升高校服务能力上。三是推进简政放权。新一届政府公开承诺，在本届任内行政审批事项减少 1/3 以上，其中涉及高校的有 10 项。同时，教育部已就若干反映强烈的问题，研究制定简政放权的一揽子办法，如改变专项式资源配置方式、减少检查评估、改革考试招生制度、完善科研经费管理办法、适时调整学费标准等。教育部应与相关部委——发改委、财政部、人社部、科技部等有关部门加强沟通协调，稳步推进放权工作，把该放的权力坚决放开放到位。四是加强监管。放和管是两个轮子，要建设好各类高校数据库，强化教学基本状态的基本检测，加强对教育质量的分析、预测和比较。要设计不同类型高校的评估指标体系，要把决策程度和使用自主权状况作为侧重点，加强经济责任审计、财务管理绩效审计、科研经费审计和重大专项审计，规范高校办学行为。

（二）高校层面：实现从"等、靠、要"向自主办学的转变

政府管得越少未必高校办得越好，只有高校积极主动作用，完善治理结构，加强自我管理，接受民主监督，深化改革，释放活力，简政放权才有意义和价值，学校的办学自主权才能上层次。"切实用好权"，需要高校解放思想、深化改革，不断提升管理水平，不断增强自我管理和自我约束能力，提升承担国家责任与社会责任的本领，不断增强大学发展的内生动力。一是明确发展方向，加强自我定位，每一所学校都应根据国家和区域经济社会发展需要，根据学校历史、优势资源等来定位，明确自身角色、服务对象和办学目标。二是提高质量效益意识，加强质量建设。三是主动接受监督，加强自我约束。高校要健全规章制度，完善自律机制，实现科学民主管理。高校有责任、有义务主动公开办学情况，接受政府对办学方向、质量和效益的监督评价。同时，推行校院二级管理制度，将高校办学自主权落到实处。通过学校分权和管理中心下移，转变学校部门的管理职能，明晰学校的办学主体地位，形成学校宏观决策、部门协调配合、学院实体运行的管理模式，切实提高管理水平和效益。

(三) 社会层面：引入第三方机构监督政府和高校的行为

由于政府和高校在出发点和眼前利益等方面有着差异性，这就有必要在政府和高校之间设立中介组织，组成"缓冲器"使之成为高校和政府之间的纽带。一方面中介组织可以通过了解政府，学校及社会的情况以提供最有效的信息供管理和决策用，而专业人员的参与也能够提供更多专业而符合实际的意见。另一方面通过中介对政府和学校行为的监督，不仅可以避免缺乏监督而导致政府和学校做出不合理的行政管理行为，也可以减少学校政府相互监督而导致的摩擦和矛盾。当然，第三方中介机构应保持其独立性，不能成为高校或政府某一方的附庸品。通过第三方中介机构的监督和协调实行多层次、多途径的监督机制，积极落实高校办学自主权。

四、章程引领，积极构建具中国特色的现代大学制度体系

(一) 加快章程制订步伐

教育主管部门应尽快下发大学章程核准办法，成立章程核准委员会，尽快批准一批章程。在章程核准中，注重完善高校与政府的沟通渠道和协商平台，加大指导力度，支持和引导高校以章程为统领，全面推进坚持和完善党委领导下的校长负责制、完善学术委员会建设、实现教授治学、优化学校管理层级和架构、加强学校董事会或理事会等重点领域建设和体制机制创新。

(二) 确保章程制订质量

《高等教育法》以及《普通高校章程制定试行办法》虽然规定了大学章程所涉及的内容和框架，但大学理念方面的内容除了"遵循高等教育规律"等原则性条款外，一般是无法予以规定的。但它内在地决定和影响大学章程的基本规则和具体细则。要借鉴国外知名大学章程建设的先进经验，制定出体现中国特色、符合高校实际、高质量的管用的章程。全面梳理学校的历史、现状和未来，充分凝练办学传统和思想，集中反映办学理念和愿景，是章程

建设成为促进学校内涵发展、特色发展的重要途径。章程既要从战略宏观上考虑，也不能太原则，能明确的要明确，做到可操作、可督查、可实现。章程的制定要遵循科学程序、广集众智、凝聚共识，需要完善配套制度。章程要落地，配套制度必须跟上，要全面清理整合教学、科研、人事等制度，形成相互衔接、较为完备的校内制度体系。

（三）提高章程公信力

要提高章程公信力，要从以下几个方面做起。一是在章程制定上必须要完善民主和科学决策的程序。作为大学内部的"宪法"，其制定需要在深入调查研究、广泛听取各方面意见、进行充分论证的基础上，由集体讨论决定，也就是说章程的制定必须经过调查研究、专家论证、公众参与、合法性审核和集体研究等程序。只有这样，才能保证章程的合法性与合理性。二是章程内容上，章程必须对其法律地位和法律效力予以明确规定，必须对高校内外部事物法律关系予以明确规定。因为章程的法律地位事关章程的法律效力以及广大师生和社会对它的认可程度，而章程的法律地位也决定了章程在实施过程中的实效。对内外事物法律关系的规定如大学与政府、社会之间的关系以及大学内部学术权力与行政权力之间、大学与教师、学生之间的关系等，这些都是事关大学运行、发展的重大问题。三是程序作为大学内部的母法，必须在程序上对其制定和实施予以程序性规定。按照正当程序的大学章程，才符合法律的精神，具有法律地位。

（四）强化章程执行力

任何一项制度定得再好、再完善，如果没有严格执行，那也是一纸空文，更何况制度本身就是一个通过实践不断健全和完善的过程，制度贵在落实，大学章程也不例外。加强章程的执行力：第一，必须在章程内容中科学界定和规范大学内部各部门、领导的权力和职能，形成一条有效地协调机制；第二，强化法律责任，建立问责制度，章程一经生效，即发生法律约束力，这种约束力不仅使学校内部全体师生受到约束，而且作为投资者、举办方的政府也要受此约束，必须依法行政；第三，在章程实施过程中实行信息公开制度。

五、彰显学术，完善大学内部治理结构

大学是学术共同体，学术性是大学组织的本质属性，学术权力是现代大学制度的根基。尊重大学组织属性，完善内部治理结构，彰显学术权力是现代大学制度改革试点的当务之急，治理机制的核心是拥有真正决策权。

（一）确定"学术性行政"的大学治理理念

如果说西方大学内部存在学术和行政二元权力结构的话，我国公立大学则主要存在政治权力、行政权力、学术权力三元基本结构，但这种三元基本机构不是等边三角形性质的相互制衡，而是"2"与"1"的对决，即行政权力与政治权力同质，形成统一体，在法律法规上具有明确的依据，建立了庞大的组织体制系。在学校以下设学院、学系，学院与学系的党政领导一般由学校任命，在学校、学院和学系之间形成了严格的等级，权力中心明显向上偏移。相比之下，学术权力运行缺乏有利的外部支撑。对此，应规范行政权力，确定"学术性行政"的大学治理理念。大学作为学术共同体，客观上要求大学的组织形式及一切活动必须以学术为中心，以服务学术为宗旨，以此重新匹配大学的行政权力和学术权力，实现"行政型治理"向"学术型治理"的转型，大学行政权力的行使应当以保障人才培养为中心的学术活动的顺利实施为目标，更多地体现为营造学术自由的氛围，组织各种力量和资源实现学科专业的建设目标，用行政力来服务和保障学术的发展。

（二）改革高校学术决策机构

一是高校内部学术决策体系要突出系统性。高校内部学术决策体系应该形成以校学术委员会为核心、各分支委员会和各院系学术委员会共同构成的系统性学术决策体系。在机构设置上，应该以《高等教育法》为依据，建立由各院系学术委员会成员共同参与的校学术委员会，并形成常设机构——执行委员会，下设校务咨询委员会、职称评审委员会、课程设置委员会、教学指导委员会、学位评定委员会等功能委员会。功能委员会对执行委员会负责，执行委员会对学术委员会负责。要进一步改进和完善高校的决策机制，制定详细、具操作性的学术委员会章程及其实施细则，具体规定学术委员会及其下属委员会职能、地位及其与决策机制其他组成系统的关系、运作方式和学术委员会产生和罢免的办法等，做到有法可依，从制度上保障学术权力的合法、高效运行。在职能定位上，校学术委员会及其各功能委员会必须是一个独立的权威学术事物决策咨询系统，必须具有审议、决策和监督三个职能：首先，要研究论证和审议学校的发展定位、办学方向、学术发展规划等涉及全校性、全局性的学术发展事项；其次，要在学科建设、专业和专业设置、科研发展规划、科研成果评定、职称评聘、学位授予、人才引进等学术性事务中具有实质性的决策权而不是咨询权；最后，校学术委员会及其下设的功能委员会还要监督学校及其院系行政执行系统对学术决策方案的执行情况，并对执行过程中出现的偏差进行控制和纠正。二是高校内部学术决策运行机制要突出程序性。在推进建设开放性、竞争性学术型组织运行机制的同时，另一个重要问题就是学术权力运行的程序化，即把学术权力运行机制从抽象的"原则"向具体可操作的"规则"转化，以有效的程序制度，推进学术权力运行的程序化，促使大学内部学术决策按照规则行使，可从程序合法化、科学化、民主化、可操作性四个方面着力。

（三）促进高校学术管理重心下移

大学职能机构改革，要把学术管理中心下移作为界定职能部门权责的重要依据，通过主动削弱职能部门机构权力、明确界定职能部门职权等方式，为大学管理重心下移创造条件。第一，清醒认识职能机构改革的目的和定位。职能机构改革要致力于弱化职能机构管理权限，收缩管理幅度，增强学术权力分量以平衡大学内部政治权力和行政权力，实现三维动力结构的动态平衡，建立校—院（系）二级分权管理模式，确立院（系）的办学主体地位，实现校、院、系"三个中心"的改革定位，即职能机构为"决策中心"，学院为"管理中心"，系（所）为"质量中心"。应把推进职能机构改革作为一次与世界知名大学管理水平看齐的机会，通过改革，推进行政权力的适当让渡，强化学术权力的主导地位，建立更加有利于大学教学、科研和社会服务的职能部门管理结构。第二，机构改革的进程和方式要因校制宜。大学之间在历史、现实、发展层次、发展水平、外部环境和内部张力等方面各有不同。因此，职能机构改革不宜搞"一刀切"，在改革进度上，教育行政部门不宜设定改革时限；在改革进度上，也不能要求大学用同一方式推进。整个改革的自主权必须掌握在大学手中，根据自身实际，创造性地进行改革。第三，机构职责要进行深度整合。针对机构和职能的重叠交叉，一般都采取合并业务处室的办法，人员配备根据自身管理需要重新整合。另一种方式是在原有处室基础上成立新的机构如"部"以统筹不同处室。唯有如此才能最大限度地精简机构，提升效能，最大限度地实现管理目标，服务大学发展。

六、完善机制，减少改革发展阻力

创建中国特色的现代大学制度，是一场深层次的变革，难免会触及一些既得利益。如果不能处理好各方面的利益诉求，将会增大改革的阻力，甚至可能导致改革流产或者目标扭曲。当前，建设现代大学制度主要会触及三类利益。一是政府及相关部门的利益。简政放权须对政府部门的权力予以调减或限制，比如将招生权力更多下放给大学等。二是大学内部管理者的利益，尤其是掌握大学行政权力群体的利益将受到制约，比如教育资源的二次分配要更加公开透明等。三是大学内享有学术特权人员的利益，比如教育资源配置的倾斜政策要受到约束等。各利益主体既得利益被调整时，极有可能成为新制度建设的阻力。因此，建立和完善有效的利益协调机制，尽可能凝聚共识，形成各利益方共同推进改革的合力，是现代大学制度建设的重点之一，也是一项艰巨的任务。

七、重视文化，促进大学精神复归

现代大学制度的建设，既包括以具体形态存在的显性制度，如大学章程等，也包括体现为大学精神和文化的隐性制度。我们所学习借鉴的西方大学制度，实际上是显性制度和隐性制度的结合体。建设现代大学制度，从根本上而言，是为了恢复大学存在的本质属性，使其更好地发挥功能和履行使命。从这个意义上讲，隐性制度在现代大学制度中更具根本性和长远性。缺乏隐性制度的现代大学制度，极有可能刚性有余而柔性不足，导致僵硬、夹生，缺乏感染力和适应性。因此，建设中国特色的现代大学制度，需要从古今中外的历史文化传统中吸取养分和精华，加强大学文化建设。尤其要以文化建设为依托，促进办学思想、教育教学理念的革新，不断将先进的显性大学制度转化为影响更为深远的思想理念，形成文化的力量，促进大学精神的复归。这既是建设中国特色现代大学制度的依托，也是其终极目标所在。

参考文献：

［1］东北师范大学．"分层、分类"建立委员会体系［M］//孙霄兵．探索完善中国特色现代大学制度［M］．北京：高等教育出版社，2012.

［2］顾海良．完善内部治理结构，建设现代大学制度［J］．中国高等教育，2010（15）.

［3］郭为禄，林炊利．大学运行模式再造［M］．上海：上海教育出版社，2012.

［4］华中师范大学．华中师范大学构建科学合理的权力结构及运行机制［M］//孙霄兵．探索完善中国特色现代大学制度．北京：高等教育出版社，2012.

［5］吉林大学．吉林大学章程建设的实践［M］//孙霄兵．探索完善中国特色现代大学制度．北京：高等教育出版社，2012.

［6］刘献君．中国特色现代大学制度思考［J］．中国高等教育，2012（24）.

［7］上海财经大学．上海财经大学"四位一体"院系治理结构的实践与思考［M］//完善大学内部治理结构建设现代大学制度．长春：东北师范大学出版社，2013.

［8］孙霄兵．探索完善中国特色现代大学制度［M］．北京：高等教育出版社，2012.

［9］孙霄兵．中国特色现代大学制度建设研究［M］．北京：教育科学出版社，2012.

［10］钟秉林，赵应生，洪煜．中国特色现代大学制度建设［J］．北京师范大学学报：社科版，2011（4）.

［11］周光礼．完善中国现代大学制度［J］．大学：学术版，2012（1）.

第三章 高校办学自主权

梁金霞[*]

2010 年 10 月，国务院办公厅下发《关于开展国家教育体制改革试点的通知》（以下简称《通知》），将"改革高等教育管理方式，建设现代大学制度"作为试点项目之一，"探索高校分类指导、分类管理的办法，落实高等学校办学自主权"为其重要内容，并确定上海市、浙江省、安徽省、云南省作为改革试点省市承担了专项改革试点任务。经过三年的改革试点，探索高等学校分类指导、分类管理的办法，落实高等学校办学自主权的改革取得了积极进展。现将一市三省三年来的试点改革进展情况总结如下。

第一节 试点任务的进展情况

三年来，上海市、浙江省、安徽省、云南省按照改革试点任务书要求，有序开展改革试点，总体进展情况良好，目前改革正在有序进行，并向改革的纵深推进。

---

* 执笔人：梁金霞。

一、明确改革总体目标，分阶段推进改革任务

一市三省都明确制定了本区域改革的总体目标，并将总目标进行分解，分阶段分步骤有序推进改革。

上海市承担"高校分类指导、分类管理改革"任务，明确提出推进高校分类指导、分类管理改革的总体目标，即顺应国家和区域经济社会和学校可持续发展的需求，积极优化调整上海高校和学科专业布局结构，为上海战略性新兴产业提供智力支持和人才保障，转变政府职能，强化分类指导，发挥政策引导和资源配置的作用。上海市将总体目标进行分解，分阶段推进改革试点。2011—2012 年，完成高校的发展定位规划制定工作，制定上海高等教育发展定位规划；建立高等学校办学质量分类评估标准，设计分类绩效评估的指标体系；选择不同类型的学校开展试点评估工作，不断完善指标体系。2013—2015 年，扩大改革试点高校范围，推进分类指导、分类管理工作向纵深发展；探索与绩效评估结果挂钩的资源配置方案，并对高校开展试点工作。

浙江省根据"探索落实高等学校办学自主权"改革试点要求，其改革的总体目标是，依据国家《教育规划纲要》，落实《高等教育法》精神，转变政府管理方式，优化高校内部管理，形成章程法定、导向清晰、调控有力、职责明确、自主办学、运转有序的充满生机和活力的现代大学管理体系。探索新型的高校内部治理结构，形成行政权和学术权适度分离、有效运作的机制，充分体现教授治学、民主管理。试点大学章程建设，逐步形成以章程为基础的高校管理机制和办学运行机制。探索建立高校自主调整与优化专业的机制。逐步增加高校在招生计划、专业设置、学位点建设、科学研究与社会服务等方面的自主权。

安徽省的改革试点任务是"开展高校分类管理改革"。据此，安徽省规定高等学校分类管理改革试点的目标是：从 2012 年起，开展高等学校分类指导、分类管理的理论，形成一批理论研究成果；制定高校分类管理办法和发展定位规划，并指导高校进一步明确办学定位、服务对象和事业发展目标。将分类建设 5 个左右不同类型高校办学联盟，指导高校联盟按照"抱团发展、

集约办学"的思路，探索共建共赢新模式。实施"高校分类重点建设计划"，到 2015 年，分类建设 20 所左右省级示范高校和 400 个左右学科专业，引领各类高校办学标准和发展模式；初步形成"科学定位、分类指导、多元发展、特色办学"的发展格局和评价机制，改革试点进展顺利。

云南省的改革试点任务是"改革高等学校办学体制，推进高校特色发展"，制定的总体改革目标是围绕"破立结合，分层构建，注重长效，提供示范"的总体目标，通过深化高等教育办学体制机制改革，"破""立"结合，整体推动与重点推进相结合，促进全省高校特色发展。通过以"三特"，即建特色学科专业、评特色院校、开展特色评估等方式，推动在全省和各高校两个层面分层构建办学特色。积极探索本专科学校分类入学考试，高校招生考试改革初见成效。同时，高校干部人事制度和绩效分配制度改革以及高校分类评估等改革也得到有效推进。

二、加强组织协调，完善改革体制机制

在教育部统一领导下，政策法规司、规划司作为牵头单位，积极进行组织和部署召开多种形式的研讨会，有步骤、有重点的进行沟通、引导和推进。各试点单位加强组织领导，不断完善体制机制，确保改革顺利实施。

上海市承担改革试点任务后，成立了市教育体制改革领导小组，建立领导小组例会制度，统筹全市资源，促进教育改革和发展，领导小组由市委副书记、副市长担任双组长，成员包括与教育工作密切相关的 24 个委办局负责人，针对教育改革发展中的全局性重大问题或特定领域环节的突出问题召开全体会议或专题会议。每次会议后，以市政府会议纪要形式将会议决定的内容印发相关单位，作为推动工作的依据，形成全市各有关部门共同支持教育事业科学发展的合力，协同推进教育改革和发展。通过这一机制，一些长期制约上海高等教育改革发展的深层次瓶颈问题得到了有效解决，省级政府统筹管理高等教育的力度得到明显增强。

浙江省成立了以省长为组长的教育体制改革领导小组，召开专题会议，设计改革试点方案，审慎选择改革试点学校。要求改革试点高校要根据国家

咨询委员会的评审意见，结合自身基础和特点，认真细化实施方案，精心设计改革的时间表、路线图。

安徽省成立了省级统筹高等教育体制改革试点工作领导小组，加强对高等教育改革与发展工作的领导和统筹，及时研究高等教育发展战略，制定保障和促进高等教育发展的政策措施，实施了《中共安徽省委、安徽省人民政府关于建设高等教育强省的若干意见》。

云南省组建了三级领导机构，即由省政府、省教育厅领导和相关职能部门负责人组成的"云南高等教育体制改革试点协调小组"。同时，还成立了"高等教育体制改革试点指导专家组"，各试点高校成立了专门的教改领导小组，根据改革试点的切入点挂靠在学校相应的职能部门，并从相关部门抽调人员组成多个教改工作小组，实行三级管理机制，即省教育厅对项目建设进行宏观管理和指导，各试点高校负责项目的统筹安排、建设，学校各教改工作小组根据学校安排，配合具体落实。

三、明确改革重点领域，有效推进改革

一市三省联系实际，深入调研，明确了改革重点领域和主要抓手，有效推进改革。

上海市改革的重点领域是对不同类型高校实施分类指导与管理，使各个高校明确自身定位，办出特色，办出水平，在不同的领域争创一流。上海市以"不同的学校，不同的目标，不同的支持"，推进高校制定发展定位规划，推进高等学校分类指导、分类管理改革，促进高校在不同层次、不同领域办出特色，争创一流。为此，2008年上海市启动了上海高等教育内涵建设工程（简称"085"工程），其原则是"规划引导、资源配置、监督管理、绩效考核"，以扶需、扶特、扶强为抓手，根据不同的发展目标，不同的建设任务，不同的政策支持，不同的考核要求的高等学校分类指导、分类管理内涵，引导上海各高校克服同质化倾向，准确定位，形成各自的办学理念和风格，在不同层次、不同领域办出特色，争创一流。上海市政府依据上述政策，明确了高校分类指导与管理的基本内容。第一，引导高校合理定位。根据学校的层次和类型制定学校发展定位规划，对学科专业布局结构进行优化调整，形成各自的办学理念和风格，在不同层次、不同领域办出特色，争创一流。第二，开展分类绩效评估工作。根据不同层次、不同类型高校的特点，建立高等学校办学质量分类评估标准，设计分类绩效评估的指标体系，选择高校开展试点评估工作。上海市教育评估院已经对 21 所市属本科院校进行绩效评估，并在此基础上进一步完善指标体系。第三，建立与绩效评估结果挂钩的政府拨款制度。加强财政资金的管理，改革和完善地方财政对高等教育投入的方式，创建与学校评估结果挂钩的政府拨款制度，以提升建设成效。2013年将开展 10 大工程专项资金中期绩效评价，评价结果直接与相应项目下拨资金额度挂钩，探索建立与绩效评价结果挂钩的政府拨款机制。浙江省转变政府职能，将落实和扩大高校办学自主权作为改革的重点领域。首先，省政府自身积极简政放权，落实高校办学自主权。浙江省按照先易后难、先内后外的思路，从能做的事做起，陆续把 8 项教育管理权限及工作事项下放给高校。一是调整教学改革与建设项目评审权；二是下放部分学科专业设置权；三是下放科研项目评审权；四是扩大本科院校的教师职称评审权；五是取消部分管理事项；六是扩大部分竞争性项目准入范围；七是扩大高校招生自主权；八是扩大民办高校自主权。其次，转变政府职能，加强对高校的宏观评估监督：为使教学建设与改革取得实效，省教育厅强调项目申报、建设、验收、成果交流与推广并重，在建设期间由省教育厅组织专家进行检查；加强新增专业的办学条件与师资力量审核；加强对新增专业方向的备案审查，省教育厅要求各高校已设置的专业在增设新的专业方向时，应具体说明专业方向的增设理由，并附上教学计划安排表报教育厅备案；制定本科高校教学业绩考核办法，省教育厅出台本科高校教学业绩考核办法，并把考核结果与财政拨款挂钩；建立高职院校人才培养情况监测制度；探索高校毕业生质量跟踪调查评价，现已对 12 所试点高校的毕业生就业情况进行跟踪调查，并形成了《浙江省试点高校社会需求与培养质量总结报告（2011）》及 12 所高校的分报告。再次，审慎选择试点高校，稳步推进改革。经过多次发动和征求意见，在坚持自愿优先的基础上，选择了 5 所改革基础较好、改革积极性较高、保障条件较为有力的高校承担改革试点任务。省教改办为每一所试点高校明确了各有侧重的改革重点，同时，鼓励各高校积极探索有利于加强高校内涵建设的管理体制改革；开展"高校专业设置与调整管理新机制改革试点"，努力增强高校在专业设置方面的自主权；开展"扩大民办高校招生、收费权限试点"，赋予民办高校更多的自主权；开展"高校生均经费基本标准试点"，在研究制订生均经费标准和生均财政拨款基本标准的基础上，逐步建立有利于提升办学水平和质量的拨款模式；开展"高校教师分类考核试点"，对不同岗位的教师进行不同侧重的考核以调动各类教师的积极性；开展"研究生培养机制改革试点"，扩大导师选择学生的权力，增强导师培养学生的责任；开展"高职院校自主招生试点"，扩大高职院校以"校考单录"、"校考+高考"模式招生的范围；开展"普通高校综合评价招生改革试点"，允许本科院校通过"高中学业水平考试+高校综合素质测试+统一高考"的"三位一体"方式招录学生。

安徽省以"高等学校分类管理改革"为重点，积极推进改革进程。制定了安徽省高等学校发展定位规划，引导各类高校科学定位、错位发展。大力优化高校区域布局和类型结构，着力加强工程类、应用型高校建设，采取省市共建、对口支援和支持部属高校举办分校、升格等办法，壮大高等教育力量，强化市和省直单位、国有大型企业对所属高校的举办责任。加强、规范对新建本科高校、高职高专和民办高校的管理，落实对民办高校的政策措施；制定了《安徽省普通高等学校强化省级统筹及分类管理实施办法》，指导各高校形成了自己的发展规划、办学定位和事业发展目标，引导各类高校科学定位、错位发展；改革高职院校招生录取方式，逐步将安徽省高职院校自主招生试点院校范围推广至全省42所高职高专院校；推进行业、地方与高校共建，探索共建新模式，建立产学研联盟长效机制，探索各类高校特色办学和集约化、开放式发展新模式；制定高校分类管理办法和省级政府依法审批设立实施高等专科学历教育高等学校的具体办法；依法理顺政府、社会和高校职责，落实高校办学自主权，推进政校分开、管办分离，允许省属高校在内设机构设置、学科专业设置、人才引进、教师职称评聘等方面享有更大的自主权，积极推进高校联盟间及高校与行业企业、科研院所的合作。

云南省以改革高校办学体制，推进高校特色发展为重点着力推进改革。

以建立现代大学制度为核心，推动高校特色发展。云南省大力推进大学章程建设，下发了《云南省教育厅关于转发教育部〈高等学校章程制定暂行办法〉的通知》，各校已组织专门力量，开展高校章程的修订工作，大部分高校修订工作已完成；深化高校校领导选拔任用制度改革，坚持和完善党委领导下的校长负责制，加大公办高校校长、副校长公选竞聘力度，向民办高校选派校党委书记（督导专员），进一步规范民办高校校领导聘用措施；深化高校人事制度改革，高校院系部处行政负责人逐步实行全面公推直选，进一步落实人员聘用制度和岗位设置管理，充分发挥"全员聘用、岗位管理"制度的积极作用；深化高校分配制度改革，逐步实行岗位绩效工资制，更好发挥该机制的激励作用；改革高校教师职称评定办法，逐步把教师职称评定的权力下放到高校；改革高校考试招生制度，大力推进高校人才选拔培养改革，考生普通高中学业水平考试成绩量化为相应分数后直接计入高考总分，高职院校逐步实施单独招生，并增加招生考试专业；创设高校特色发展的良好外部环境，对高校实行分类指导、分类管理，并对不同高校进行有针对性的指导和检查。

四、配套相关政策措施，确保条件保障到位

改革试点的各个省市，相继出台了一系列的政策举措，提供了具体的条件保障，以确保改革的顺利推进。

上海市制定了"985工程"建设高校、"211工程"建设高校、一般本科高校、新建本科院校、高职高专院校等不同层次高校的分类指导、分类管理的相关政策；建立了高等学校办学质量分类评估标准，并开展分类绩效评估工作；制定了《上海地方本科院校"十二五"内涵建设绩效评价指标体系》，对上海21所市属本科院校进行内涵建设绩效评估；建立与分类绩效评估结果挂钩的政府拨款制度，并在部分专项资金中试行，推动部属高校通过优质教育教学资源共享等途径，帮助、扶持地方高校提高办学水平；教育部、上海市政府已签署共建国家教育综合改革试验区战略合作协议、成立"上海市教育体制改革领导小组"，并建立领导小组例会制度，统筹协调上海教育改革发展中的重大问题，形成全市各有关部门共同支持教育事业科学发展的改革

合力，协同推进教育改革和发展。

浙江省积极推动政策配套和条件保障。在政策配套方面：印发《浙江省教育改革试点项目政策研究责任分工》，向试点高校下放有关管理权，向试点高校下达改革试点任务书，明确改革任务、权责义务；依据改革进程及时出台改革试点的具体政策，支持和鼓励试点高校结合本校实际先行先试、大胆创新、科学发展；建立健全试点绩效评价制度，建立第三方的监管和评价机制，确保改革的方向和绩效；出台了浙江省贯彻实施《高等学校章程制定暂行办法》的指导意见，明确通过章程建设落实高校办学自主权，结合改革进程陆续下放高等教育事权。在条件保障方面：一是进一步完善领导机制，成立了以省长为组长的教育体制改革领导小组，成立省落实高校自主权改革试点工作领导小组，协调各项工作；二是进行科学论证，邀请校内外专家对试点高校的改革方案进行论证，保证方案的可行性和科学性，建立定期汇报和研讨制度，及时评估改革执行情况，及时发现问题，总结经验，指导行动；三是健全评估制度，建立了试点工作跟踪评估制度，每年对试点进展情况进行评估和指导，对改革措施不落实、改革成效不明显、师生不满意的单位进行动态调整。

安徽省出台了一系列政策推动改革顺利进行。包括《安徽省人民政府关于开展省级政府教育统筹综合改革试点的实施意见》、《中共安徽省委 安徽省人民政府关于建设高等教育强生的若干意见》和《关于同意安徽应用型本科高校联盟实行实践教学小学期制的批复》等配套政策，并指导高校联盟完善合作章程和合作协议，推进联盟共建共享优质教育资源。安徽省教育厅、安徽省财政厅共同印发了《安徽省支持本科高校发展能力提升计划》和《安徽省高等教育振兴计划》，计划新增一批引领各类高校分类发展的改革项目并加大经费支持力度，要求分类重点建设好一批省级示范高等学校，并制定各类高校办学标准和评价标准。实施"有特色高水平高校建设计划"，重点支持建设一批高水平大学、具有鲜明办学特色的应用型本科高校和示范高职院校，在不同层次、不同类型高校中建成一批国内一流的地方高水平高校。实施专业结构优化调整与专业改造项目，改造传统专业，设置并重点建设一批经济社会发展急需的专业，建成一批具有国内先进水平的高学科专业。在组织保障方面：成立了省级统筹高等教育体制改革试点工作领导小组，加强对高等教育改革与发展工作的领导和统筹，及时研究高等教育发展战略，制定保障和促进高等教育发展的政策措施，协调相关部门解决有关重大问题；制定了《中共安徽省委　安徽省人民政府关于建设高等教育强省的若干意见》。在经费保障方面：提出保障高校生均预算内教育事业费逐年增长，在省统筹资金中加大对高等教育的投入，改善基础设施条件；设立了高等教育强省建设和体制改革专项经费，支持高校发展；采取债务重组、校区置换和政府支持等多种措施，缓解高校债务压力，高校贷款余额较 2009 年底审计锁定数减少了 60.8 亿元，化债比例达 77.5%，改善了高校基础设施条件。

云南省组建了三级领导机构，由省政府、省教育厅领导和相关职能部门负责人组成的"云南高等教育体制改革试点协调小组"。同时，还成立了"高等教育体制改革试点指导专家组"，各试点高校成立了专门的教改领导小组，根据改革试点的切入点挂靠在学校相应的职能部门，并从相关部门抽调人员组成多个教改工作小组，实行三级管理机制，即省教育厅对项目建设进行宏观管理和指导，各试点高校负责项目的统筹安排、建设，学校各教改工作小组根据学校安排，配合具体落实。提供资金支持与物质条件保障，除教育部下拨的改革试点项目经费外，云南省教育厅将协调省财政厅另行核定专项经费支持改革工作。此外，改革项目的资金投入主要依靠各高校自身，各相关高校在 2011 年、2012 年、2013 年的经费预算中单列"推进特色发展专项经费"，由学校的教改领导小组负责审批使用。

第二节　试点改革成效

一、探索高校分类指导、分类管理的改革初见成效

（一）宏观引导，实现了高等教育发展方式新转型

上海市高等教育发展新方式的探索，使高校办学条件整体得到了提高，

基本完成了形态布局，新增的奉贤和临港新城两个大学园区，形成了与全市生产力布局相呼应的高校形态布局。上海市在探索的基础上推进以高校发展定位规划和学科专业结构优化调整为主要抓手的高等教育内涵建设工程，提出了"扶需、扶特、扶强"的建设思路，制定了"学校规划、校内竞争、政府立项、绩效评估的项目管理办法"。上海高等教育已形成国家、上海、学校重点学科建设的三级体系。根据"不同的发展目标，不同的建设任务，不同的政策支持，不同的考核要求"的高等学校分类指导、分类管理内涵，引导上海各高校克服同质化倾向，准确定位，形成各自的办学理念和风格，在不同层次、不同领域办出特色，争创一流。

（二）分类指导，形成了高等教育整体发展新格局

通过实施"085工程"，上海市对不同层次的高校进行分类指导，逐步形成了协调发展、和谐共荣的新格局。即有若干所国内顶尖、国际知名的高水平、综合性、研究型大学，若干所在某一领域国内顶尖、国际知名的多科性或单科性高校，有若干所在若干领域建立制高点的国内最好的综合性或多科性地方高校，有一批服务上海地方经济社会发展、在人才培养方面形成特色的应用型高校，同时创建若干所小规模、特色鲜明的高水平大学。

（三）部市共建，推进了高水平大学的建设

通过和教育部签订共建协议，上海市积极推进在沪的"985建设工程"、"211建设工程"高校建设高水平大学。在服务国家战略、自主创新、自主发展的同时，积极鼓励共建高校根据上海市政府发布的《地方财政资金重点建设项目申报指南》服务地方经济社会发展、服务地方产业结构转变、服务上海高等教育整体发展。在创新体系建设、城市建设和管理、生态建设、社会建设、地方高等教育发展等方面为地方做贡献。

（四）聚焦重点，促进了地方本科院校的内涵建设

"085工程"要求上海市属高校，根据"扶需、扶特、扶强"的原则，"需特"结合、"需强"结合，围绕上海经济社会发展需求，结合学校的基

础、特色、优势和发展目标，聚焦重点学科专业群或平台，制订"十二五"内涵建设规划。现已重点提出了 180 个建设项目，其中 70% 的资金用于人才培养，为加强项目管理，上海市教委、市财政局、市审计局下发了《实施〈上海市中长期教育改革和发展规划纲要（2010—2020 年）〉财政专项资金管理办法》和《"十二五"高等教育内涵建设市级教育专项资金使用管理办法》，来引导高校加强内涵建设。

（五）校企合作，推动了高职院校的特色发展

通过校企合作，形成高职院校办学特色是上海市高职院校改革试点的重要内容。当前，在积极推进 4 所完成验收的国家示范性高职院校开展"后示范建设"促进其向专业特色鲜明、校企深度融合、具备国际影响的高等职业院校发展的基础上，目前，各高职高专院校已完成校本重点专业建设路线图的制定工作，以重点建设 200 个专业上水平为目标，明确了各专业的校内实训基地、师资队伍、人才培养模式改革、技术服务（或社会服务）等四方面的建设内容及具体项目。

（六）实践育人，推动了人才培养模式的改革

以临床医学硕士培养模式改革为引领，推动专业学位研究生培养改革试验。自 2010 年起，上海公立医疗机构统一实施了住院医师（全科医师）规范化培训制度，并将住院医师（全科医师）规范化培训与临床医学硕士专业研究生培养紧密结合，以培养"好医学生"和"好医生"为目标，着力培养具有较好职业素养和职业道德，并具有较强临床能力的医学生（医生）。以临床医学硕士专业学位改革培养为引领，上海着力开展各类全日制专业学位研究生教育综合改革试验，已在工商管理、工程硕士和公共管理等专业学位类别中，建立了上海市级实践实习示范性基地。目前 21 家专业学位研究生培养高校已全部开展全日制专业学位研究生教育综合改革试点工作，启动了"卓越工程教育"、"卓越教师教育"、"卓越医学教育"、"卓越法学教育"和"创新创业教育"等人才培养推进方案。

（七）探索新机制，健全了分类管理的运行标准

建设高等教育拨款评估咨询委员会，完善高等教育经费的科学投入与资源配置机制，促进高校科学和特色发展，加快建立高等教育拨款评估咨询委员会制度；推进分类指导的管理体制和运行机制改革，加强高校的自主创新发展能力，转变政府职能，引导高校科学定位、特色办学。加强政府的规划引导作用，优化资源配置、严格监督管理、注重绩效考核，形成了政府与高校的有效互动的运行模式；建立高校办学质量分类评估标准，上海市根据各类高校不同的办学理念、发展使命、目标任务，以及各类高校不同发展阶段形成的特色和优势，制定了不同的质量分类评估标准。鼓励高校在不同层次、不同领域、不同类型中追求卓越，办出特色；建立健全高校绩效评估指标体系，上海市围绕高等教育整体规划，引导高校申报重点发展项目，开展水平评估和建设项目的绩效评估，探索实行与水平和绩效考核挂钩的财政拨款制度，合理配置高等教育资源，引导高校转变办学理念，不断提升内涵建设质量。

二、探索"落实高校办学自主权"取得积极成效

（一）转变了政府职能

浙江省政府主动简政放权，逐步下放给高校部分权力，落实高校办学自主权。转变政府职能，积极下放管理权限，政府由对高校的管理转变为对高校进行宏观指导和评价监督。建立了本科高校教学业绩考核办法、高职院校人才培养情况监测制度和教师职称评审质量抽查制度，不断完善评估监督办法。积极运用财政拨款引导和推进高校内涵建设。在测算生均经费标准的基础上，优化生均财政拨款模式，把优化培养层次结构和专业结构、加快教育国际化、提升教育质量和办学水平作为新增财政拨款的主要参照依据。

（二）完善了高校内部治理结构

浙江省各试点高校分别以试点任务为抓手和主要突破口，多方面探索积极完善高校内部治理结构，三年的改革探索与实践取得了显著成效。绍兴文理学院重构基层学术组织，建立起"校—院—学科"三级组织两级管理的治理结构，解决了学科碎片化的问题。使本科专业回归为课程组合，统一了教师的教学和科研工作，让学术权力回归学者，从学术角度对行政权力形成有效制约。

浙江工业大学着力优化内部管理权限和治理结构，试行"三位一体"招生办法，有效行使专业自主设置权与教学权，整合运用科研开发权、社会服务权和研究机构设置权，面向区域发展构建产学研协同创新机制，探索面向社会自主办学的途径和方法。为此出台了《浙江工业大学学术委员会章程》等一系列办法、制度，为改革提供制度保障。

宁波大学针对学校现行治理结构主要以内部控制为主，监督机制、评估认证机制不健全，适应地方社会发展需要、利用外部资源获得竞争优势的渠道不够畅通的现状，探索建立社会参与、内部人控制与外部人控制相结合的治理结构，力争在公共利益（社会责任）与学术规律（学术自由）、决策的高质量与执行的高效率、民主参与与精英统治之间寻求平衡，成立由政府官员、著名侨胞、知名企业家、杰出校友、校内各方代表组成的董（理）事会，逐步建立起更加民主、开放的治理结构，使各方的利益更好地得到了尊重，调动了各方的积极性，从而进一步激发了学校的办学激情与活力。

（三）积极落实高校办学自主权

浙江省试点改革的重要任务是探索落实高校办学自主权，经过三年实践与探索取得了积极进展，成效明显。根据浙江省经济社会发展需要和战略布局，依据浙江省高等教育发展状况，浙江省将由教育行政部门的8项管理权限和事项下放给了高校，其中调整一项（教学改革与建设项目评审权），下放两项（部分学科专业设置权、科研项目评审权），扩大四项（本科院校的教师职称评审权、部分竞争性项目准入范围、高校招生自主权、民办高校自主权），取消了部分管理事项。

三、推进高等学校分类管理改革初见成效

（一）加强理论研究，为改革提供理论支撑

安徽省重视理论研究，形成了"以强化省级统筹，全面提升地方高等教育质量"、"抓住关键，全面提高地方高等教育人才培养质量"、"大力发展应用型高等教育服务 引领安徽奋力崛起"、"转型提升，科学构建地方应用型高等教育体系"、"破解高校管理'一粗放、三倾向'难题"等成果，为改革试点的顺利推进奠定了理论基础。

（二）制定配套政策，为改革指明了方向

安徽省围绕"科学定位、分类指导、多元发展，特色办学"的高等教育发展方针，制定了一系列配套政策。提出了"开展高等学校分类管理改革实施方案"和"安徽省普通高等学校分类指导与管理实施意见"，建立"政府主导、学校主体、联盟平台、项目载体"的分类管理的运行机制；确立"应用型"地方高等教育发展定位，确立了建成现代应用型高等教育发展目标，明确将"初步建成能够服务党委和政府决策、支撑经济发展和产业升级、引领文化繁荣和社会进步的具有安徽特色的现代应用型高等教育体系"作为高等教育事业的发展目标；确立了应用型高等教育质量评判根本标准，把"对经济社会发展的支撑度、对人力资源强省建设的贡献度和人民群众的满意度"作为高等教育质量的根本评判标准，建立了高等学校为地方经济社会发展服务考核制度。

（三）以科学定位为基础，引导高校依据特色分类发展

确立了"应用型"地方高等教育发展定位，进行了"合作式"地方高等教育体制改革，构建了"一体化"地方高等教育质量保障体系，初步走出了"地方性、应用型、合作式、一体化"的地方应用型高等教育道路；围绕全

省经济社会发展重大战略部署建设了一批重点学科专业，加快了紧缺人才的培养，形成了以高层次创新人才为引领、以应用型人才为主体、技能人才为支撑，结构合理、有机互补、特色鲜明的学科专业整体布局；实施高职考试招生制度改革，通过开展高职院校自主招生改革试点，扩大试点范围，进一步探索建立符合安徽省情的分类考试、综合评价、多元录取的高等职业院校考试招生制度；推进质量工程分类管理，探索建立分类拨款机制，确保了质量工程项目覆盖重点大学、应用型本科、高职教育和继续教育四种类型，并根据不同类型高校特点给予经费支持；加大高等学校评估分类指导，坚持以"五个度"作为审核评估的重点内容，指导新建本科院校开展合格评估，帮助通过第一轮评估院校开展审核评估，开展高职院校人才培养工作评估。

（四）搭建联盟建设的新机制，促进了抱团发展、集约办学

安徽省相继成立了应用型本科高校、示范性高职院校、医学教育院校、教师教育院校、市属高职院校和商科类高职院校等六类高校合作联盟，合力推进"合作式"地方高等教育发展模式；依托联盟实施分类指导，引导联盟高校分类抱团发展，共建学科专业，共享优质资源，共商办学标准；推进校际、校地、校企合作和中外合作办学，鼓励高校积极探索"合作育人"模式，引导联盟高校分类抱团发展，共建学科专业，共享优质资源，共商办学标准；推进校际跨校选课、暑期小学期实习、主辅修及学分互认，有效开展图书、网络课程、实习基地、师资等方面的资源共享，提高教育资源的总体使用效益。

（五）以优化专业结构着力点，缓解了高校的趋同现象

安徽省通过优化和调整专业结构，逐步缓解高校同质化趋同现象。出台了《关于进一步优化本科学科专业结构，提高高等学校本科教学质量的通知》，建立了学科专业预警和退出机制，坚持每年定期发布学科专业结构及社会需求分析报告，坚持对社会需求量小、就业率低的专业停办、停招。逐步形成了以工科为重点、以应用型专业为主体、多学科协调发展的学科专业格局。

四、改革高等学校办学体制，推进了高校的特色发展

（一）以章程建设为依托，构建现代大学制度

各高等学校大力推进大学章程建设，2013 年正式启动高校大学章程审定工作，目前各高校已陆续将修订完善后的大学章程上报，按照工作安排，省教育厅将组织法律专家和相关学者逐一审定核准，按有关要求上报教育部备案。

（二）改革高校招生制度，突破招生改革瓶颈

探索建立完善高校分类入学考试和多元录取机制，试点推行高等职业院校对口中职招生考试改革，采取"知识+技能"的考试和录取方式，扩大高职院校单独招生的规模及范围，力图突破瓶颈，破解高等教育改革发展的难点和热点问题。

（三）加强大学联盟建设，促进高校资源共享

云南省师范高校联盟、图书馆联盟、云南省州市高校联盟已陆续成立并逐步在发挥作用，云南省呈贡大学园区高校联盟也在筹备成立当中。通过大学联盟的建设，实现资源共享，为人才培养质量的提升奠定基础。

（四）强化政策引领，支持高校特色发展

在重大项目的评定、改革措施的确定上依据学校的不同类型，制定不同的政策措施；充分利用财政资金对高校特色发展的导向、激励功能，逐步探索高校绩效评估资源配置与高校特色发展挂钩的财政拨款制度；建立了云南省高等学校专业设置管理系统，加强对全省高等学校专业设置、管理、建设的统筹；出台云南省高等学校本科专业设置管理规定，要求高校做好专业规划及设置工作。

（五）分层分类指导，清晰高校办学定位

云南省从全省战略发展的全局出发，要求每所高校明确自己的办学定位，服务面向和办学特色，努力构建"面向西南开放"云南特色现代高等教育。大力推进东南亚南亚等语种人才培养，已完成《云南省关于加快东南亚南亚语种人才培养的指导意见》起草工作；深化高职院校改革，促使高职院校在提高质量中强化特色；开展云南省"国门大学"建设研究工作，起草了《云南省国门大学建设方案》，尽快启动实施"国门大学"工程；加强和改善高校特色发展的指导和评估，进一步完善了高等院校分层次、分类别评估的运行机制。

第三节　主要经验与典型模式

历经三年的探索和改革，各个试点单位在推进改革进程中，面对改革难点和瓶颈问题积极探索，积累了一定的经验，也形成了不同的模式。这些改革试点形成的典型经验和模式，在面上整体推进改革中，有积极的示范和借鉴作用。

一、典型经验

（一）上海市的典型经验

上海市在探索高校分类指导、分类管理改革中，因地制宜，联系实际，着眼当前，面向未来，从体制机制的构建与完善、高校的办学定位与特色发展、经费的管理与投入、政府职能转变等方面积累了一定的经验。

1. 健全体制机制，为改革试点的顺利推进提供制度保障

首先，完善协调机制，建立教育体制改革领导小组例会制度。上海承担改革试点任务后，在2010年底以全面实施国家《教育规划纲要》和《上海

教育规划纲要》为契机成立了市教育体制改革领导小组，建立领导小组例会制度，统筹协调上海教育改革发展中的重大问题。领导小组由 1 名市委副书记和 1 名副市长担任双组长，成员包括与教育工作密切相关的 24 个委办局负责人，针对教育改革发展中的全局性重大问题或特定领域环节的突出问题召开全体会议或专题会议。通过这一机制，一些长期制约上海高等教育改革发展的深层次瓶颈问题得到了有效解决，省级政府统筹管理高等教育的力度得到显著增强。通过政府对高校的指导作用，推进了 27 项国家教育体制改革试点项目。其次，建立部市合作机制，有效推进改革试点项目。上海市与教育部于 2010 年签署了《教育部上海市人民政府关于共建国家教育综合改革试验区战略合作协议》，根据部市共建协议，上海市政府将"推进高等学校分类指导、分类管理改革"项目列入了上海市政府重点工作，并拨付财政专项资金予以支持。这种部市合作的方式，不仅对试点改革有积极的推进作用，同时教育部及时把握改革试点进程总结经验，发现问题，指导试点改革工作顺利进展均有很重要的作用。再次，改变高教经费投入重点，规范资金使用。上海市政府"十二五"期间将增加 140 亿专项资金推进教育改革和发展，其中 70%用于高等教育内涵建设，地方高校内涵建设资金的 70%用于人才培养。高校经费中的这两个 70%，说明上海市对高校经费投向发生了明确的转变，即经费投入重点由注重校园、设备等硬件建设向注重人才培养和师资队伍等内涵建设转变。同时，上海市还建立财政教育专项重大项目绩效评价制度和跟踪问效机制，逐步扩大财政绩效评估范围。

2. 围绕中心工作，推进高校特色发展

上海市的分类指导、分类管理改革试点，围绕上海经济建设与社会发展的中心，紧扣办学特色，促进高校在不同类型和层次、不同领域健康发展。大力支持部属高校发展，优先配置土地、校舍等资源，在"985 工程"、"211 工程"等建设中，给予 1∶1 配套资金支持，促进其在服务国家和上海经济社会发展战略中发挥引领作用，加快建设世界一流和国际知名高水平研究型大学的步伐；促进地方院校特色发展，引导地方院校结合社会需求，在特色学科专业和应用型人才培养方面注重品质提升；通过政策引导、资源配置、专业设置、评估等手段，促进高校注重向应用型专业设置、应用型人才培养方向发展。

3. 转变政府职能，推进现代大学制度建设

正确处理政府和高校的关系，是建设现代大学制度的前提和基础。上海市政府积极转变职能，明确政府职责，强化政府统筹规划、政策引导、监管评估的职责，促进管、办、评分离，完善督导制度和监督问责制度，推进现代大学制度建设。积极探索部市"共建共管"新机制，推进高校分类指导、分类管理改革；深化省级政府统筹高等教育管理改革的路径和机制，促进高等教育管理体制改革，优化高等教育资源结构和资源配置。积极推进高层次中外合作办学发展，借鉴国外的先进教育理念，探索多元开放的办学新模式，提升上海高等教育内涵发展水平；强化评估督查，保障持续发展。建立高校专业预警机制，向社会公布就业率持续偏低的专业名单，并相应调减招生计划。建立教育财政专项重大项目绩效评价制度和跟踪问效机制，逐步扩大财政绩效评估范围。

（二）浙江省的典型经验

1. 高度重视，精心部署改革试点

为了有效推进改革试点，浙江省政府成立了以省长为组长的教育体制改革领导小组，召开专题会议，审定了改革试点项目实施方案。浙江省政府认为，现代大学制度涉及理顺政校关系、完善内部治理结构、强化社会监督等多方面内容，改革比较复杂，省教育厅决定选择部分有代表性的高校，采取自上而下、小范围各有侧重先行先试的办法。经过多次反动和征求意见，在坚持资源有限的基础上，选择了 5 所改革基础较好、改革积极性较高、保障条件较为有力的高校承担改革试点任务。每所高校根据改革试点要求，结合自身基础和特点，认真细化实施方案，精心设计改革的时间表和路线图。在深入分析改革试点具体内容和政策需求的基础上，着眼于重点突破。

2. 深入调研论证，设计改革配套政策

首先，深入调研，了解改革试点高校的需求，提升改革试点的实效性。浙江省深入了解和认真研究试点高校政策需求，通过向试点高校发放调查问卷等形式，认真收集整理高校到底需要哪些自主权，了解高校对于落实自主权的政策需求。围绕这些需求，印发了《浙江省教育改革试点项目政策研究

责任分工》，其中就"落实高校自主权"试点项目提出了需要有关部门研究的具体政策。其次，认真规划，组织实施和落实各项配套改革。浙江省政府认为，探索落实高校办学自主权是一项系统工程，仅仅由 5 个单位试点无法涵盖改革的各个方面，其改革成果也不一定适合于不同层次、不同类型的高校。为此，围绕建设现代大学制度、落实和扩大高校办学自主权的要求，设计和实施了一系列配套改革。

3. 转变政府职能，积极下放管理权限

浙江省按照先易后难、先内后外的思路，从能做的事情做起、从教育管理部门自身做起，积极简政放权，陆续把部分教育管理权限及工作事项下放给了高校，有效推进了高校办学自主权的落实。

4. 完善评估办法，强化政府宏观管理职能

浙江省通过完善评估监督办法，努力把政府工作重心放在宏观管理和评价指导上。相继建立了项目成效与名额分配挂钩制度、加强新增专业的办学条件与师资力量审核机制、加强对新增专业方向的备案审查、制定本科高校教学业绩考核办法、教师职称评审质量抽查制度、探索高校毕业生质量跟踪调查评价等制度和规则，强化政府的宏观监管职能。

5. 探索制度建设，巩固改革成果

落实高校自主权，不仅是政府管理权限的下放，更重要的是要合理界定政府和高校的不同职责，并使之固化为规章制度。对此，浙江省也做了积极的探索。包括大学章程建设、高校内部学术治理结构、建立社会监督机制、改革宏观管理办法等方面，加强建设与完善并使这些制度固化，推进高校办学自主权改革试点成果的持续性和制度化。

（三）安徽省的典型经验

1. 注重理论研究

安徽省在承担高等学校分类管理改革试点任务后，高度重视理论研究对改革试点的指导性。从 2011 年起，省教育厅投入 65 万元，以省级教学研究委托项目形式，委托专家专题开展分类管理改革试点研究，特别是重点开展高等教育分类理论研究与实践、安徽省经济社会发展与高等教育专业结构调

整对策研究、各类应用型人才培养研究、高等教育分类管理办法研究与制定等，这些理论成果为高校分类管理改革试点提供了理论支撑。

2. 确立应用型地方高校发展定位

在改革试点中，安徽省依据本省省情确立了建成现代应用型高等教育发展目标。省委、省政府明确将"初步建成能够服务党委和政府决策、支撑经济发展和产业升级、引领文化繁荣和社会进步的具有安徽特色的现代应用型高等教育体系"作为高等教育事业的发展目标。围绕这一目标，安徽省通过调整和优化专业结构、制定新的应用型评估标准、建立高等学校为地方经济社会发展服务的考核制度，引领地方高校确立应用型发展定位。

3. 建设联盟促进高校抱团发展、集约办学

按照"抱团发展、集约办学"的思路。相继成立了应用型本科高校、示范性高职院校、医学教育院校、教师教育院校、市属高职院校和商科类高职院校等6类高校合作联盟，合力推进"合作式"地方高等教育发展模式。

（四）云南省的典型经验

1. 以"三特"模式推进改革试点

云南省在"改革高等学校办学体制、推进高校特色发展"的改革试点中，根据本省高校实际，初步总结出以"三特"，即建特色学科专业、评特色院校、开展特色评估等方式，推动在全省和各高校两个层面分层构建办学特色。在特色专业建设上，云南省修订下发了《云南省高等学校本科专业设置管理办法》，加大全省高校专业结构调整力度，优化高校学科专业结构，通过建设专业人才需求预测、预警系统，建立动态调整机制。提高专业对经济社会发展的适应性，引导高校坚持办学传统和优势，彰显办学特色。在特色学校建设上，以分类评估、项目倾斜等方式引领高校特色发展。为加快区域特色高水平大学建设，出台了《云南省关于全面提高高等教育质量的若干意见》，以国家中西部高校基础能力建设工程和中西部高等学校综合能力提升工程建设为契机，加强对立项高校的建设指导，通过建设区域特色高水平大学，推动和引领云南省高校在不同类型、不同层次上办出特色，提高教育质量和水平。在特色评估上，推动所有本科院校向社会发布本科教学质量发展

报告，重点公布教授为本科生授课、教学经费投入、实验实习和招生就业方面的情况。分层次分类别开展高校评估，推进本科院校审核评估、新建本科院校合格评估、高职高专院校特色评估、独立学院合格评估以及专业认证和评估。

2. 以大学联盟模式推进高校共同发展

以高校间多层次、多形式联盟建设推进云南省大学联盟建设，促进资源共享、优势互补。云南省师范高校联盟、图书馆联盟、云南省州市高校联盟已陆续成立并逐步在发挥作用，云南省呈贡大学园区高校联盟也在积极筹备中。在高校联盟协议框架下，在联盟内逐步推行课程互选、学分互认、教师互聘、师资共享、文献信息资源共享等改革措施。通过资源共享、优势互补，促进各校提升办学质量，强化办学特色。

3. 打造"国门大学"服务桥头堡

打造"国门大学"是云南边境高校立足云南、放眼世界提出的一个新概念，也是桥头堡建设语境下边境高校发展的新方向、新标准。为此，云南省已经草拟了《云南省国门大学建设方案》，计划通过加大投入，重点建设，着力改善边境高校的基本办学条件，加强师资队伍建设和学科专业建设，搭建和完善教学、科研、社会服务综合平台，提升国际化办学水平，培育国门特色，从人才培养、科学研究、社会服务、文化引领等职能入手，充实国门大学内涵，在 13 所边境高校中遴选一批高校，进行重点建设，在 5—10 年内建成国内有一定的知名度、在东南亚和南亚有重要影响力的应用型和高素质技能人才特色区域国际化大学。

二、典型模式

（一）初步形成不同类型高校共同发展的分类指导、管理新模式

1. 政府思路清晰，政策到位，举措得力

上海市政府明确制定了上海高等教育要以提高质量、优化学科专业结构为重点的重大决策。为了贯彻这一决策，上海市教委会同市发展改革委、市财政局于 2008 年提出实施以高等学校发展定位规划和学科专业结构优化布局

结构调整为主要抓手的上海高等教育内涵建设工程（简称"085 工程"）。实施"085 工程"的主要举措就是以"规划引导、资源配置、监督管理、绩效考核"为原则，以"扶需、扶特、扶强"为抓手，根据"不同的发展目标，不同的建设任务，不同的政策支持，不同的考核要求"的高等学校分类指导、分类管理内涵，引导上海各高校克服同质化倾向，准确定位，形成各自的办学理念和风格，在不同层次、不同领域办出特色，争创一流。经过改革，形成协调发展、和谐共荣的格局，即有若干所国内顶尖、国际知名的高水平、综合性、研究性大学，有若干所在某一领域国内顶尖、国际知名的多科性或单科性高校，有若干所在若干领域建立制高点的国内最好的综合性（多科性）地方高校，有一批服务上海地方经济发展、在人才培养方面形成特色的应用型高校，同时创建若干所小规模、特色鲜明的高水平大学。

2. 形成了分类指导、分类管理的不同类型、层次高校共同发展新模式

一是"强重点"，着力建设以"985 工程"、"211 工程"为主的高水平大学。上海市大力支持部属高校发展，促进其在服务国家和上海战略中，加快建成世界一流和国际知名高水平研究型大学的步伐。除了给予土地、校舍等资源外，在"985 工程"、"211 工程"等建设中，给予 1∶1 配套资金支持，在充分保证高校服务国家战略、自主创新、自主发展的同时，引入激励机制，鼓励共建高校根据上海市政府发布的《地方财政资金重点建设项目申报指南》，服务地方经济社会发展。在新一轮的"985 工程"中，上海市财政投入36 亿元给予支持的同时，设立共建资金总量的 40% 作为市政府引导性资金，引导上海 4 所"985 工程"高校申报服务上海经济建设、创新体系建设、城市建设和管理、生态建设、社会建设、地方高等教育发展等 6 个方面的 38 个重点建设项目，已全部通过立项，正积极开展建设。二是"建特色"，促进地方院校科学发展。上海市根据"扶需、扶特、扶强"的原则，引导地方高校结合社会需求，在特色学科专业和应用型人才培养方面注重品质提升。上海 21 所地方本科院校制定了 26 个内涵建设规划，并聚焦重点提出了 240 个建设项目。上海市 38 所高职高专院校已经完成本校重点专业建设路线图的制定工作，重点建设"护理"、"食品药品监督管理"等 164 个高职高专，明确了各专业的校内实训基地、师资队伍、人才培养模式改革、技术服务等 4 方

面的建设内容及具体项目，大力服务经济社会发展。三是"提质量"，促进民办院校规范办学健康发展。近年来，上海市教委将民办高等教育作为上海高等教育事业发展的重要增长点和促进教育改革的重要力量，坚持把发展民办教育作为重要工作职责，按照"分类扶持、提升质量、多元发展、依法管理"的原则，在引导民办高校规范办学、健康发展的同时，持续加大对民办高等教育的扶持力度。上海市财政安排民办高校政府扶持资金，主要用于改善教育教学条件、加强师资队伍建设和支持教学改革试点等方面。"十二五"期间，上海市教委将进一步加大对民办教育的财政资金扶持力度。同时，将积极创造条件，保障并促进提高民办教师的各项待遇，深入落实民办高校的办学自主权，鼓励支持民办高校充分发挥民办教育的体制机制优势，在整体提高民办高校办学水平的基础上，着力推动若干所非营利、有特色的民办高校朝着高水平、在国内外有一定知名度的方向努力。四是"创机制"，高起点举办研究性大学。上海市围绕服务上海经济社会发展需要，采用多元合作的方式，创新机制，与境内外高校和科研院所合作，高起点创办研究性大学。现在已经与美国纽约大学合作，建设具有鲜明国际化特色的上海纽约大学；与中国科学院合作，筹建上海科技大学，计划将上海科技大学建设成教育、科研、创新管理相融合的研究性大学，以期对我国现有大学运作管理、课程设置、人才培养、科教结合等方面起到试点和示范作用，改善上海乃至全国的高等教育发展生态。

（二）转变政府职能，积极下放管理权限，落实高校办学自主权

浙江省通过改革试点的探索，在转变政府职能和积极下放管理权限，落实高校办学自主权方面，积极探索，大胆实践，将原来由政府管理的8项权利和事项下放给各高校，而政府主要将自己的职能转变到进一步加强对高校的监督和评估上，形成了政府管理高校的新模式。浙江省下放给高校的8项权利和事项主要是以下几项。

1. 调整教学改革与建设项目评审权

申报国家级项目，采用"推荐+评审"的办法，由高校限额推荐、省教育厅评审。申报省级项目，采用"推荐+备案"的办法，由高校或相关专业

教学指导委员会按限额自行评审遴选，报省教育厅备案。

2. 下放部分学科专业设置权

从 2011 年开始，进一步将专业设置与调整权下放给高校，引导高校参照基本的办学条件和学生就业情况以及经济社会发展需求，合理增设和调整专业。在对年度新增专业实行总量控制的基础上，凡已获得国家特色专业立项的本科高校，可自主调整与设置国家特色专业所在学科门类下的目录内专业。获得省特色专业立项的高职高专院校，可自主调整与设置该专业所在专业大类下的目录内专业。

3. 下放科研项目评审权

对省教育厅年度高校科研计划中的一般项目，采取限额推荐立项的方式，将高校科研项目评审权下放给各高校。省教育厅分配各高校年度科研项目的数量，由高校根据教师申报的项目，自行组织专家评审确定后，由省教育厅立项并给予经费资助。

4. 扩大本科院校的教师职称评审权

凡已具有学士学位授予权而没有副教授评审权的普通本科院校，可以自己组织评审组审定除思政、教管及破格申报之外的副高级职称。其中已经具有副教授评审权的本科院校，可以扩大副教授评审的学科范围。

5. 取消部分管理事项

简化手续，取消了高校聘请外国文教专家来华工作核准程序，由高校按外事、公安等部门的规定直接办理。取消了高校聘请外国专家短期讲学电子备案制度，简化了外国留学人员来华签证申请表审批程序。

6. 扩大部分竞争性项目准入范围

凡省里各类教学、科研项目的评选和资金补助，对所有高校一视同仁，所有高校都可以凭实力和水平参与竞争，省里择优补助。"十一五"期间，省级财政资助的重点学科经费中，非省属高校获得的比例从 0 上升至 10% 左右。"十二五"期间省财政计划拨款支持的重点学科中，有 27.4% 的学科在非省属高校或民办高校。

7. 扩大高校招生自主权

积极推进高校多样化招生模式改革，扩大学校和学生的选择权。从 2010

年开始，通过"校考＋高考"、"校考单录"等方式，逐步扩大高职院校的自主招生范围，到 2011 年，实施"校考单录"试点的高职院校已达到 15 所。在本科高校开展"三位一体综合性评价招生"试点，按高中会考成绩、高校综合素质测试和高考成绩 2：3：5 的比例合成综合成绩，择优录取，2012 年参与试点的本科高校已达到 14 所。

8. 扩大民办高校自主权

浙江省出台了《关于进一步扩大民办高等学校办学自主权的若干意见》，积极扩大民办高校办学自主权。从招生、专业设置、收费等环节入手，扩大民办高校办学自主权。政府将权利和管理事项下放后，对高校的主要职能转变为宏观管理、监督和评估方面，以确保"放而不乱"。为此，浙江省制定了一系列的规章制度，从 7 个方面对高校进行监督和评价。一是建立了项目成效与名额分配挂钩制度，即为使教学建设与改革取得实效，省教育厅强调项目申报、建设、验收、成果交流与推广并重，特别是在建设期间的项目，省教育厅将组织专家进行检查。二是加强新增专业的办学条件与师资力量审核。浙江省教育厅规定高校新增专业，应吸纳行业领域专家和企业专家意见，共同设计、论证专业方向和建设方案，增设的专业应以已有专业为依托，具有完成该专业人才培养所必需的教师队伍和教辅人员，专业办学条件能满足该专业培养目标和规格的要求。三是加强对新增专业方向的备案审查。专业方向的设置应科学、严谨，既符合专业设置规律，又体现错位发展。浙江省教育厅要求各高校已设置的专业在新增设新的专业方向时，应具体说明专业方向的增设理由，并附上教学计划安排表报教育厅备案，作为各校印发招生简章、编制招生计划、核发毕业证书和学位证书的依据。四是制定本科高校教学业绩考核办法。浙江省教育厅出台本科高校教学业绩考核办法，并把考核结果与财政拨款挂钩。对评价排名第一的高校，按生均定额拨款的 15% 给予奖励，第二至第五名按 10% 奖励，第六名至第九名，按 5% 奖励，以此引导高校落实教学工作中心地位，提高教学质量和办学效益。五是建立高职院校人才培养情况监测制度。建立数据采集平台，每年发布《浙江省高职院校人才培养工作状态数据分析报告》，对每所高职院校的专业建设、实践教学、教学管理、社会评价等 6 个主要指标进行评估分析并公告。六是建立教师职称评审质量抽查制度。对于经授权自主开展高级专业技术资格评审的学校，由省高校教师高评委随机抽取部分副高级职称评审通过人员的材料进行复核，对违反评审程序、不按标准或超评审范围的评审组，做出限期整改、取消评审结果等处理，情节严重的将撤销评审组。七是探索高校毕业生质量跟踪调查评价。浙江省从 2010 年开始引入第三方，对 12 所试点高校的毕业生就业情况进行跟踪调查，并形成了《浙江省试点高校社会需求与培养质量总结报告（2011）》及 12 所高校的分报告。将来将建立常规性的高校毕业生质量跟踪调查和评价、公告制度。

（三）探索地方"应用型"高等教育发展新模式

作为改革试点单位以来，安徽省依据本省高校办学层次和类型的省情，经过深入分析调研和积极探索，明确了"地方性"高等教育的发展定位，着力打造"应用型"地方高等教育特色，努力推进"合作式"地方高等教育发展模式，积极构建"一体化"地方高等教育质量保障体系，探索出了地方"应用型"高等教育发展新模式。

1. 以"地方性"作为高等教育的发展定位

一是目标明确，确立了建成现代应用型高等教育发展目标。安徽省委、省政府明确将"初步建成能够服务党委和政府决策支撑经济发展和产业升级、引领文化繁荣和社会进步的具有安徽特色的现代应用型高等教育体系"作为高等教育发展目标。二是标准明确，提出将"对经济社会发展的支撑度、对人力资源强省建设的贡献度和人民群众的满意度"作为建设应用型高等教育质量评判的根本标准。高等教育始终坚持为地方经济社会发展服务，为人民群众服务；努力成为转型发展的动力源、开放发展的先行者、创新发展的智慧库、和谐发展的幸福场。三是制度明确，建立了高等学校为地方发展服务考核制度。将评价制度与省政府目标管理考核制度等衔接，把高等学校服务地方经济社会发展的工作效果，作为考核高等学校的重要内容，作为考核高校领导干部的重要依据；建立新建本科高校党政主要负责人联席会议制度，专题研讨地方高校如何转型定位问题。

2. 以"应用型"作为地方高等教育发展特色

安徽省通过高校专业结构的调整和专业研究生培养，着力打造"应用型"地方高等教育发展特色。一是加大学科专业结构调整力度。安徽省按照适应需求、优化布局的原则，从"高校办学定位与服务面向调整、学科专业设置与专业方向调整、招生计划安排调整、人才培养模式和教学内容体系调整"四个层面，健全高校自主设置和全省宏观调控相结合的学科专业结构优化机制和动态调整机制，科学调整学科专业结构。二是大力发展应用特色鲜明的专业学位研究生教育。将专业学位研究生教育作为研究生教育的重点发展方向，培养面基本覆盖专业学位研究生教育专业或领域。从2010年以来，安徽省专业学位类别共增加44个，工程硕士领域共增加26个。三是大力实施卓越应用型人才培养计划。开展了卓越工程师、卓越农艺师、卓越中小学教师、卓越医生、卓越技师等卓越应用型人才培养计划，强力推进应用型人才培养模式改革。四是强化高等职业教育的"高等"与"职业"属性。充分发挥高等职业教育在职业教育中的引领推动作用，逐步拓展高职院校招生面向，通过实行高职院校自主招生改革试点范围，满足人力资源开发的多样化需求，推动校际、校企合作和市级统筹，努力建立适合安徽省情的分类考试、综合评价、多元录取的高等职业院校自主考试招生制度，进一步扩大高校办学自主权，构建高职教育招生、培养、就业联动机制。五是提升高校应用科学研究和创新能力。大力支持省内少数高校和学科围绕国家重大战略需求，提升学术研究、科技创新和文化传承与创新能力，发挥牵引和带动作用。

3. 以"合作式"建设地方高等教育发展新模式

为建设合作式地方高等教育发展新模式，安徽省采取了3项措施。一是推进高校合作联盟建设。安徽省相继成立了应用型本科高校、示范性高职院校、医学教育院校、教师教育院校、市属高职院校和商科类高职院校等6类高校合作联盟。依托联盟实施分类指导，引导联盟高校分类抱团发展，共建学科专业，共享优质资源，共商办学标准。其中，应用型本科高校联盟通过采取小学期制实现了学校异地跨校选课和学分互认，教师教育联盟联合承担了全省中小学教师的"国家培训计划"、国家示范性高等职业院校联盟联合开展了单独招生的试点，医学院校联盟开展了全科医生的培养。二是推动高校与地方政府合作。积极推动高校与地方建立互动互助、合作共赢的体制机制，努力推进与市政府共建高等学校工作，及时准确地了解社会需求，有效整合利用社会资源，不断引导各市政府多渠道加大对地方高校的支持。同时鼓励高校主动承担地方政府决策咨询、课题研究和经济建设、企业合作等任务，使高校成为属地的开放性教育文化和科技研发中心。三是推动高校与行业企业合作。根据安徽省战略性新兴产业发展规划，省教育厅会同文化厅、旅游局、国防科公办等部门联合出台意见，建立紧缺人才培养基地和培养体制，加快动漫、旅游、船舶工业、农业等相关专业人才培养。

4. 以"一体化"积极构建地方高等教育质量保障体系

一是立项研究具有安徽特色的各类应用型人才培养标准。全面实施素质教育，把促进人的全面发展和适应社会需要作为衡量人才培养水平的根本标准。安徽省教育厅会同文化厅、旅游局、国防科工办等相关部门以及高等学校、科研院所、行业企业，根据国家制定的本科、高职教学质量标准，借鉴国际标准、职业资格标准、行业技术标准等，逐步建立符合安徽省情的应用型高等教育各类专业、课程、实验（实训、实习）等建设标准和人才培养标准。二是大力实施覆盖各类高等教育的质量标准。在管理上实行高校整体申报、整体遴选、整体建设、整体验收的管理方式，高校只有准确定位、安于其位、办出特色，才能获得质量工程的项目和经费支持。重视项目的建设成效，支持和引导高校"一校一策，一校一色"。三是大力加强应用型教师队伍建设。修订高校教师专业职务评聘办法，完善教师分类管理和分类评价办法，鼓励高等职业院校建设"双师型"师资队伍，引导本科院校教师提高应用型人才培养能力和产学研合作能力；支持高校引进和培养既有教师职务，又有工程实践背景的教师，建设"具有应用型人才培养能力和产学研合作能力"的"双能型"高素质应用型师资队伍，并保证应用型教师比例的逐年上升。四是建立应用型高等教育质量评价体系。建立应用型高等教育质量审核评估体系，将社会需求、办学定位、培养目标、资源保障、质量状况及社会评价之间符合度作为高校评估的主要内容，将报考率、就业率、成果转化率等纳入评估指标。

第四节　存在的问题和原因

探索高校分类指导、分类管理，落实高校办学自主权的改革试点中存在的问题既有全局推进中遇到的共性问题，也有各地在改革试点中面临的一些个性的困惑。由于一市三省改革试点单位处于东中西部不同的经济社会发展区域，参与改革试点的学校类型层次不同，因此，不论其所处的经济与社会发展环境与水平，还是高校自身的发展定位均有很大的差异，在改革过程中产生的问题及原因也就各有不同。

一、推进改革中面临的全局性问题及原因

探索高校分类指导、分类管理，落实高校办学自主权的改革试点从全局的角度看，存在的问题主要包括以下几个方面。

（一）教育部门需进一步放权，落实地方政府的管理权限

在地方政府探索高校分类指导、分类管理，落实高校办学自主权的改革试点过程中，多数试点单位认为目前国家层面涉及教育的管理权限偏多，管了一些应该由地方为主管理的事项，简政放权存在不愿放和不敢放的问题。由于缺乏必要权限，地方政府面临权力空缺的实际问题。如由于一些涉及高教规模、结构的管理权力主要在中央，地方难以根据本地经济社会发展需求，合理调控发展速度、规模与结构。又如民办学校法人身份、教师社会保险、税收减免等没有中央层面统一政策支持，地方政府难以取得实质性突破。

（二）缺乏理论层面的研究，改革实践的理论支撑不强

高校分类改革、分类管理，落实高校办学自主权的理论研究不足。高等教育分类理论既属于基础理论研究，又属于应用性、技术性很强的现实问题，在我国还是一个前沿性的问题，在高校分类指导、分类管理改革的实践中各

个试点单位还需深入进行理论研究，以更科学的指导改革试点实践。只有在理论上搞清楚是什么、为什么，才能在政策上搞清楚该怎么办，在操作层面上搞清楚做什么。

（三）部门间协调不足，推进改革缺少相关平台

改革伊始，改革试点单位均成立了多部门合作，协同推进改革的领导机构，为改革试点的组织、管理和协调提供了平台，但是在实际运行过程中，在一定程度上存在部门之间协调沟通不够的问题。

（四）注重高校横向分类，高校纵向分类仍较欠缺

在高校的分类指导与管理的改革中，各单位在探索高校分类指导、分类管理的改革试点中，关于高校的分类基本上是以学校的办学层次为标准进行分类，如"985 工程"、"211 工程"类型的高校为一类的横向分类，几乎没有按照学校类型来进行分类的纵向改革试点。这种单一的分类标准，对高校的横向联系与合作、政府的资源配置与管理有积极作用，但也缺乏学科的互补性。在高校的分类中，还应该注意纵向分类，如以学校类型、办学特色等进行分类，这样对高校的纵向联系与合作、学科的互补会有积极的促进作用。

（五）评价体系不规范，未能充分发挥引导作用

评价体系对高校起着强有力的导向作用。从现状来看，高校的评价体系过多地考核学校的科研能力，指标设计上更多的鼓励学术性，与地方高校注重教学的实用性和应用性以及行业和地方经济发展服务的基本定位不符，地方高校在评估中处于不利地位，也面临着失去办学特色的危机。现行的评估指标，多是评价高校的硬条件，缺少对软实力的评价。

（六）高校和政府缺乏沟通，对改革的积极性不高

高校分类指导和分类管理的改革，主要是地方政府行为，虽然改革的主题是政府和高校双方，改革的动力需要双向，但是，从实际情况来看，有的高校对试点项目实施工作不够重视。表现在改革试点工作进展缓慢；未对试

点项目提供足够的人、财、物等条件保障，配套政策不完善；宣传引导不够，师生对试点项目的知晓度低，参与较少，尚未营造出支持改革的舆论氛围。有的高校对改革试点项目认识存在偏差。如将试点工作作为学校的局部工作，没有从国家战略层面深刻认识改革试点工作的重要性；将试点项目当常规研究课题，研讨多，实际改革举措少；推进试点工作力度不足，缺乏改革创新的勇气，没有创造性地研究和解决问题，改革的主动性、自觉性不强。

（七）没有兼顾民办教育，民办高校成为分类管理中的短板

民办高校在人才培养、服务社会方面做出了重要贡献，但目前在整个教育体系仍然处于相对弱势地位。由于政府国家对民办教育性质认定为"民办非企业"，使得当前对民办高校的分类管理相对滞后，政府在指导其制定合理的发展规划、通过财政手段支持其优势学科建设方面，还有进一步提升的空间。对于社会性资产或非盈利性的民办高校，如何进行分类管理还无定论。

二、改革中面临的问题与困惑

（一）上海市

第一，高校的理性认同与实际办学之间存在冲突。政府开展分类指导、分类管理改革，高校在理性上均表示认同，也取得了共识，但是高校在实际办学过程中，由于种种因素，在一定程度上贪大、求全，从而同质化现象依然存在。

第二，分类绩效评估体系有待进一步完善。上海高校评估工作主要由上海教育评估院承担，当前其评估的内容主要包括高校发展定位规划的审核论证、分类绩效评估的总体思路、指标体系设计原则、界定投入与产出的内容、分类评估指标体系设计、试评估中的数据采集、试评估结果的分析等，而对如何评价学生培养质量，如何评价学科特色等还没有相应的指标体系。

（二）浙江省

第一，高校办学自主权尚未全面落实。目前，高校办学自主权还是有限的、局部的。即使是《高等教育法》规定的 7 大方面的自主权，高校也未完全享有。

第二，试点单位在人才培养、学科建设、人事管理、经费使用等方面遇到诸多障碍和瓶颈。许多管理权限还掌握在政府有关部门手中，如一些部门以项目、工程、课题等方式分配资源，使高校直接受制于管拨款、管项目、管编制的部门。

第三，依法落实高校办学自主权缺乏相应的配套政策和相关规定。如当办学自主权受到政府或相关部门的侵犯时，高校缺乏依法维护其合法权益的渠道。

（三）安徽省

第一，校企合作机制问题。高校和企业的合作存在"一头热"，高校的热情和积极性很高，企业和用人单位响应程度低，导致学生的实习、实训、定岗实训等效果不够理想。

第二，教师实践能力培养问题。虽然近年来，国家和省级教育主管部门花大力气加强师资队伍建设，但高校教师的实践动手能力仍然是高校改革与发展过程中的短板，导致学生的实践能力难以符合要求。

（四）云南省

第一，改革试点项目为系统性项目，需要省内多个部门，厅内多个部门的统筹协调，目前主要依靠一个或几个部门来推动，困难和阻力较大。

第二，改革试点项目在实施过程中无专项资金投入和支持，部分试点高校改革项目推进力度迟缓，积极性不高。

第五节　对策和建议

一、全局性的改革思路与对策建议

（一）转变政府职能，为高校提供制度设计和政策支持

中央有关部门要在国家教育体制改革领导小组的领导下，承担起推进教育改革的责任，积极支持教育改革。构建起联合调研、会商，共同研究解决教育改革重大问题，加强政策协调的机构和平台建设。在转变政府职能的改革中，特别是要厘清政府、社会与学校的关系，对高校办学自主权进行确权认定，并制定相应的法律法规，推动高校依法治校。地方政府也要转变职能，简政放权，为落实高校办学自主权创造条件。

（二）加强理论研究，为高校的分类指导、分类管理提供理论支撑

从改革试点单位的情况看，不论是高校的分类指导、分类管理改革，还是落实高校办学自主权的改革，都是在实践中探索摸着石头过河，还没有进行深入的理论研究和理论积累，改革缺乏理论指导。随着改革的深入改革实践迫切需要理论的支撑。因此，要高度重视理论研究和对改革实践的理论指导。

（三）对试点经验进行及时总结，为改革的顺利推行保驾护航

改革已经三年，地方政府和高校进行了积极的改革和探索，积累了一定的经验，也有不少成功的做法，相关部门要及时确立一批改革示范项目，加大推广力度，充分发挥试点的引领和带动作用。通过召开座谈会或现场推进会等方式，在更大范围推广典型做法和经验。把改革试点成效作为资源配置的重要依据，对成效显著的地区和学校，予以鼓励。

（四）建立高校分类指导、分类管理的评价标准和体系

对高校的分类指导和管理，科学合理的评价体系是关键。当前，高校评价指标主要是集中于重点学科建设、获奖、论文发表等情况。这些指标用于评价研究型大学比较合适，但缺少考核地方高校应用性和对地方服务贡献的指标。建议逐步建立全国高校分类指标和体系，并根据不同区域、不同类别高校量力执行。国家教育体制改革领导小组及相关机构要密切跟踪改革试点进展，定期通报情况，加大督促力度，加快实施进度。

（五）高校应高度重视试点改革任务，提高改革的积极性和主动性

为更好地推进试点项目实施，完成改革试点任务，提高制度收益，试点高校应把改革试点列入学校中心工作，以更大的勇气和智慧推动改革。一是要坚持正确改革方向，进一步提高改革决策科学性，增强改革措施协调性，找准深化改革突破口，抓住深化改革着力点。二是要进一步完善试点改革的顶层设计，将改革试点工作与学校的长远发展及其他方面工作密切联系起来，以推进试点工作带动学校整体改革。三是要加强资源整合，优化资源配置，在经费、政策等方面加大对改革试点的支持力度，建立行之有效的推进机制，加快改革步伐。同时要建立改革试点激励机制和约束机制，加强指导、督促和考核，推进改革取得突出成效。

（六）加强对民办高校的分类指导、分类管理

政府对民办高校也应该进行分类指导、分类管理。要明确民办高校的法律地位；依据民办高校的不同性质（营利非营利、公益非公益）开展分类指导与管理；要尽快出台分类指导，分类管理的政策与举措，以推动民办高校健康发展。

二、改革的思路与对策建议

（一）上海市的改革

第一，加强制度建设，引领高校合理定位。要进一步健全政府和学校的

协商沟通制度，引导高校进一步完善发展定位规划，合理定位，形成各自的办学理念和风格，在不同层次、不同领域办出特色，争创一流。

第二，加强统筹规划，推动学科合理布局。要制定上海高等教育学科布局及规划，优化高校学科布局结构，促进高校坚持走"内涵建设、特色发展"道路，形成良好的上海高校学科生态。

第三，加强理论研究，促进高校科学分类。要加强高校分类指导、分类管理理论的研究，借鉴学习国内外高校分类的先进经验，在充分考虑上海市各种类型高校的现有基础和比较优势的基础上，完善分类指导和管理的指标体系。

第四，加强绩效评估，优化资源配置。要进一步深化高校绩效评估，使评估更具科学性，为资源配置提供可靠依据。

（二）浙江省的改革

第一，加强顶层设计和系统规划。明确中央和地方政府在管理地方高校中的职责分工，明确高校办学自主权的权限范围，切实把属于高校的自主权还给高校，让高校清楚政府下放了哪些权力，下放到什么程度。

第二，继续扩大省级政府统筹教育发展的权限。改变单纯以项目、工程、课题等方式分配资源的做法。给予试点省份和试点高校先试先行的空间。教育行政部门要从自身做起，进一步推进招生、专业设置与调整、人事管理、财务管理、开放办学等方面的改革。

第三，加快出台大学章程核准办法。努力提高章程在落实办学自主权方面的作用。

第四，建立政府和第三方组织对大学的多元化评价体系，健全教学质量社会评估机制。

第五，充分发挥教育体制改革和领导小组的作用，协商和争取其他有关部门转变管理方式，明确管理边界，切实把属于高校的自主权还给高校。

（三）安徽省的改革

第一，强化校企合作。建议在更高层面研究出台激励校企合作的相关政策，鼓励更多的企业能够有着较高的积极性参与到高校的人才培养中去，使得高校毕业生的培养更好地符合企业和用人单位需要，符合经济社会发展的需求。

第二，加强"双师型"、"双能型"教师建设。进一步完善教师评价和激励机制，在教师职称评审、评奖、评优中进一步增加教师实践能力培养考核比重，引导教师将个人能力的发展转移到实践能力的提升上来。

（四）云南省的改革

第一，要为服务云南省桥头堡建设，进一步促进该省高校的特色发展和内涵建设。给省级教育行政部门更多自主权，主要是博士、硕士授权点的审批，本科学科专业设置审批权，中外合作办学审批权，外籍教师聘请权，高职办学审批权等。

第二，鉴于本改革试点项目是系统工程，涉及省内多个厅局部门，希望通过省级进一步统筹协调，整合多方资源和力量，使改革推进更加有力、效果更加明显。

第三，鉴于本项目在实施过程中，各试点学校的推进程度不同、积极性不高的问题，建议以省级科技教育改革领导小组名义加大对试点学校的监督和检查力度，督促和推动试点高校的改革进程。

参考文献：

［1］陈厚丰．高等教育分类的理论逻辑与制度框架研究［M］．广州：广东高等教育出版社，2011.

［2］教育部综合改革司．国家教育体制改革试点分领域阶段总结报告汇编［R］．北京．2013-06.

［3］袁贵仁，刘自成．中国教育咨询报告（二）［M］．北京：高等教育出版社，2012.

［4］袁贵仁，刘自成．中国教育咨询报告（一）［M］．北京：高等教育出版社，2012.

［5］浙江省教育厅．简政放权，探索落实和扩大高校办学自主权［R］，杭州．2012-09-25.

［6］邹平．在全省高等教育专题会议上的讲话［R］．云南．2013-02-23.

第四章　高等学校办学模式改革

赵庆典[*]

教育部有关部门按照"统筹规划、分步实施、试点先行、动态调整的原则"组织教育系统开展若干重大课题改革试点和重点领域综合改革试点。"适应经济社会发展需求，改革高等学校办学模式"是开展改革试点的重点项目之一。2010 年下半年始，高等学校办学模式改革试点项目相关学校、单位，按照试点项目任务书的要求，启动推进高校与行业企业合作共建，中央高校与地方高校合作发展等改革试点的实施。试点单位自 2010 年 10 月相继启动开展试点项目工作以来，积极开展行动、努力探索创新，有效整合了各类涉及高校产学研合作和与地方、行业企业合作共建方等方面可利用的资源，深度形成了新型产学研合作的模式。促进了行业高校特色发展，培养高水平专门人才体制机制进一步完善。推进了基础科研和实用科研面向经济社会发展的需求，加快了科技成果的转化；扩大了高校与行业企业、科研院所以及社会团体的密切合作，形成了相互协调合作的有效机制，提高了高校为经济社会发展服务的能力，取得可喜的成效，形成阶段性的成果。

---

　*　执笔人：赵庆典；课题组成员：胡锐军。

第一节　试点任务的进展情况

"适应经济社会发展需求，改革高等学校办学模式"试点项目有"推进高校与地方、行业企业合作共建，探索中央高校与地方高校合作发展机制，建设高等教育优质资源共享平台，构建高校产学研联盟长效机制"和"发挥行业优势，完善体制机制，促进行业高等学校特色发展，培养高水平专门人才"等分项目的，地方和高校主要包括7个省区和近30所中央部属高校，构建形成37个试点项目。

根据适应经济社会发展需要，改革高校办学模式试点项目的总体要求，实施"推进高校与地方、行业企业产学研合作共建"与"完善促进行业高校特色发展体制机制"两个分项目，重点进行了6个方面的探索和实践：一是高校推进产学研结合改革；二是探索产学研深度合作机制改革；三是行业特色型高校与行业企业合作共建的模式改革；四是高校与行业企业产学研合作模式创新；五是推进高校与行业、地方共建产学研联盟；六是创新地方高校与行业企业、地方共建产学研合作模式。

一、高等学校推进产学研结合改革

探索高等学校推进产学研结合改革，是适应经济社会发展，改革创新高校办学模式的重要方面。高校以教学、科研和为社会服务为已任，培养大批高层次专门人才是高校实现科学发展追求的目标和方向。产学研结合改革是整合高校优质资源，面向国家和社会重大需求承接高水平、高精尖科研课题，开展科学研究、科技创新和科技服务，拓展人才培养和科技创业新空间。在大型科研项目开发实践的产学研用结合过程中，团队协同、创新体制机制的不断完善锻炼着科研、科技创新的队伍，培养了大批优秀的人才，创造了赶超世界水平的科研成果。

二、产学研深度合作机制改革

高校产学研合作办学模式已经为我国研究型大学和教学研究型大学广泛熟悉，其中许多高校都或多或少地进行过产学研合作模式的探索。但是，由于思想观念、条件和政策环境的限制，产学研深度合作的体制机制一直是个较难突破的难题。天津大学挑起探索产学研深度合作机制改革的重任，探究改革目标新颖、探究途径科学可行，取得了进一步完善、深度合作机制的新进展。一是建立系统性产学研合作机制。包括资源共享机制、人才流动机制、利益和风险分担机制、考核评价机制，形成对学校事业发展和人才培养的支撑。二是建立高水平产学研合作高地。依托滨海工业研究院，打造立足滨海新区，辐射全国、面向国际的实体性、开放式产学研示范基地。三是培养拔尖创新人才。围绕工程拔尖创新人才培养的需要，藉助产学研深入合作，搭建培养教师工程实践经验的平台，形成系统培养和提升学生实践能力、创新能力的长效机制，吸引一批具有丰富工程实践经验的企业专家来校参与教学工作。

三、探索行业特色型高校与行业企业合作共建模式

行业高校科学发展的有效路径是把坚持特色发展当作生命线。如果行业高校离开特色发展而去追求大而全的综合发展模式，势必在与其他高校同质化竞争中败北。不断完善行业高校特色发展体制机制，是行业高校立于不败之地的必由之路。北京科技大学坚持特色发展的办学目标，建立与完善面向钢铁行业的产学研科技创新链，组建不同合作模式下的校企联合研发平台，拓展社会教育资源。以联合培养企业博士后等方式全面提升人才培养质量，以建立前沿、行业共性技术创新平台、多学科多团队交叉等方式全面提升科学研究水平和社会服务整体能力。在学校内部以提高产学研合作能力为重点，通过科研资源有效整合，建立多边合作、校企互动、供需结合的行业共性技术研发平台，与学校前沿基础研究和校企合作研究前后对接，形成完整的面

向钢铁行业科技创新链，进一步探索创新体制，完善投入机制，研发关键技术，培养领军人才，实现人才与成果双重转移的校企合作模式。在现有"北京科技大学-钢铁企业科技合作组织"的基础上，继续巩固与完善产学研合作交流沟通体系建设，建立长效、稳定的行业产学研科技交流服务平台，并发挥平台的行业科技发展评估功能，综合评价国内外发展趋势，进而导引在关键核心技术和新工艺方面有重点地开展研究。

四、依托行业立足地方，创新产学研合作模式与机制

南京理工大学的做法是，以科学发展观为引领，以建设特色鲜明的高水平研究型大学为目标，紧紧围绕服务"工业化、信息化、国防现代化"和江苏"两个率先"，探索高校依托行业、立足地方的产学研合作创新模式和机制，为江苏省在"十二五"末率先基本建成创新型省份、实现"两化融合"和国防科技创新做出贡献。通过加强产学研合作模式和机制的改革试点，基本建立起面向经济社会创新发展的产学研合作工作体系，建设一批政府、高校和企业资源高效配置的产学研合作创新平台，培养一支高水平的产学研合作团队，取得了一批重大产学研合作成果，建立了一套促进科技人员服务行业和地方的考核评价激励体系，推动产学研工作与学科建设、师资建设、人才培养和科学研究工作的有机衔接、良性互动和共同发展，实现了产学研多方共赢，基本形成学校依托行业、立足地方的产学研合作长效机制。

五、推进高校与行业、地方共建模式

武汉理工大学积极推进与地方、行业共建：一是与地方共建研究院，提高地方经济发展水平。与湖北省武汉市共建三大高科技产业研究院，与江苏省共建泰州高技术产业研究院，与河北省共建沙河玻璃技术研究院，产生了较大的社会影响。河北省主要领导要求在全省推广这一典型经验和有效举措，科技部、工信部领导充分肯定了"沙河模式"，建议向全国推广。二是创新校地合作的"文体中心建设模式"，推动地方的文化体育事业发展。与武汉

市、洪山区在学校南湖校区共建武汉理工大学体育中心，于2013年10月服务于武汉市第九届城运会。三是围绕特色学科发展，组建了"长江黄金水道绿色与安全技术协同创新中心"和"汽车零部件技术湖北省协同创新中心"。四是实施教师队伍国际化能力培养工程和青年教师队伍实践能力培养工程。目前，教师队伍中具有国外知名大学1年以上研修经历的比例达到了23.9%，青年教师到企业实践、挂职1年以上经历的比例达到了30.5%。

六、地方高校与行业企业、地方共建产学研合作模式

地方高校一定要为地方经济社会发展服务，这是地方高校科学发展的原则和使命。重庆市教育委员会积极探索重庆市地方高校与行业企业、地方共建产学研合作办学的新模式，推进高校与行业企业、科研院所、地方资源共享、互利共赢，在教育教学、科学研究、社会服务等领域产学研合作，建立产学研协调互利的长效机制，促进西部高校广泛吸纳社会教育资源，提高其服务经济建设和社会发展的能力。构建了以培养行业急需人才为目标的产学研合作人才培养，以实现科技创新和产品开发为目标的产学研合作，以人才培养、科技创新、成果转化、生产经营紧密结合为特征的立体综合型合作等三种产学研合作模式。构建了与不同类型产学研合作办学模式相适应的管理体制，创新了学校与行业企业合作培养人才、政产学研用各方参与的产学研合作办学机制，形成了高校与行业企业、科研院所资源共享、互利共赢，使产学研合作始终充满活力、健康发展的长效机制。

第二节　试点改革成效

高校积极探索创新"平台+项目+人才"相结合的产学研合作模式，力求建立长效、紧密的产学研合作关系。依托项目、共建平台，建立产学研用长效合作机制。创新了高校与行业企业产学研合作的体制机制。经过多年校企合作实践探索，北京科技大学总结出四种校企合作模式：其一是学校与企业

战略技术重大项目合作模式。以研发重大项目为载体，采用整体合作与双方协调共同管理、定期评估考核的形式，形成长效机制（如北京科技大学与鞍钢合作采取此模式，目前已经开展了三期合作，持续八年）。其二是学校与企业共建共管研发平台模式。以产品系列和共性技术开发为载体，建立共同研发平台，以同一支队伍、同一种机制、同一个任务、同一个目标、同一个制度的模式实现共建共管，形成长效合作（如北京科技大学与首钢合作采取此模式，已进入第三期，持续合作七年）。其三是学校与企业共建国家基地合作模式。以企业国家重点实验室、工程实验室等国家级科研基地为合作平台，以基础研究、应用基础研究及其相关科技成果转化为切入点，在学术交流、科学研究、人才培养等方面展开全面合作（如北京科技大学与太钢合作模式，目前正在实施之中）。其四是共同参与建设央企技术研究院模式。鞍钢、武钢等正在北京建立技术研究院，河北钢铁、山东钢铁在石家庄市、山东济南市建立技术研究院。北京科技大学依据学校不同需求，灵活多样地创新合作参与研究院建设模式，建立在科学研究、人才培养、优势互补和资源共享等方面的紧密合作关系。

一、高等学校推进产学研结合改革取得明显成效

北京理工大学在试点项目实施过程中，学校各相关部门紧密协作，建立多部门联合的改革试点协同创新工作机制，在多所试点学院开展相关政策、工作机制、合作平台等领域的先行先试工作，不断提升学校产学研的合作范围与层次，服务于国家战略需求、区域经济发展与高校人才培养。

一是搭建平台、试点先行，改革与创新产学研合作体制机制。在产学研结合试点工作过程中，学校各部门通过制定相关政策、建立工作机制、梳理实践经验、搭建合作平台、拓展合作领域等不断推进各项工作的开展。体制机制方面，学校在产学研结合试点工作过程中实现了创新人才引进、人员特派、股权激励、科技再投入等机制的改革和创新。

二是秉承国防科技创新的良好基础，立足国防重大战略需求，注重军用技术和民用技术的共同研发，并致力于通过"军辐射民、军带动民、民补充

军、民促进军"的理念，实现"以校促军的产学研协同创新模式"。发挥国防学科专业优势，深入开展民品研究，实现了军品、民品相互补充、良性互动的良好局面，形成了一批创新型科技成果，提升了我校参与国家高端攻关科研能力。在促进了学校自主创新能力提升和科学研究的可持续发展的同时，"以校促军的产学研协同创新模式"还成功拓展了军工企业的产品线，提升了军工企业核心技术研发能力，大幅度提高了我国军工产业经济效益，为地方经济、国防技术、甚至国际军事贸易都做了贡献，形成了多赢的良好局面。强强联合服务国防现代化，提升承担国家重大科研项目能力。学校围绕武器装备重大需求，积极开展与各集团公司、高等院校和科研院所的军工产学研合作，通过协同攻关，在基础研究和关键技术攻关、国防科研需求论证和工程化研究、产品制造和试验等方面积极取得了一系列的重大科研成果，并进一步提升了学校承担国家重大科研项目的能力，培养了一批高端国防领军人才团队。围绕关键技术转让，创新合作模式，促进先进技术转化现实生产力。在产学研结合改革试点工作的推进下，学校通过挖掘优势、整合资源，与合作单位开展互惠互利的产学研合作，产学研合作形式不断创新，"军转民"和"民转军"的产学研合作都取得了显著的效果。

三是依托项目、共建平台，建立产学研长效合作机制。学校瞄准国家科技、经济、社会、国防领域的战略需求，承担国家重大专项和关键技术研究，与多家军工集团建立了长期战略合作伙伴关系。依托合作项目，学校与企业、科研院所共同进行科技攻关，实现了设备共享、优势互补、资源整合和人才交流，拓展产学研合作领域。学校积极探索"平台+项目+人才"相结合的产学研合作模式，力求建立长效、紧密的产学研合作关系。通过开展航空科学基金、航天五院 CAST 基金、航天八院 SAST 基金、中国航天科技集团公司卫星应用研究院导航领域和通信领域创新基金、中电五十四所创新基金等军工行业合作基金的项目储备和申报工作，得了较好成绩。2012 年申报的 SAST 基金获批项目数量和经费在数十所院校中名列前茅，获批重点项目达 30%。

四是校地合作、服务地方，扩大产学研合作领域。学校面向国家重大战略需求与区域经济发展需要，积极开展与省市各级政府产学研的校地合作。学校与北京、广东、辽宁、吉林、山东、云南等地区多个省市签订省校、市校产学研合作协议；学校与地方政府共建地方研究院，创新人才培养模式，共同促进地方社会经济发展。学校密切关注长三角、珠三角、环渤海三大区域经济社会发展、中关村自主创新区、振兴东北老工业基地、西部大开发等需求，扩大学校产学研合作领域，显著提高了学校为区域经济发展服务的基础能力。

五是聚集企业、共享技术，大学科技园蓬勃发展。我校注重大学科技园在产学研合作中汇聚社会资源、加快科技成果转化的关键作用，使科技园成为学校产学研合作的亮点，促进了高科技产业的发展。目前，学校已有北京理工大学科技园、北京理工留学人员创业园、北京理工创新高科技孵化器有限公司三家科技园单位，并取得较快发展。

六是依托学科、创新模式，组建并发展了一批学科性公司。学校依托学科优势和科研人才资源，创新产学研合作模式，形成了一批具有影响力的学科性公司，突破了产学研结合中的利益分配、成果归属等核心问题，缩短了高校科技成果转化周期，提高了科技成果转化效率和应用价值，增强了高校的社会服务功能。目前已注册成立了北京理工雷科电子信息技术有限公司、北京理工华创有限公司、北京理工先河科技发展有限公司、北京京工大洋电机有限公司、北京理工中天地信测试公司等多家科技型企业。

七是联合培养、突出实践，研究生产学研合作基地成效显著。围绕国家经济建设、社会发展重点领域对创新型人才的培养需要，学校通过支持、引导专业学院与有影响力的企事业单位建立基地，使之成为启迪思想、丰富知识、拓宽视野的学术交流平台。软件学院的"软件工程硕士产学研人才培养中心"、计算机学院的"计算机学院产学研创新基地"和信息学院的"片上系统集成电路芯片设计产学研基地"，通过与 IBM、SAP 公司、中软公司等企业的产学研联合培养，为研究生提供创新项目研究实践平台，扩大了研究生学术视野，提高了研究生解决实际问题的能力和就业竞争力，发挥了高校和合作单位优势，合作解决了企事业单位发展中急需解决的经济、社会或技术难题，并建立起双方长期稳定的合作关系。

八是国际合作、横向拓展，促进产学研深度结合。北京理工大学广泛开展国际交流与合作，不断拓展产学研合作领域，充分利用自身先进的科研优势与对外交往的便利条件，先后与国外 100 多所大学或企业开展了广泛的学术交流与合作，共建了多家实验室和研发中心，取得了一批具有自主知识产权的国际领先科研成果，为学校和国家科研水平与创新能力的提高做出了贡献。这其中与爱立信和 SMC 公司的合作最具代表性。

二、产学研深度合作机制改革取得突出进展，高校产学研联盟长效机制建设得到不断加强

天津大学开拓产学研深度合作机制不断完善。一是坚持"政府主导、企业投入、学校建设"的宗旨。开展产学研合作的重要目的之一是服务地方，提供企业的自主创新能力，促进地方经济发展。因此，地方政府的主导作用是把握产学研合作方向的重要保障，企业投入是保证企业是技术创新主体地位的手段，学校是科技成果的来源，是产学研合作的"原动力"。二是制度创新是产学研合作保持长久生命力的保障。根据产学研合作项目的特点，以及地方产业、企业的特点，制定支持产学研合作的措施，鼓励更多教师投身产学研事业。三是积极试点，勇于突破。在科技成果转化中，知识产权的流转及收益是非常敏感的问题，学校试点组建知识产权流转储备中心，鼓励教师将知识产权推向产业和市场，促进地方经济发展，为学校及个人创造更多效益。四是地方政府和企业迫切希望扩大产学研合作领域和范围。滨海新区科委、临港经济区经济发展局等政府部门，多次要求通过滨海工业研究院推动更多高校成果能够在滨海新区、临港经济区落户。目前，滨海新区科委正在策划与教育部科发中心合作，建立"蓝火计划"地方分中心，滨海工业研究院将是重要支撑点。

北京交通大学构建"3+1+2"产学联合人才培养模式，即学生在本科 3 年级与企业签订意向性协议后获得推免资格，由校企联合完成本科最后 1 年培养，2 年研究生阶段继续实施双导师培养，其中 1 年到企业实习，毕业后到企业工作；构建"3+1"订单式培养模式，即前 3 年实施宽口径培养，后 1 年针对行业特点进行教育。

三、行业特色型高校与行业企业合作共建模式进一步完善

北京科技大学作为一所行业特色型高校，始终坚持"面向行业、面向国民经济主战场"的发展思路，充分发挥自身特色和优势，积极构筑自主创新、人才培养和成果转化三大平台，深化产学研合作创新。特别是 2010 年 12 月，北京科技大学申报国家教育体制改革试点项目"探索行业高校校企合作模式"正式立项并启动以来，学校领导积极筹划、认真组织、把握契机，深化合作创新机制，提高整体科技服务社会的能力。学校在全面盘点产学研资源的基础上，围绕项目总体目标与阶段目标，结合自身特点，明确改革任务，建立合理有效的工作机制，细化职责分工，力争实现管理部门、院系、梯队和教师高效联动的工作机制，并开展了一系列求真务实、有条不紊、扎实推进的工作。一是提高认识，统筹规划，有组织有计划有步骤地开展工作。成立了改革试点项目领导小组，建立体制机制保障。二是围绕创新能力建设，两年来企校合作取得新进展。行业高校科研能力建设体系初步形成，继续推进大企业合作战略。学校以产学研能力建设为核心，优化学科布局，提出并逐步建立政策保障体系。

北京科技大学以创建高水平研究型大学为目标，科学布局，发展优势学科，扶持弱势学科。同时根据国家中长期发展规划纲要重点部署的研究领域，整合学校现有科研力量，结合学校人才引进计划，引进国际高水平人才。根据国家要加快构建现代产业体系，推动产业转型升级，要加快培育发展战略性新兴产业的导向，学校积极开展物联网技术研究。学校进一步建立与完善有利产学研结合的政策环境。学校科研部会同人事处就推进评价机制改革，建立合理、有效的科研激励机制开展研究。旨在结合人事分配制度改革，调整有关考核评估指标体系，对实施产学研合作有贡献的科技人员采用更为合理的考核评价指标体系，形成和引导学校科技人员持续有效地服务企业发展的机制。同时，学校一直实行鼓励科技人才流动的政策，推动科研人员深入基层、服务企业。学校修订的《北京科技大学科学技术奖励办法》规定通过

重奖的方式，鼓励校企开展重大项目合作。针对校企重大项目合作，我校与相应企业科技开发部门建立密切联系机制，针对重大项目进展进行节点跟踪和定期检查，积极践行"注重品牌、加强特色、提高质量、重在服务、实现校企资源共享"的合作宗旨。作为教育部"卓越工程师教育培养计划"（简称"卓越计划"）首批实施高校，北京科技大学于2010年9月成立高等工程师学院，全面负责执行"卓越计划"，开创具有本校特色的"卓越工程师"培养工作。同时学校建立健全管理机制，成立"卓越工程师教育培养计划"领导小组、"卓越工程师教育培养计划"专家委员会、"卓越工程师教育培养计划"培养工作委员会，推进"卓越计划"实施，探索校企联合培养人才的新机制。学校进一步加强应用型人才培养改革与创新。改革原有的硕士生学位论文要求，改变"以理论研究为导向"的评价趋向，要求工程硕士的论文选题必须要有明确的工程背景和应用价值。设立学校"专业学位研究生教育指导委员会"，研究制定全日制工程硕士学位标准，促进校企合作，协助创建学生实习、实践基地，加强工程硕士培养质量监控，提出政策建议。

四、依托行业立足地方，创新产学研合作模式与机制

南京理工大学坚持立足地方依托行业，不断创新与完善产学研合作模式与机制，取得明显成效。一是转变观念，产学研合作意识深入人心。学校积极响应党和国家的战略要求以及江苏省发展创新型经济的迫切需要，坚持服务江苏、面向全国，探索和创新依托行业、立足地方的产学研合作模式和机制，将为区域经济发展服务作为自己的神圣使命，将产学研合作融入学校发展战略中，明晰"以合作促共赢，以效益显实力，以质量树声誉"的理念，努力提升学校的自主创新能力，不断促进区域经济发展，推动创新型国家建设。我校教师积极转变思想观念，逐步树立产学研合作理念，深入推进校企合作，科技创新意识和成果转化能力不断得到提升。二是突破政策，为产学研合作提供有力保障。学校注重对产学研合作内在规律的探索，加强制度顶层设计，形成包括鼓励科技人员从事创新创业的管理办法、技术转移转化管理办法、产学研合作人员考核和职务晋升办法等一套较为完善的政策体系，

极大地调动了校内教师和科技人员参与产学研合作的积极性，为产学研合作提供了有力保障。三是创新体制，有力推进产学研协同创新。学校已形成较为完善的具有南京理工大学特色的产学研协同创新的组织体制。在产学研工作领导小组的组织下，学校加强对产学研合作的统筹和协调；不断完善"一处、一办、一院、一园、两个中心"六位一体的产学研合作工作体系，充分发挥各部门协同作用，有效推动了学校与地方、行业企业的产学研紧密结合。四是成效明显，政产学研协同创新南京理工大学模式广受关注。学校试点工作取得的成效，得到国家和省相关部门、地方政府以及众多企业的一致好评。由于理念先进、成效突出，学校依托行业、立足地方，创新产学研合作模式与机制的做法多次受到中央电视台、中国教育报、新华日报等媒体的长篇报道，产生了广泛的社会影响。

五、推进高校与行业企业和地方合作共建合作不断深化

武汉理工大学加强校企合作改革试点取得良好成效。一是促进了学校人才培养水平的提高。学校充分利用行业企业的资源优势，强化了和企业联合培养的实践教学环节，有力提升了学生的综合素质和实践能力，推动了学校人才培养水平的提高。毕业生受到了社会尤其是建材建工、交通、汽车等三大行业的欢迎，近几年毕业生的就业率一直稳定在94%以上，2011届毕业生就业率为94.75%，2012届毕业生就业率为94.93%。其中，三大行业企业每年接纳毕业生占当年就业学生总数的40%以上。

二是增强了学校的科研实力。学校充分发挥自身科研优势，将发明、专利技术、软件等科研成果投入合作共建的企业，变无形资产为有形的产业，学校的科技产业得以不断壮大，教师参与科研的积极性也进一步得到加强。高新科技成果的投入，推动了行业企业及区域经济的发展，也促进了行业企业和地方政府进一步加大科研投入的力度。2011年，学校的年科技经费为6.4亿元，比2007年的年科技经费增加了73%；学校的科技产业年销售收入达到19亿元，是2007年的2.5倍。近两年来，学校与相关企业共建了29个联合研究院（所、基地），共同完成科技项目4334项，合同经费11.96亿元。

2010 年，学校以第一完成单位获国家科技进步二等奖 3 项，以第四完成单位获国家科技进步二等奖 1 项，获奖数在全国高校名列第 9。2011 年，学校以第一完成单位获国家科技进步二等奖 3 项，以第三完成单位获国家科技进步一等奖 1 项，获奖数在全国高校名列第 8。

三是推动了学科的创新发展。学校通过与行业企业共建特色优势学科，重点建设了以材料、交通、汽车三大行业背景为支撑的材料学科、交通学科、机械学科、矿业和土木学科等优势学科，取得了一批有显示度的标志性成果。据世界权威统计机构美国科学信息研究所（ISI）的"基本科学指标"（ESI）日前公布的统计数据显示，2012 年我校材料学科、化学学科和工程学科 3 个学科进入了 ESI 学科领域的前 1%，标志着我校材料、化学和工程 3 个学科进入了世界一流水平行列。学校还努力与其他高校、大中型骨干企业、科研院所开展协同创新，"绿色交通技术产学研协同创新联盟"的组建及"长江黄金水道绿色与安全技术协同创新中心"的成立，进一步促进了学校交通类学科及相关学科的融合，在与国内外创新力量的协同中，获得更大发展。

四是提高了行业科技创新水平。学校将最新的研究成果应用到三大行业，积极推动行业科技水平不断进步。学校的低碳水泥技术节能减排效果显著，生产成本大幅度降低，所有技术指标均优于国家标准。目前，低碳水泥技术已在 7 家水泥企业推广运用。

五是带动了地方经济发展。学校根据区域发展的需求，开展包括技术支撑、人才输送、智力支持等在内的全方位合作，服务地方经济。以河北省沙河市为例，在沙河玻璃技术研究院的帮助下，沙河玻璃产业通过引进与建设先进水平的玻璃生产线，技术创新能力明显提升，玻璃产品种类不断丰富，产业链条不断延伸，企业发展后劲得以增强。

六是形成了有效的共建机制。学校以自身的特色与优势，紧密结合行业、地方发展的需求，与行业、地方优势互补：共建多层次人才培养支撑平台，输送其发展需要的高层次应用型专门人才、复合型工程人才和高技能职业人才；共建高水平的科技创新平台，加快了科技成果的转化水平和能力；共建科技创新联盟和科研协作团队，产生了一批重大成果。学校与行业、地方已经形成了有效的共建机制和互利共赢的良好局面。

六、创新地方高校与行业企业、地方共建产学研合作模式

重庆市教育委员会积极组织开展地方高校与行业企业合作模式试点，使地方高校与行业企业共建产学研合作模式遍地开花。

第一，参加项目试点学校和单位对产学研合作的内涵达成了共识。一是产学研合作应以市场为导向，产学研各主体间多种形式的协作联合，使高校、科研院所的知识理念创新、技术工艺创新、人才培养模式创新，以企业产品的形式通过市场得以转化，或者通过合作培养的人才及其使用，实现社会财富不断积累增加和经济社会发展和谐优质的目的。二是树立了学校与行业企业"合作育人"理念。即知识、能力、素质三位一体的人才培养是社会主义市场经济急需，需高校与行业企业共同努力才能完成，行业企业与高校合作培养创新人才是增强行业企业核心竞争力的根本之策，是转变经济增长方式的基础性工作。三是政府对产学研合作的引导和激励作用也是不可忽视的，必须由其对进一步诱发、培育、提升产学研合作的创新能力提供必要的政策支持。

第二，提出了中央和地方政府支持产学研合作的政策体系和制度框架。一是中国西部高校产学研合作引导政策。包括建立健全政产学研相结合的引导体系、加大对产学研合作的专项引导资金投入力度、建立税收优惠的调节体系、搭建园区平台引导产学研合作等。二是中国西部高校产学研合作激励政策。包括整合与改进科技奖励和考核制度、鼓励产学研联盟对外交流与合作、建立鼓励人才流动和融合的有效机制等。三是中国西部高校产学研合作的扶持政策。包括发展风险资本市场完善产学研合作多元化投资体系、营造全社会热情支持产学研合作的氛围、进一步加强和完善产学研合作中介服务体系、完善知识产权保护体系和产学研合作的利益分配机制、完善产学研联盟运行机制、出台相应的扶持政策和法律法规。

第三，创新了高校与行业企业产学研合作的体制机制。一是建立与不同类型产学研合作办学模式相适应的管理体制。成立实体合作学院管理委员会、理事会制学院理事会、特色人才培养实验班管理小组、实践教学基地产学研

合作领导小组、专业建设委员会等。二是形成学校与行业企业合作培养人才的创新机制。学校和行业企业共同研究并不断开发教育教学资源，包括共同制定培养目标、设计课程体系、开发特色优质教材和教学案例、创新课程教学内容方法，合力培养双师型教师，共建共享实践教学基地和产学研一体化平台，协作构建能力导向的实验教学体系，合作举办学科竞赛等第二课堂活动。三是建立产学研各方参与的产学研合作联盟机制。产学研联盟是企业对外交流和合作的重要载体，也是企业对外交流和合作的重要源泉。通过探索建立产学研各方参与的联盟机制，建立了一批产学研各方参与的产学研联盟。充分发挥了产学研联盟中政产学研用各方的特色，凸显高校和科研院所在对外交流过程中的既有优势，让产学研联盟成为企业把国外的先进技术和优秀人才"请进来"、让企业的产品和投资"走出去"的重要桥梁。四是形成高校与行业企业、科研院所资源共享、互利共赢机制。在产学研合作制度建设上进行系统探索，创新各方资源共享、互利共赢机制。包括完善和创新科技评价的政策与机制，引导和鼓励科技人员产学研合作；完善和创新科技成果产权界定的政策与机制，为高校与行业企业、科研院所的产学研合作奠定制度基础；完善和创新激励政策与管理机制，最大限度地调动科技人员积极性。通过制度的建立和完善，形成产学研合作的资源共享、互利共赢机制。五是创新让产学研合作充满活力、健康发展的长效机制。本项目在试点中重点建立让产学研合作充满活力、健康发展的长效机制。包括针对不同类型产学研合作办学模式分类构建长效发展机制；建立产学研合作中各参与方的科研创新激励机制；构建产学研合作的政策激励机制等。

第四，各方对产学研合作模式的肯定与认可。一是产学研合作办学模式得到上级领导充分肯定。重庆工商大学着力打造产学研合作人才培养模式多次得到教育部相关领导充分肯定。自2011年10月以来，教育部、人力资源与社会保障部领导以及教育部高教司、教育部人事司有关领导先后莅临重庆工商大学调研考察试点项目，对重庆工商大学与重庆广电集团联合举办的集传媒艺术人才培养、传媒文化产品创作与生产于一体的产学研合作办学实体——长江传媒学院和传媒运营实训中心，给予充分肯定和高度评价。二是产学研合作体制机制得到兄弟院校的认可。中国人民大学、复旦大学、中国传媒大学、浙江大学、四川大学、西南财经大学和荷兰文德汉姆大学、加拿大蒙特利尔高等商学院、泰国皇家理工大学、英国林肯大学等 20 余所国内外高校的同行先后来我校考察学习产学研合作办学情况，一些院校还作了仿效和推广。三是产学研合作模式得到社会和用人单位的广泛认可。2012 年 6 月，重庆工商大学长江传媒学院与重庆广电集团、重庆日报报业集团及中国文化传媒集团、阿里巴巴集团、腾讯网等共同成立"传媒发展协同创新中心"，努力打造"台—报—校—网"四位一体的新型传媒人才实作实训平台，培养面向全媒体的卓越传媒人才。2009 年 10 月，重庆工商大学建筑装饰艺术学院的合作企业重庆港鑫建筑装饰设计工程有限公司被中国建筑装饰协会授予"全国建筑装饰行业产业化实验基地"称号（全国仅 10 家）。2012 年 7 月，中国文化传媒集团授予重庆文广局和重庆工商大学"国家动漫信息服务平台"重庆分站（全国唯一），标志着学校文化创意类专业校企合作跨入产学研新时代。重庆工商大学本科生就业率历年位列全市前茅，产学研合作学院毕业生的就业率均在 95% 以上，高于全校平均就业率，2011 年学校因本科就业工作先进获得教育部"全国毕业生就业典型经验高校"（50 强）。重庆工商大学重庆市发展信息管理工程技术研究中心承担了重庆港务物流集团有限公司物流监控服务平台、物流监管服务平台、物流公共信息服务平台的建设，该三个平台的应用得到重庆国际集装码头有限公司、重庆港九股份有限公司、重庆化工码头有限公司、交通电子口岸重庆分中心等 300 多家单位的认可，并广泛推广应用。

第三节　主要经验和典型模式

一、推进高校产学研深度合作机制完善

（一）科学设计项目的目标

一是推进产学研结合成功模式探索。重点探索面向国家重大需求，建立

以产学研为出发点的行业联合技术创新机制和科技成果自行转化模式；提升并扩展高校推进产学研的实践方式；努力解决产学研参与各方角色定位及利益分配机制问题。二是科研经费管理制度改革。重点探索科研经费的使用更加符合科学的规律，在国家财经政策范围内增加科研经费使用的灵活性；探索建立项目研究过程中智力成本的计价机制，确认智力投入在项目经费中的成本开支，强化学校教师自行转化科技成果的积极性。三是产学研结合的用人机制改革。重点探索解决高校从事产学研结合技术创新的人员流动与使用问题，突破产学研结合过程中人员流动壁垒和障碍。四是重点探索高校与地方共建研究院、与国际开展产业战略联盟等平台。为地方经济服务并融入国际产业链的运行模式和实际效能，充分发挥其公共服务平台作用，为地方特色产业和优势产业共建技术和关键技术研发提供支撑，促进地方经济发展，并探索产业战略联盟的国际合作方式。五是整合并开放平台资源加强服务社会。重点探索尝试采取实验室或大型实验设备托管方式，建立高校实验室、实验设备开放的公共服务平台，进一步提高平台条件使用效益。

（二）建立了有效可行的体制机制

北京理工大学经过近三年的探索实践，建立了有效可行的体制机制。一是探索"平台+项目+人才"相结合的产学研合作模式。建立多部门协同创新工作平台，形成多部门参与的产学研协同创新体系，确定宇航学院、自动化学院、信息学院等学院为产学研结合试点学院。探索科技收入再投入的新途径，鼓励教师使用横向科研项目结余经费创办学科性公司进行科技成果转化，提高横向科技经费的使用效率，建立团队利益与个人利益直接挂钩的利益分配机制。改革股权激励机制，对学科性公司实施股权激励改革，创建二次分配制度，进一步鼓励成果转化。二是出台"北京理工大学科技成果转化管理办法"、"北京理工大学学科性公司管理办法"、"北京理工大学科技创新计划（基本科研业务费）专项资金管理细则"，起草"北京理工大学科研经费预决算及效能审计改革试点暂行办法"与"北京理工大学科研经费智力成本计价改革试点暂行办法"。三是出台了"北京理工大学接收高校毕业生参与科研管理办法"，通过科研助理、流动聘用等非事业编制聘用方式解决创新引进人才的户口、档案与待遇等问题。四是面向国家重大战略需求与区域经济发展需要，积极开展与省市各级政府产学研的校地合作。与北京市合作建立的北京理工先进技术研究院（北京）；与广东省合作建立的深圳北京理工大学研究院、中山北京理工大学研究院、珠海北京理工大学研究院；与江西省合作建立的萍乡北京理工大学研究院；与苏州市合作建立的苏州北京理工大学研究院等。五是学校与湖南天雁机械有限责任公司、长安汽车有限公司等多家企业、科研院所共建了研发中心（实验室）、实训中心等多种平台，搭建公共服务平台，开展多个领域的深入合作。

二、发挥行业优势，完善校企合作人才培养机制，促进行业高校特色发展

天津大学经过三年多的实践探索，逐步建立了产学研深度合作的新机制。学校把试点项目推进与学校事业发展结合起来，进行系统规划。将"创新完善产学研深度合作机制"作为构建学校事业发展的6个支撑保障体系的之首列入"天津大学事业发展'十二五'规划"。天津大学在与政府、行业企业开展产学研合作的过程中，就深度合作机制进行了一些改革探索，初步形成了校地合作（面）、行业合作（线）、技术合作（点）和服务天津（平台）的产学研深度合作机制。滨海工业研究院于2012年5月投入使用，吸引科技型企业，引进包括院士、中央千人计划入选者在内的多位领军人才，有科研用房7.8万平方米，已有22个产学研合作项目开始运行。天津大学是教育部主持实施的"卓越工程师教育培养计划"的主要发起单位。2010年，教育部在天津大学召开"卓越工程师教育培养计划"启动会，联合有关部门和行业协（学）会，共同实施"卓越工程师教育培养计划"。该计划要求有关行业企业深度参与人才培养过程，学校按通用标准和行业标准培养工程化人才，强化培养学生的工程能力和创新能力。产学研深度合作体制改革不仅深化了天津大学与企业、高校的合作，而且旨在培养一支具有国际视野和丰富工程实践经验的研究队伍，同时吸引了国内外专家参与项目运作。天津大学2010年底召开了科技工作会议，形成了"天津大学关于加强'十二五'期间科技

工作的意见"。把"抓好产学研合作，推进成果转化应用，在国家和天津经济社会发展中做出更大贡献"作为"十二五"期间学校科技工作的"四个重点之一"。并具体提出了"推进产学研合作模式创新、推进产学研平台的建设、加强知识产权建设、促进科技成果的转化"的具体要求。2011年5月发布的天津大学事业发展"十二五"规划，将"创新完善产学研深度合作机制"作为构建学校事业发展的6个支撑保障体系之首。2011年7月学校专题研讨了试点改革项目，提出了项目改革的具体实施方案。在创新人才培养方面，大力推进工程教育改革，创新工程硕士培养体系，双导师制；建立有工程界参与的专业教学指导委员会；建立"千、百、十"学生实训基地。在产学研合作形式上，提出了"面（校地合作）、线（行业合作）、点（校企合作）和平台（融入滨海）"的发展模式，并提出了深度合作的目标和要求。

一是组建"天津大学滨海工业研究院有限公司"。由天津大学资产经营公司作为唯一股东，注册资金780万元。公司按照现代企业制度运行，自2012年10月成立以来，已召开2次股东董事监事会议。公司制订了4年发展规划，建立了财务管理、人事管理、合同管理、保密制度、安全保卫制度、廉政制度等规章制度。

二是优化科技资源配置。开展跨学科共性技术研究，综合天津大学诸多优势学科，形成产学研合作模式。以市场为导向，实现成果转化，提高资源利用效益。学校制定相关政策，推动资源的共享共用，给教师深度参与产学研合作创造便利条件。鼓励以专利等无形资产投资办企业，从而实现教学科研资源的社会效益和经济效益。校内分析测试中心与滨海工业研究院建设的分析测试中心，形成优势互补，提高仪器设备利用率。滨海工业研究院已组建知识产权流转储备中心，得到天津市知识产权局和滨海新区科委的支持和资助，努力促进知识产权向产业转移。滨海工业研究院的研发工作实行项目核算制，推广"全成本孵化"形式。对于经营性目的资产，收取一定的使用费用，再投入扩大科技研发规模。

三是促进人才流动。滨海工业研究院产学研合作项目吸引一批在科技成果产业化方面有专长的教师参加研发工作，特别是一些具备生产管理经验的教师，在成果转化过程中发挥了重要作用。制定政策，鼓励具有工程能力和市场意识的教师积极参与产学研合作项目，投身学校举办（参股）的科技企业。积极引进业界师资培养工程拔尖创新人才培养。建立有利于产学研合作的人才评价机制，注重教师在产业化工作中的成绩和贡献。

四是创新财务管理制度。天津大学滨海工业研究院有限公司按照现代企业制度组建，自2012年10月成立以来，已经召开2次股东董事监事会议，组建了经营管理机构，制订了完成的企业管理制度。滨海工业研究院运行经费按照二级核算管理，每年上报下一年度经费预算，力争在2015年实现收支平衡。在滨海工业研究院开展产学研合作的项目，经费实行"预算管理"模式，即无论经费来源，都按照投资方（或拨款方）批准的经费预算执行，没有固定的经费支出比例。积极筹划建立"天津大学技术转移公司"，对产业化前景良好的技术项目进行包装开发，向企业及政府有关职能部门推荐申报，吸引风险创业投资和政府科技计划投资，为技术项目的起动及深度开发寻求资金支持，从而推动成果的转化。与企业共建科技研发机构将是技术转移中心的主要建设模式。

三、深化高校与行业、地方合作机制

北京科技大学坚持与行业企业合作共建模式已基本完成，并处于不断完善中。实现特色发展不停步。第一，试点项目正式立项并启动以来，学校领导积极筹划、认真组织、把握契机，深化合作创新机制，提高整体科技服务社会的能力，实现了如下目标。一是形成具有完整性、前瞻性、科学性的行业特色型科技创新链，在钢铁行业节能减排、产品开发、装备研制等领域产生一批重要成果。初步形成适应现代钢铁工业发展的，包含节能减排、资源综合利用和循环经济在内的完整的产学研合作科技创新支撑体系。二是创建产学研合作新模式，建立多边合作、校企互动、供需结合的行业共性技术研发平台；在"钢合组织"基础上，进一步深化与完善其合作交流功能，与共性技术研发平台相互促进，实现与行业企业在产学研合作方面的无缝对接；建立、完善一批长期稳定、共建共享、优势互补、不断创新的企校联合研发平台。三是加大改革力度，重点形成一支以多学科交叉、集成，团队科研为特征的、具有工程研发能力与持续创新能力的专业化队伍；建立适应于产学研合作的科研组织与运行机制。

第二，成立改革试点项目领导小组。2010 年 12 月，学校印发了《关于成立北京科技大学国家教育体制改革试点项目领导小组的通知》，正式成立改革试点项目领导小组。校长担任项目领导小组组长，主管副校长担任领导小组副组长。领导小组下设办公室，成员包括科研部、研究生院、人事处和相关学院负责人。领导小组及其办公室全面负责项目组织实施工作。为更好地推动项目实施，在学校领导小组的基础上，成立专门工作组，重点完成三大任务。一是科技创新体系建设。由项目办公室牵头，冶金工程研究院、冶金学院、材料学院、机械学院、管理学院等学院的负责人及骨干教师组成工作组；负责梳理、研究产学研合作技术创新链的工作，以及产学研合作科技支撑体系建设。二是公共研发平台建设。由项目办公室牵头，科研部主要协调，学校相关研究院、学院和实验室以及重要钢铁企业科技管理部门领导参与组成公共研发平台建设工作组，以钢合组织为基础，拓展、完善其行业科技发展评估体系与交流沟通体系功能的建设工作。三是在原有的十几个校企联合实验室的基础上，整合建立钢铁行业共性技术研发平台，多边合作、校企互动、供需结合，学校科研人员和钢铁企业科研技术人员联合研究，发挥各自优势，开展行业共性技术和重大关键技术的研究攻关，对接国家科技计划，积极探索突破制约行业技术发展瓶颈的途径。

第三，行业高校科研能力建设体系初步形成。学校注重加强科研基地建设、内部机制体制改革、对外合作交流平台建设等，科研能力显著增强，行业高校科研能力建设体系初步形成。一是科研基地建设成效显著。科研基地、科技基础条件平台是实施国家各层次科技发展规划的重要支撑和保障，也是促进学校资源高效配置和综合集成的有效形式，是持续提升学校科技创新能力的关键力量。本项目的实施紧密依托我校的优势学科与高水平研究基地与平台来展开，二者相辅相成。两年来，学校在行业特色型科技创新链建设取得重要进展，钢铁冶金新技术国家重点实验室和国家板带生产先进装备工程技术研究中心分别获批和通过验收。二是对内整合效果明显。学校注重内部机制体制改革，通过学科交叉与资源整合，搭建面向产业技术的创新平台——冶金工程研究院。经过多年的发展，冶研院形成了强大的团队力量和多学科交叉，具备突出的承接重大工程项目的能力，使技术尽快推向市场，同时也尽快将市场的需求反馈到技术创新之中。

第四，行业沟通平台日渐完善。钢铁合作组织作为行业特色型高校组建的首个行业产学研科技联盟，是创新产学研合作模式的成功范例，为进一步深化改革，使学校成为行业共性技术和前沿技术的研究开发中心奠定了良好的基础。钢合组织在成功举办七届"钢铁冶金新技术发展论坛"的基础上，直接参与活动的钢铁企业科技管理人员与专家超过 500 人次，开展与钢铁企业科研项目合作近 500 项。

第五，进一步建立与完善有利产学研结合的政策环境，积极推动省部产学研合作。广东研究院充分发挥平台和窗口作用，产学研合作的方式、层次不断提升。积极引导学校科技人员持续有效地服务企业发展的机制。目前，我校共有教师 83 人次作为科技特派员派驻到广东省企业进行科技服务。科技特派员工作得到了广东省科技厅的肯定，荣获广东省"企业科技特派员工作先进单位"荣誉称号，多位教授获广东省"优秀企业科技特派员"荣誉称号。

第六，建立与完善校企合作人才培养机制。学校非常重视应用型人才培养模式的改革与创新。利用"卓越工程师培养计划"，实现本科和研究生教育的有效对接，探索全日制工程硕士培养新模式。一是共建校企人才培养基地。校企联合人才培养以共建校企人才培养基地为依托，在学生深入实践、预就业模式、选聘组建企业教师队伍、企业资助学业等方面与企业开展了深层次的合作。同时，把企业请进来，参与到培养方案制订、实习大纲制定、案例课设计和工程教师聘任、基地双向人才培养需求、实习实践等环节。目前，已经与首钢、河北钢铁、山东钢铁、太钢以及中冶京诚工程设计公司建立了"国家级大学生校外实践教育基地"。依托实践基地以"师傅带徒弟"形式，学生跟随企业工程师进厂学习，按照实习工程师的标准要求，从企业工作生活中发现问题，有针对性地进行专题报告，为其后学生了解企业、完成毕业设计、进行研究生企业实践、就业等提供先决条件。二是充分利用企业贴近生产实际的优势。企业为高校学生提供师资、案例、实践岗位等贴近企业生产实际的优势资源。建立企业专家授课、企业指导教师指导学生工程实践、企业实习导师指导学生工程设计、校企双导师制引导学生专业发展；企业教师参与校内和企业教学，每年开设企业课程不少于 5 门；企业导师指导学生专业研究，以及与校内指导教师配合引导学生专业深造方向。三是营造有利于校企联合培养人才的环境氛围。高校为企业所需人才的培养与储备、企业技术人员的继续教育、国际合作领域、工程认证等提供有力补充。形成"学生有干劲、工程师有后劲"的氛围，逐步实现以人才培养为导向的产学研全方位深层次合作。企业人力资源部门参与学生职业生涯规划，以企业文化和校园工程师文化，引导学生树立正确的人生观和价值观，培养学生行业归属感、荣誉感。

四、依托行业立足地方，促进高校产学研合作

南京理工大学在三年试点运行过程中，主要采取以下做法。

一是成立了由主管校长任组长，相关学院和单位主要负责人任组员的产学研工作领导小组；成立了正处级的产学研基地管理办公室，负责产学研基地的规划建设和日常管理工作；各学院明确了分管产学研工作的领导和工作联系人，完善了产学研工作校院二级工作体系。建立起"一处、一办、一院、一园、两个中心"六位一体，服务地方经济发展的工作体系，即通过科学技术处、产学研基地管理办公室、工程技术研究院、大学科技园、技术转移中心、专利中心的协同工作，形成具有南京理工大学特色的产学研协同创新的组织体制。

二是基本完成江苏省内产学研基地建设布局，建立无锡研究院、常熟研究院、连云港研究院、东海硅材料工艺技术研究院、沭阳工业设计与创意产业研究院、南京高新技术研究院、张家港工程技术研究院等校外产学研基地共 11 个。在南京市建设了三个国家大学科技园分园：南京理工大学高新科技园、六合化工材料科技园和栖霞科技园，形成一园三区的布局。学校依托产学研基地，开展项目合作、平台共建、科技服务和人才培养等工作，取得显著成效。产学研基地承担国家和省市科技、人才项目 60 余项，其中省部级以

上项目24项；签订产学研合作项目近110项；申请专利318件，其中发明专利217件，各类经费近1亿元。常熟研究院获批中国产学研合作创新示范基地、江苏省博士后创新实践基地、江苏省产学研联合创新资金重大创新载体建设项目、江苏省无线传感网安全组网及其应用工程技术研究中心；无锡研究院获教育部科技进步二等奖、江苏省科技进步三等奖、国家高新技术企业、江苏省软件企业、江苏省中小企业公共服务平台，获批产学研联合创新资金前瞻性联合研究项目、无锡市物联网与云计算公共服务平台；连云港研究院获批连云港市污染物监控与资源化重点实验室。

三是学校充分发挥在先进制造与自动化、光电与信息技术、新材料与新工艺、能源与环境技术、化工与生物技术、公共安全与社会发展等6大领域技术优势，加大科技成果在行业转化力度，加强与军方总体论证机构和军工集团的交流合作，与中国兵器工业集团公司、中国航天科技集团公司、中国航空工业集团公司、中国船舶工业集团公司、中国原子能科学研究院等单位开展产学研合作，与一批行业企业建立了稳定的产学研合作关系。2011年取得科技成果1559项，转化786项，成果转化率50.4%；2012年取得科技成果1647项，转化933项，成果转化率达到56.65%。研制的膨化硝铵炸药、粉状乳化炸药、塑料导爆管非电起爆系统等一系列新产品、新工艺，在全国20多个省、市150余个企业推广应用，年产值100亿元以上。

四是创新工程教育人才培养模式，推进"卓越工程师教育培养计划"实施。与国电南瑞科技股份有限公司等12家国有大中型企业共建了国家级工程实践教育中心；加强与国际工程教育界、企业界的交流合作，与法国矿业工程师学院联盟等国际知名高校建立了稳定的合作关系。与常熟市政府、德国慕尼黑工业大学签订了中德联合培养研究生协议，依托研究生院常熟分院培养面向应用的高层次人才。与中国兵器工业集团公司、中科院沈阳金属所、南京依维柯汽车有限公司等290多家企业或研究院所合作建立了产学研联合培养基地。其中，与江苏永钢集团有限公司等企业共建江苏省企业研究生工作站79家。学校知识产权学院与常熟市科技局合作，在常熟培养江苏省知识产权工程师和企业知识产权工作人员。与企业合作共建本科生实习基地，并开展工程硕士培养工作。选派高校教师到企业、院所工作交流，提高工程应用实践能力；加强与重点企业的科技、人才合作，引进了15名企业高层次人才担任江苏省产业教授。高度重视大学生科技创新与创业。牵头成立"南京紫金常春藤大学生科技创业园"，举办了首届"紫金常春藤杯"大学生创业大赛，学校学生创业团队获得一、二、三等奖各一项；获批国家级大学生创新创业训练计划项目146个。建立了大学生创业孵化园，目前已有20多个学生创业团队入驻；与南京徐庄软件园合作共建"南京理工大学徐庄创业服务中心"和"南京理工大学实用型人才培训基地"。学校被工业与信息化部确定为"大学生创业实践基地"建设单位，被江苏省教育厅评为首批"江苏省大学生创业示范基地"。

五、加强高校与地方、企业合作

武汉理工大学推进学校与行业、地方共建的做法主要有以下几种。

一是以满足行业和区域发展需求为重点，推进卓越人才培养，形成了"卓越教育"体系，确立了"卓越教育、卓越人才、卓越人生"的卓越教育理念，形成了面向国家经济社会发展尤其是三大行业和区域发展、推进卓越人才培养的政策与制度体系。构建了多层次人才培养支撑体系：开展以提高研究生培养质量为核心的研究生教育教学改革，推动了全日制专业学位研究生教育；推进以学分制和卓越工程师培养为重点的本科生教育教学改革，推行了"卓越工程师教育培养计划"；大力发展了继续教育与职业技术培训。

二是以特色优势学科平台建设为重点，提升科技创新能力。与中建材、中国中材等大型企业共建"绿色建筑材料与新材料'985工程'科技创新平台"，为建材行业科技进步提供学科和技术支撑。集中交通运输行业内外的教育、科技和市场资源，组建"绿色交通技术产学研协同创新联盟"，依托该联盟共建"长江黄金水道绿色和安全技术协同创新中心"，构建了基于产学研结合的协同创新支撑平台。与湖北省内15家高校、科研院所、企业及政府部门组建了"汽车零部件技术湖北省协同创新中心"并获批立项建设。

三是以解决国家重大科技问题为重点，构筑人才高地，培育标志性成果。实施"15551人才工程"，形成以战略科学家、学科首席教授为引领，学研产合作特聘教授、特色专业责任教授等为骨干的高水平科技创新队伍。依托硅酸盐材料工程教育部重点实验室获批建设硅酸盐建筑材料国家重点实验室；与中国交通通信信息中心共建交通安全应急技术国家工程实验室。围绕行业发展和区域经济需求开展研究，2010年以来获国家科技奖共11项。推动重大科技成果和专利技术的产业化，孵化和培育了10余家高新技术产业。

六、创新产学研合作机制，加强高校服务地方经济社会发展

重庆市教育委员会主持地方高校与行业企业产学研合作项目，经过三年的积极探索，已经进一步强化了地方高校为地方经济社会发展服务的体制机制，取得了以下的成效。

一是对西部地区特别是重庆市高校与行业企业开展产学研合作的模式进行了肯定，对现有产学研合作体制机制建设工作进行了评估和分析，对"中央和地方政府支持产学研合作的政策体系和制度框架"提出了初步建议。

二是重庆高校与行业企业在政府批准的合作办学框架内，充分发挥校企各自的优势，初步构建起以培养行业急需人才为目标的实体合作学院、理事会制学院、特色人才培养实验班、共建实验实训室和实习基地、自办实体型创新创业教育基地等五种产学研合作办学模式。

三是多途径构建目标明确、协调高效的以实现科技创新和产品开发为目标的协作开发型、成果经营型和咨询服务型等三种科技创新和社会服务的产学研合作模式，以及以人才培养、科技创新、成果转化、生产经营紧密结合为特征的立体综合型合作模式。

四是创新了与不同类型产学研合作办学模式相适应的管理体制，形成了学校与行业企业合作培养人才、合作考核人才、合作推介人才的运营创新机制，建立了有实质性工作内容的、各方参与的产学研合作联盟，形成了各方能长期资源共享、责任共担、荣誉共有、人才共用、互利共赢的长效机制。在高校与行业企业协同创新方面，重庆市已出台《关于大力推进协同创新，全面提高高等教育质量的若干意见》文件，现正在着力打造良好的产学研合

作的制度环境。例如，重庆工商大学在市政府大力支持下通过与中央部门、库区政府、行业企业的共同努力，申报成功"三峡库区百万移民安稳致富国家战略"国家特殊需求博士培养项目，并在重庆营造出了该博士点产学研合作人才培养的特殊制度环境。

第四节　存在的问题和原因

一、高校产学研结合改革统筹机制缺位

一是产学研结合试点改革工作横向沟通协调机制有待完善。高校促进产学研结合试点改革涉及人事管理、资金管理、信息管理等多项工作，欠缺畅通的沟通与协调机制，一定程度上影响改革试点工作的开展。高校科研工作以学术系统为中心，以院系为依托组织科研项目，在一定程度上造成了高校内部条块分割的局面，不同领域研究团队的沟通合作机制较为缺失，缺乏大规模的高校科研人员集体协作联合科研攻关；在对科研评价和激励机制方面也有待提高，在传统科研模式影响下对市场消息的收集和研究的意愿和能力仍相对较低，这限制了高校学科交叉优势和创新资源的系统整合，也相应增大了高校促进产学研结合试点改革的难度。

二是产学研结合试点改革工作纵向指挥链有待进一步明确。由于纵向层级单位沟通与协调机制不完善，试点单位如何得到相关部委或上级单位的协调、支持需要进一步明确，政府协调的力度仍然有待进一步提高，集中表现为条块分割、多头管理等现象较为突出。合作各方都有自己的政府主管部门，政府各个职能部门都希望推进大学、政府和企业的合作，但又都希望保护自己所属基层单位的利益。另一方面，经贸系统、科技系统、教育系统的运行机制不尽相同，部门之间还没有形成有效的合作形式来共同推进产学研合作的发展。这在一定程度上造成了表面上产学研合作活动数量众多，但实际效果并不理想的状况。

三是产学研参与各方的角色定位与关系尚须进一步理顺。随着参与高校

产学研结合的单位越来越多，试点改革参与主体之间的责权利有待明晰。目前，大学科技园内产学研主体间的信任和关联机制仍较为薄弱，供求双方缺乏应有的信任，遏制了科研成果的高效转化。关联制度约束是核心制约因素，突出问题为科技成果评价体系和引进退出机制的缺失。由于高校和企业的创新体系方面的差异，评价机制的缺陷使得双方在合作后期容易出现分歧，合作利益分配缺乏相关标准和完善的法律保护，特别是对知识产权分配、创新技术转化资金分配等问题上缺少权威鉴定机构。

四是产学研合作平台和配套设施等资源仍需要进一步整合和开放。目前区域或试验区产学研合作平台的开放程度仍然不够，资源整合效能仍然不够理想，仍需要进一步探索尝试采取实验室或大型实验设备托管方式，建立高校实验室、实验设备开放的公共服务平台，进一步提高平台条件使用效益。同时平台和基础配套设施等资源重复建设问题开始凸显，日常经营和维护成本激增，造成严重的重复建设和资源浪费，基础配套设施的建设与使用有待规划。

五是高校促进产学研结合发展投融资体系建设进度仍显滞后。由于缺少完善的管理制度，仍需建立健全高校促进产学研结合发展投融资体系。融资支撑是产学研合作的短板因素。融资渠道不畅、资金缺乏是目前园区内企业孵化与发展的最大困难。高校科研资金不足，而企业的研发资金的缺口也相对较大，大部分企业自身积累并不富裕，能够用于研究开发的经费很少，用于产学研合作的资金相对来说就更少，特别是对中小企业来说问题更为突出。尽管我国民间资金数量巨大，但引进的渠道却较为狭窄，风险也相对较高。

二、企业对校企合作办学缺乏积极主动性

一是企业的主体意识尚未完全确立。很多企业对不断提高自主创新能力和核心竞争力的认识不足，追求短期利益，进行产学研合作的目的主要是依靠高校成熟技术进行再生产，不愿积极主动地追求技术研发，也不愿承担过多风险，导致"深度"合作动力不足。

二是缺少资金支持。很多地方的政府和企业对技术研发和创新的资金投

入明显不足，科技研发风险较高，社会融资也很困难，导致产学研合作停留在规模偏小、水平较低、层次尚浅的层面，不能发展到"深度"合作。

三是法律法规和政策保障不足。目前我国没有关于促进产学研结合的政策法规，也没有指导高校产学研工作的指导性文件，在财税、投资、贷款等政策方面也没有可操作性强的扶持政策和保障措施。

三、行业高校与企业合作存在制约因素较多

一是行业共性技术平台建设与企业合作的短期行为。受企业追求自身利益最大化的短期行为影响，将导致合作组织形式松散、随机，行为短期化、形式化。如行业共性技术平台建设，企业参与的积极性难以调动，很大程度上还有赖于国家在相关政策、资金等方面的支持加以建设。

二是研究成果的知识产权问题。知识产权问题也是校企合作中比较突出的问题。合作中在权利的归属、利益的分配容易出现纠纷。学校应继续加强知识产权教育，通过合作协议，明确研究成果的界定和归属，对涉及的企业技术秘密要负有保密责任，以保证持续、稳固的合作。

四、高校与行业企业共建需要国家政策环境支持

一是国家教育体制改革试点工作实施以来，高校立足自身需求，与相关行业企业，地方政府开展合作共建试验工作，但缺少与兄弟院校尤其是同一类试点任务高校之间成果的共享，不利于承担项目任务高校之间的借鉴与提高。另外，试点项目改革工作涉及国家多个部委、省市，学校还需要国家层面的统筹协调与政策支持。

二是共建工作的进一步推进需要合适的外部环境。作为教育体制改革试验的主体，在与行业、地方的共建中，学校的意愿强烈，但企业的积极性不高。问题在于企业对与高校的合作共建认识有限，回馈高校的责任感不强，这种现状与国家没有相应的政策支持以及对企业的相关税收减免存在着直接的联系。

三是共建工作取得突破性进展需要"2011 计划"的大力支持。由于学校对交通行业所做的积极贡献以及在交通行业的影响力，交通运输部对于学校牵头建立"长江黄金水道绿色和安全技术协同创新中心"给予了大力支持，但由于"2011 计划"的主导实施部门缺少交通运输部等行业部门的参与，而难以得到国家层面的认可，不利于交通等行业及行业高校的长远发展。

四是合作共建项目的深入研究需要经费支持。学校虽然在年度预算中结合学校发展需要为教改试验项目实施提供了资金保障，但财力有限，难以保证项目全面落实，一定程度上影响了试验效果。

五、高校与企业行业合作共建需要政府主动统筹

一是国家虽然出台了促进产学研结合的相关政策，但还没有形成体系，政策环境还有待完善，产学研合作中核心技术的知识产权保护、税收、利益分配等方面还未形成完整的政策法规体系。

二是由于政府更多关注的是产业发展，高校院所注重的是学术进步和创新水平，而企业追求的是产品市场效益，从而导致政府、高校院所与企业三者之间在产学研合作目标上存在差异，从而影响了产学研合作和高校科技成果的推广转化。

三是产学研合作的风险投资机制急需建立。当前国家和地方对产学研合作和科技创业的风险投资引导力度和市场制度体系建设还相对滞后，未形成完善的创业投资机制。现有的风险投资资金的运作主要集中在成熟的科技成果产业化的末端，而从源头开始扶持高校科技成果产业化的创业投资和天使型基金较少，风险投资市场的流动性还有待增强，进入和退出机制尚未完善。

六、地方高校与企业行业合作共建需要省级政府统筹

一是各种产学研合作模式和体制机制尚未上升到政府政策体系和制度框架。通过项目组的努力，重庆市教委、科委和经信委在推进重庆市的高校与行业企业的产学研过程中，部分采纳了试点的成果和项目组的观点。但是，

各种产学研合作模式和体制机制还没有在整体上纳入政府政策体系和制度框架，重庆市促进产学研合作条例迄今为止还没有正式出台。这可能是因为高校与行业企业的产学研合作创新是一个复杂的系统工程，尽管通过试点取得了一些成果，但还需要在理论上和实践上进一步探索。政府的决策机制也需要更全面和细致的征求政产学研用等各方的意见。

二是产学研合作各方的利益分配机制尚不健全。利益分配是产学研合作的关键问题，直接影响着合作的长期性和稳定性。在合作初期，产学研各方比较容易达成一致协议，但随着合作项目的深入，常常会因科研成果转让过程中的价格问题、合作共建实体的各方利益分配问题、成果的归属权问题及知识产权问题、相互兼职待遇问题等发生矛盾，其原因主要在于产学研合作的形式和过程本身均属创新活动，各种过程和结果难以预期，因此也就天然地难以形成良好的利益分配机制和按市场规则操作、明晰各方责、权、利，因而缺乏有效的法律约束和社会监管，造成内部人员的流动或研发人员积极性不高、常使研发工作不能按协议完成，需要结合试点案例深化研究。

三是政府对产学研合作各方的引导扶持和激励保护作用没有充分发挥。产学研合作的基本原则是市场原则，但在产学研合作发展的初期，政府必须发挥主导的作用，通过制定特殊优惠政策以推动产学研合作的发展。从目前的情况来看，政府的这一作用发挥得还不够充分，主要表现在：产学研引导和扶持政策缺乏具体的可操作的实施细则；产学研合作资金筹措方面的努力还不够，如政府配套资金支持有限，政府通过中介组织等渠道为产学研合作项目筹资的主动性不强，政府通过风险投资等有效融资渠道不够通畅等；缺乏有效的激励机制，现阶段产学研合作侧重于把企业作为激励的主体，忽视了对高校和科研院所作为合作主体的激励，在奖励政策、经费投入（研发经费、风险资金、平台建设、持续资助）等方面缺乏明确的长效机制；高校教师和研究人员的考评机制也存在缺陷，不少高校在合作办学、学科科研考核评价指标体系和教师聘用、晋升、分配、激励制度设计与政策措施等方面都存在不利于产学研合作的政策导向。缺乏风险防范机制，对于政府而言首要的是要化解合作各方行为不规范而产生的市场信用风险，其次要防范开发成果的中试、生产和营销过程产生的风险，此外，还必须保护成果被他人窃取和不法使用的风险，而这些风险的防范尚无成型的制度和法规。高校和行业企业的产学研合作应是实现十八大提出的"实施创新驱动发展战略"的具体措施。

四是至今国家并未出台促进和保障产学研合作的相关法律、条例和政策，致使产学研合作在大到主体认定、法人地位、所有制结构、财政税收，小到招生计划，经费预算、师资身份等方面，出现一系列难以化解的矛盾和问题，尚须通过深化产学研合作试点，剖析案例，梳理出这些矛盾和问题，给国家提出如何化解这些矛盾和问题的具体建议。

五是西部地区经济社会发展的基础较差，改革开放 30 余年东部地区的先行先试进一步拉大了东西部差距。但与东部相比，西部中心城市在计划经济时代形成，并经过 30 多年改革开放的重构、调整和发展，也有两个较大的潜在优势，基于此，应当将西部高校与行业企业的产学研合作试点项目作为示范项目继续推进。

六是在本次全国教育体制改革试点项目中，有多项有关产学研合作的项目，但多数均为重点高校承担，并将工作重心放在科学研究和技术创新领域的产学研合作试点。重庆市承担的这个改革试点项目，立足于全市地方所有高校的典型产学研合作试点案例的推进、协调和总结，其中既有较多的产学研合作人才培养的试点案例，也有各具特色的产学研协同科技创新试点内容，有广泛的代表性和针对性，有必要进一步深化这种省级区域、教学科研均涉及产学研合作的试点。

第五节　对策与建议

一、建立改革试点工作协调机制，完善改革试点管理制度

一是建立高校改革试点工作协调保障机制，积极争取上级领导支持。建议由国家教育体制改革领导小组办公室为高校的改革试点工作提供协调机制，特别是涉及国家相关部委和地方政府，通过文件将相关高校的改革试点任务报相关部委知晓，并争取相关部委和地方政府支持。在组织机构方面，积极

建立完善相关机制改变条块分割，高校、科研机构与企业相脱离，研究开发和成果的产业化隔离的状况。

二是完善改革试点管理制度，较快建立科学投融资体系和机制。建议为改革试点完善管理制度，建立健全产学研合作发展投融资体系，建立稳定的财政投入增长机制，设立改革试点产学研合作发展专项资金，引导和鼓励社会资金的投入，建立完善的融资体系和机制。在资助机制上向鼓励产学研结合的方向倾斜，引导和支持高校与企业之间的技术、人才及资产流动，开展技术转让，共建研究开发机构、技术中心和博士后流动站，进行联合开发，联合培养人才，提高技术开发能力。充分发挥信贷对企业的调控作用，为产学研结合技术创新提供低息贷款，鼓励企业与高校联合进行科技创新。建立产学研结合风险资助基金，对产学研结合创新开发和中试提供补贴，分担产学研结合创新风险，鼓励和引导高校、科研院所、企业进行产学研合作。

三是建立改革试点项目文件流转机制，畅通信息交流沟通渠道。建议为改革试点项目建立文件流转机制，由改革试验点单位提供的政策建议、请示性文件、经验材料等，能够通过一定的渠道报有关领导或有关部委，以获得支持，使改革试点在有限时间内能更具有实效。建立覆盖项目的交流共享平台，定期组织交流联动会议。建议由国家教育体制改革领导小组办公室建立交流平台。同类型改革试点项目定期交流，将改革中存在的共性问题形成高校联合意见报相关部委。

四是进一步明确产学研参与各方角色定位，完善利益分配机制和评价机制。在高校和企业合作中，应各司其职，企业是核心，发挥主体作用；高校是主力，发挥创新源泉作用；政府进行指导和引导，发挥其协调、支持和推动作用。对于高校而言，要充分重视企业的技术需求，并将其与自身的科学研究紧密结合起来，及时掌握企业发展中的新问题及行业发展新方向，使高校科研工作更好地为企业服务、为生产服务。要发挥多学科综合的优势，掌握核心技术，占领科学制高点，发挥好高校的作用，使高校和企业建立稳定的合作关系。同时，通过制定相应的法规、制度来规范合作中的企业、高校、中介机构和金融（风险）投资机构等各方利益关系，制定专门法律，使之能涵盖合作的各个方面，形成全面的、便于操作的政策体系，确保合作成效。

五是发挥典型模式示范效应，建立国家级产学研用结合示范基地。高等学校推进产学研用结合改革试点项目成立两年多以来，已经取得了阶段性成效，下一步将对照改革试点项目任务书推进有关工作，进一步落实具体实施方案和工作计划，加强深度改革，利用高校"国防科技创新与教育发展战略中心"的平台优势，为教育部定期提供战略研究咨询专报，形成具有影响力的战略咨询效应，推动产学研网络平台建设与"一网一讯"宣传模式的运行，与中国产学研促进会等有关单位建立全方位的战略合作关系，争取建成国家级产学研结合示范基地。

二、进一步完善改革试点运行的机制

一是在探索中进一步修改完善改革项目的具体实施方案，形成比较详细的任务分解和分工，明确校内有关单位在项目改革中的任务、责任和要求，进一步整合校内资源推进改革向纵深发展。

二是抓好试点推动，通过试点的方式先行先试，而后总结推广，在总体方案的基础上，选择试点二级单位和领域试点推动改革。

三是进一步加强制度建设，出台《知识产权建设实施意见》和《关于推进科技成果转化的意见》等文件，规范和促进知识产权工作科技成果转化工作和其他相关内容。

四是按计划推进工业研究院建设，引入更多的项目和企业，探索管理体制和运行机制创新。

五是推动大学技术转移中心的建设，探索可持续发展的人员激励和考核机制。

六是在与政府、行业企业进行产学研合作的过程中，将已有的深化产学研合作的经验加以推广，并不断探索新的产学研深度合作机制。

三、完善和加强产学研创新激励和评估、协调机制

一是完善产学研创新政策。进一步完善学校推动产学研合作的政策和激

励措施，建立健全产学研合作人员考核评价体系，完善产学研合作人员职务晋升制度和鼓励高校科技人员开展技术转移、科技成果推广转化的激励机制。建议主管部门研究制定并完善促进产学研协同创新的政策法规和实施细则，对产学研合作的成功典型进行示范推广和表彰。

二是加强产学研沟通协调。进一步明确产学研合作各方的职责和任务，加强对产学研合作的统筹协调。建立新型促进合作的评价标准。一切以地方和企业满意为目标，将产学研合作成效作为个人和学校工作考核的重要内容，建立起产学研合作各方牢固有效的信任机制和利益机制，促进产学研合作工作健康发展。

四、加强政府统筹力度，鼓励企业参与高校合作共建

一是建议国家教育体制改革领导小组办公室尽快完善承担同一类试点任务高校之间的沟通机制，并指导试点项目的有效开展；成立专项工作组统筹解决项目试验过程中的共性问题、难点问题，协调各部委做好相关政策支持，协同推进学校与行业、地方共建。

二是建议国家出台鼓励企业参与高校合作共建的政策，改善企业参与高校建设的外部环境。同时，针对企业参与高校人才培养、科学研究、学科建设给予相应的税收优惠，提高企业参与高校办学的热情。

三是为保证试点达到预期目标，建议教育部设立合作共建专项经费，用于直属高校在争取行业部委和地方政府的共建经费时予以配套，促进高校进一步深化与行业、地方的共建。

四是鉴于"2011计划"对于行业发展及高校的影响，建议国家给予已经为行业作出较大贡献的高校一定的政策倾斜。

五、加强地方政府对辖区内高校产学研合作的引导

一是在已有的和潜在的各产学研合作参与单位，建立产学研合作实体真正能吸引和凝聚人才的有效制度，鼓励参与产学研合作的各实体单位的人才

进入产学研合作机构，其人员能享受编制、任职资格、职称评定、股份占有等方面的实际待遇，并有政府层面的倾斜鼓励政策。

二是在政府主导下，系统设置一批承载产学研合作的研究中心、重点实验室、人文社科基地、博士后工作站等平台，并给在科技经费投入、重点项目支持、持续科研开发等方面的明确扶持政策。

三是对产学研合作的人才培养机构，政府如何保证其与公办教育机构同等的生均投入和专项招生指标；企业实际投入的各种资源如何得到确认并获得合理回报，减免合作办学实体的税费。

四是加大对产学研合作的知识产权保护，完善产学研合作的诚信系统建设，给予产学研合作成果以特殊形式的奖励（如设立产学研合作优秀成果奖和优秀单位奖），用专项经费支持产学研合作成果的扩散，建立产学研合作的风险投资基金，用政策鼓励金融机构和社会资金支持产学研合作的科技开发。

五是培育和扶持产学研合作的中介机构，搭建由政府主导、行业主管部门和教育主管部门参与的产学研合作信息平台。

参考文献：

[1] 国家教育体制改革领导小组办公室. 国家教育体制改革试点项目实施方案汇编（卷1-卷5）［R］，北京. 2013.

[2] 国家教育体制改革领导小组办公室. 教育体制改革简报［R］. 北京，2012.

[3] 国务院. 国务院关于开展国家教育体制改革试点的通知［R］. 北京，2010.

[4] 教改办. 国家教育体制改革试点进展情况通报［R］. 北京，2013.

[5] 教育部综合改革司. 国家教育体制改革试点分领域阶段总结报告汇编［R］. 北京，2013.

[6] 袁贵仁，刘自成. 中国教育咨询报告（一）［M］. 北京：高等教育出版社［M］. 北京，2012.

[7] 赵庆典，等，著. 高等学校办学模式研究［M］. 北京：人民教育出版社，2005.

第五章　改革人才培养模式，提高高等教育人才培养质量

杨红霞[*]

人才培养是高等教育最根本的要求，也是高等教育质量的第一体现，是高校生存和发展的基础。国家教育体制改革试点中的高等教育改革试点"改革人才培养模式，提高高等教育人才培养质量"共有 82 个试点，另挑选 17 个二级学院进行"设立试点学院开展创新人才培养教改试验"项目。试点涉及拔尖创新人才培养、应用型人才培养、研究生人才培养和开放大学建设四个领域。试点单位认真落实中央部署和教育部相关要求，积极开展试点工作，坚持育人为本、德育为先、能力为重、全面发展、创新教育教学方法、强化实践教学环节，努力探索科学基础、实践能力和人文素养融合发展的人才培养模式，大力提升人才培养水平，增强了大学生的社会责任感、勇于探索的创新精神和善于解决问题的实践能力，试点取得了重要的阶段性成果。现从五个方面对试点的进展情况进行总结。

第一节　试点任务的进展情况

人才培养模式改革试点作为国家教育体制改革试点中的十大专项试点之

---

* 执笔人：杨红霞；课题组成员：张婕。

一，是落实《教育规划纲要》的重要举措。试点本着以人为本、着力解决重大现实问题的原则，着力破除体制机制障碍，努力解决深层次矛盾，结合综合改革，并着眼于事关全局的关键领域和薄弱环节，有计划、有步骤地扎实推进，确保改革的科学性、系统性；坚持统筹谋划，确保改革协调有序推进；把能否促进人的全面发展、适应经济社会需要作为检验教育改革的根本标准。

人才培养模式专项改革试点内容十分丰富，概括起来可分为六个方面：一是完善教学质量标准，探索通识教育新模式，建立开放式、立体化的实践教学体系，加强创新创业教育（安徽省、广东省、新疆维吾尔自治区克拉玛依市、北京大学等 33 所部属高校）；二是设立试点学院，开展创新人才培养试验（北京大学等 17 所高校）；三是实施基础学科拔尖学生培养试验计划（北京大学等 19 所部属高校）；四是改革研究生培养模式，深化专业学位教育改革，探索和完善科研院所与高等学校联合培养研究生的体制机制（北京市、在沪部分高校及附属医院、清华大学、上海交通大学、宁夏医科大学）；五是探索开放大学建设模式，建立学习成果认证和"学分银行"制度，完善高等教育自学考试、成人高等教育招生考试制度，探索构建人才成长"立交桥"（北京市、上海市、江苏省、广东省、云南省）；六是推进学习型城市建设（北京市、上海市、山东省济南市、广东省广州市）。

自试点改革启动以来，各试点单位结合自身实际、根据试点的要求，做好顶层设计，努力做到积极、稳妥、有序推进，主要体现在这样几个方面。一是切实加强组织领导。多数试点高校对实施试点项目高度重视，成立了由校领导担任组长、各相关部门负责人为成员的领导小组或工作小组，专门负责统筹协调或组织试点项目实施。二是研究出台配套政策。为确保改革的顺利推进，试点高校出台了针对人才培养模式改革的配套政策。这些政策不仅涉及人才培养方案、教学内容和方法，还涉及招生、人事、内部治理结构等方面的内容。三是提供条件保障和经费支持。试点高校积极整合教学资源，增强面向一线教师和学生的教学服务功能，同时完善相关内部管理制度，加快完善内部治理结构。在经费问题上，试点高校结合本校实际和改革试点需要，以不同方式安排了工作经费或项目经费，支持试点项目实施。四是营造良好舆论环境。许多试点高校通过在校园网开辟改革试点专栏、组织召开专题研讨会、编发工作简报等多种方式，在全校广泛开展改革试点主题宣传，让广大师生知晓试点项目，关注试点工作，及时了解试点工作动态，为试点项目实施建言献策，进一步凝聚了改革共识。有的高校在公共媒体上积极宣传改革的典型做法和成效，争取社会各界的理解和支持，为试点项目实施营造了良好舆论氛围。目前，试点总体推进顺利，初步显现了改革的成效。

试点学院项目是以学院为基本实施单位的人才培养综合改革，目的在于通过设立试点学院，以创新人才培养体制为核心，形成创新人才培养的机制和氛围。经过学校申报、专家实地考察和评审，确定了改革基础比较好、积累了一定的改革经验的17所高校的17个二级学院为试点学院，它们分别是：清华大学理学院、北京大学物理学院、上海交通大学机械与动力工程学院、中山大学管理学院、华中科技大学光电子科学与工程学院、北京师范大学教育学部、天津大学精密仪器与光电子工程学院、同济大学土木工程学院、南开大学泰达学院、上海大学钱伟长学院、中国科技大学物理学院、浙江大学基础医学院、四川大学生命科学学院、北京航空航天大学能源与动力工程学院、北京交通大学经济管理学院、苏州大学纳米科学技术学院、黑龙江大学中俄学院等。

创新人才培养不仅涉及人才培养目标、课程教材、教育教学方法的革新，教育质量标准、教师评价标准的重新定义，还涉及人财物保障、学校与院系的关系、院系内部管理科学性规范化等诸多复杂因素，而这些因素都是影响拔尖创新人才成长的因素和土壤。所以，试点学院改革是一项涉及面广、层次多、关系复杂、综合性强的系统工程，旨在破解高等教育深层次矛盾，从这个角度来讲，试点学院项目与其他人才培养模式改革试点有所不同。试点学院建设作为体制改革的先行区、人才培养的试验区、特色发展的示范区、协同发展的创新区，正着力形成创新人才培养新模式，着力培育学科专业新优势，着力激发高校改革发展新活力，着力构建高校与社会协同发展新机制，推动高等教育内涵式发展。

第二节　试点改革成效

素质教育的落实，必须坚持知识、能力和素质协调发展，必须继续深化人才培养模式、课程体系、教学内容和教学方法等方面的改革，实现从注重知识传授向更加重视能力和素质培养的转变。试点单位通过组织对人才素质及教育教学理念的研究和讨论，通过不断深入进行教育教学改革实践，全面梳理传统人才培养中的弊端，更新观念。试点单位在人才培养模式改革过程中着眼于未来，侧重加强学生自我学习能力、知识自我更新能力、自我解决问题能力的培养，不断探索教育教学新模式。为确保试点的顺利实施，试点学校普遍设立了校级领导小组、专家委员会和工作委员会，出台了一系列政策措施，在人、财、物等方面为试点改革提供有力支持和保障。可以说，人才培养模式改革是高等教育利益相关者的共同要求。改革的进程虽然充满了困难和挑战，却得到了各方的支持和认可。

一、积极探索拔尖创新人才培养模式

（一）基础学科拔尖人才培养

基础学科在国家创新体系建设中具有基础性和先导性作用，是推动科学发展、技术进步的强大动力。只有加强基础学科拔尖创新人才培养，才能促进我国基础科学研究水平的不断提升，并为其他学科的发展提供源泉和动力，同时大力推进国家研究型大学拔尖创新人才培养模式和机制的全方位创新，带动整个高等教育人才培养质量的进一步提高。2009年，在教育部筹备下，在中组部和财政部支持下，"基础学科拔尖学生培养试验计划"开始实施。该计划支持试点高校探索拔尖创新人才培养规律，为参与实验计划的学生提供一流的学习条件、一流的师资、一流的环境和一流的氛围，为将他们培养成为学科领军人物、知名学者奠定坚实基础。同时，通过计划实施的示范和辐射作用，带动我国拔尖人才培养质量的全面提高。

试点高校结合自身实际普遍建立了拔尖学生"试验区"作为基础学科拔尖学生培养试验计划的实施载体。试验区主要有三种类型，即组建试点学院，设立试验班，通过普通班培养。试验区实行特殊政策，进行制度创新，在人才培养体制机制上有所创新和突破。试验区普遍实行自主招生，建立多元录取机制，改革教师评价制度，选拔聘任高水平师资，实行班级管理与导师制相结合的管理方式，制定灵活的课程选修、免修和缓修及动态调整参与试验学生的制度，开展国际合作，加强教授专家在管理中的作用。试点高校普遍实行"一制三化"的培养模式，即导师制、小班化、个性化和国际化。学校建立学科基础平台，将参与试验的学生在一、二年级打通基础课，到三、四年级时学生可根据自己的兴趣和特长自主选择学科和专业方向。导师在学生学业规划、科研和课外阅读、能力培养等方面发挥主导作用。小班化教学采取的主要是启发式、讨论式和探究式的教学方法，强调的是师生和生生互动，评价方式主要运用发展性和发展性方法。个性化培养注重的是激发学生的学习兴趣和创新潜能，鼓励学生自主学习、制订适合自己的个性化学习计划，让学生享有自由探索的时间和空间。国际化培养主要通过精选国外高端资源，提升本土国际化办学能力，拓展学生的国际化视野，主要形式有中外高校联合培养、交换学生项目、暑期学校及短期国外考察学习等，分批将学生送到国外一流高校和科研院所学习和交流，让他们接触科学前沿，融入国际化的教学科研环境之中。

（二）多学科创新人才培养模式改革

在财经、国防科技、艺术等学科领域，试点高校积极探索拔尖创新人才培养的有效路径，积累了很多经验。我国针对长期以来人才培养中重知识传授轻能力培养、学生创新能力不足的问题，在改革试点的顶层设计中除了关注高等教育基础学科拔尖人才的培养试验计划，对非基础性学科创新人才培养给予了同等的关注，设立了不同学科的创新人才培养试点。试点高校根据学科特点，结合校情普遍设立本硕博贯通培养的实验班，并按照贯通式培养、一体化方案设计的原则，精心设计知识体系结构，强化基础课学习，构筑交叉学科平台建设；选派知名教授为参与试点的学生授课；重视学生解决问题的能力，让学生在国内知名企业及科研院所从事项目研究；选派学生出国访学或与国外大学进行联合培养，扩大学生的国际视野，提高国际竞争能力；注重个性化培养，实行导师制。通过积极努力，试点高校逐步改变了以知识传授的课程教学为人才培养主要形式的培养模式，转变为以创新能力为培养核心，以课堂教学、实验实践教学、校企合作、创新实验及学科竞赛等多种形式相配合的拔尖创新人才培养模式。

（三）创新人才培养综合改革

该项改革试点的总体目标是为国家和民族培养具有国际视野、在各行业起引领作用、具有创新精神和实践能力的高素质人才。试点高校立足于学校人才培养目标，整合资源，将专项改革改革置于学校整体的办学实践当中，以系统的、整体的设计贯穿人才培养的各个环节，以提高精英人才的创新素质、实践能力等综合素质为根本着眼点，以满足知识经济对高素质创新人才的需求为最终目的。通过招生制度、人才培养模式、专业调整与建设、课程体系建设等各个方面的综合改革，对学术型、应用型、复合型等人才进行培养模式的综合改革。经过试点改革，初步形成了有利于高素质创新人才成长的培养体系，一批高水平人才正在茁壮成长。

二、深入推进应用型人才培养模式改革

试点依托"卓越工程师教育培养计划"、"卓越医生教育培养计划"、"卓越法律人才教育培养计划"和"卓越农林人才教育培养计划"的实施，以提高实践能力为重点，探索高校与有关部门、科研院所、行业企业联合培养人才新模式。应用型人才培养试点还在财经管理类人才培养、创新创业教育、复合型人才培养模式改革领域进行改革探索。同时，通过应用型人才培养综合改革试点探索应用型人才培养新模式。

（一）卓越工程师教育培养计划

该计划的主要任务是建立高校与行业企业联合培养人才的新机制，创新工程教育的人才培养模式，建立高水平工程教育教师队伍，扩大工程教育对外开放，培养造就一大批创新能力强、适应经济社会发展需要的高素质各类工程技术人才。目前已经确定 194 所高校为试点单位，涉及 824 个本科专业点，已经加入该计划的在校生数达 13 万多人，全国签约实施该计划的企业达到 6000 多家，参与高校人才培养的企业兼职教师数达万人，各方面投入经费达 26 亿元。同时，已有 190 多所高校联合近 900 家企业启动了 950 个校级工程实践教育中心的建设工作。目前，教育部已联合 22 个部门择优认定一批学生在企业学习解决管理规范、保障有力、效果良好的大型企业，设立了 626 个国家级工程实践教育中心。

（二）卓越医生教育培养计划

该计划重点是推进五年制本科、临床医学（全科医学领域）专业学位研究生、长学制、面向农村医学教育等四类人才培养模式改革，逐步建设以"5+3"（五年医学院校教育加上三年住院医师规范化培训）为主题的院校教育、毕业后教育和继续教育有效衔接的临床医学人才培养体系。教育部联合卫生部成立了"卓越医生教育培养计划"工作委员会和专家委员会。制定印发《关于实施临床医学教育综合改革的若干意见》和《关于实施卓越医生教育培养计划的若干意见》。2011 年 11 月中旬，教育部会同卫生部召开了医学教育改革工作会议，大力推动临床医学教育综合改革。

（三）卓越法律人才教育培养计划

该计划重点推进应用型、复合型职业法律人才，涉外法律事物高端人才以及面向中西部地区基层法律人才等三类人才培养；探索建立高校与法律实务部门、国内与海外联合培养法律人才的新模式。建设法学师资队伍，建立高校与实际部门互派人员到对方单位挂职工作制度、建设法律教育教学实践平台等。教育部联合中央政法委、外交部、公安部、司法部、交通部、最高人民法院、最高人民检察院等有关部门负责人成立了"卓越法律人才教育培养计划"专家咨询组和专家工作组。2011年12月印发了《教育部、中央政法委关于实施卓越法律人才教育培养计划的若干意见》，以教育部、中央政法委名义联合召开了"卓越法律人才教育培养计划"启动会议，正式启动实施卓越法律人才教育培养计划。

（四）卓越农林人才教育培养计划

该计划依托农业部现代农业产业技术体系和综合实验站，在教育部与农业部共建的直属高校和独立设置的地方高等农业本科院校建设首批100个农科教合作人才培养基地。

（五）经济与管理类人才培养

该试点旨在培养思想品德优良，专业基础扎实，有跨学科知识和创新思想，有较强的实践应用能力和国际视野与国际交流能力的经济与管理人才，使之能够成为经济、管理领域的行业精英和领导者，以及在相关学科领域内具有创新能力的领军人物。

（六）复合型人才培养

该试点的总体目标是在优质资源共享、优化学科结构布局、适应学科交叉发展趋势基础上，通过教育教学模式创新，以及配套的体制机制改革，培养具有宽阔的专业知识和扎实的文化素养，具有多种能力和发展潜能，以及和谐发展的个性和创造性的一专多能的人才。

（七）创新创业能力培养

该试点旨在培养学生的创业技能与开拓创新精神，以适应全球化、知识经济时代的挑战，并将创业作为未来职业的一种选择，转变就业观念。创新创业能力不仅包括创业的知识与能力，更包括像企业家一样思考的能力。为提升学生的创新创业能力，试点高校在树立创新创业教育理念、构建创新创业教育体系、打造创新创业教育文化等方面积极探索，成效逐步显现。

（八）应用型人才培养综合改革

该试点以创新创业实践能力提升为重点，探索高校科学、分类发展机制，优化人才培养结构，完善应用型人才培养体系，促进学生全面发展。

三、试点院校人才培养综合改革

试点学院改革对我国高等教育改革的整体推进和突破有着重要意义，改革项目实施以来，尤其是教育部《关于推进试点学院改革的指导意见》发布以来，试点学院整体上方向更加明确、实践更加深入、措施更加得力。改革取得了初步成效，不仅激发了二级学院培养拔尖创新人才的创新激情，而且也为学校整体改革发展注入了新的活力。

（一）人才培养的内涵发展理念深入人心

经过大规模的扩张后，我国高等教育逐步进入从外延发展为主到内涵发展为主的轨道。这一转变并非一蹴而就，而是一个从观念到行动的全面而整体性的转变。为确保我国高等教育发展模式的成功转型，各项改革陆续展开。二级学院作为办学实体，是教育教学活动的具体承担者，其改革探索承载着我国高等教育内涵式发展全景式的改革诉求，是高等教育改革的缩影，既反映国家与学校之间的关系，又反映学校与学院之间的关系。试点学院通过顶层设计和整体规划，全方位改变发展理念，将人才培养质量作为衡量学院工作的核心指标，引导各项工作紧紧围绕教育教学工作展开，将教师的主要关注点和精力从科研工作转移到以教学为重、科研服务于教学的工作上来。目前，质量和内涵已经成为试点学院工作的关键词，并为广大师生员工所熟知。

（二）四项改革的整体成效初步显现

招生方式、人才培养模式、教师评聘制度和内部治理结构等四项改革涵盖了高等学校办学活动的关键点，每一项改革都离不开其他各项改革的相互配合，综合性改革意在克服单项改革中的思想不统一、措施不兼容、进度不一致的问题。试点学院按照"方向正确、聚焦重点、务求实效、稳中求进"的要求，以相当大的勇气和智慧推进这项改革，在整体推进改革过程中先试先行、大胆创新、及时总结，改革的整体成效初步有所显现，一方面确立了教学工作的中心地位，另一方面加快了现代大学制度的建设。

一是建立多元招生录取模式。学校层面普遍给予试点学院一定的自主招生名额，保证试点学院选拔录取的灵活性和自主性，不拘一格选拔具有创新潜质的人才。本科生招生主要采取的是在统一高考基础上的综合评价录取模式和国家规定的免试保送录取模式，同时，探索其他多元考察选拔录取的方式。在研究生招生方面，学院本着"提高质量、突出创新、优化结构、理顺体制"的总体目标，探索适合研究生成长规律的招录模式，吸引优质生源进入试点学院。

二是探索人才培养新模式。试点学院普遍建立起导师制、小班化、个性化和国际化的人才培养模式，并通过与行业企业和科研院所的协同合作，加强联合培养和实践教学环节。结合学科专业特色，创新人才培养模式。

三是深化教师管理机制改革。高素质、专业化、结构合理的教师队伍是高质量人才培养的根本保障，试点在教师聘用制、评价考核办法、退出机制和培训机制进行了系统改革。

四是完善内部治理结构。完善内部治理结构是现代大学制度建设的重要组成部分。试点学院依照"依法办学、自主管理、民主监督、社会参与"的原则，积极推进学院内部管理体制改革，使学术力量和行政力量在学院管理中发挥应有的作用。

试点学院改革是在各方的高度期待中进行的，在试点的助推下，学院及其所在学校对改革保持高度热情，各项政策向试点学院倾斜。改革不仅受到了创新人才培养的主体和最大受益者的学生的欢迎，也受到了广大教职工的大力支持，同时，也得到了社会合作单位的认可和支持。

四、有序推进研究生培养机制改革

为适应社会的多元化需求，研究生培养模式需要进行全方位变革。研究生培养机制改革就是针对高层次人才与社会需求之间存在的差距而进行的。

（一）学术学位研究生和专业学位研究生培养

试点高校针对学术学位研究生和专业学位研究生不同的培养目标，改革和完善相应的培养方案，建设相应的课程体系，推进相应的教学方法和评价机制。如在学术学位研究生培养过程中，试点高校着重吸收研究生参与高水平科学研究，并推进人才培养的国际化进程，加强研究生培养的国际合作与交流。在专业学位研究生培养过程中，试点高校突出职业导向特点，加强与职业任职资格的衔接，深化与企业和行业的沟通合作，吸引其参与人才培养过程，逐步形成具有鲜明特色的专业学位研究生教育管理制度、培养模式和质量保障体系。

（二）基于学科交叉的研究生培养

试点高校注重顶层设计，研制系统的规章制度，推进综合改革，构建研究生培养新模式。整合交叉学科资源，加强基础设施建设，提高了学科团队整体水平，学科实力得到较大提升。

（三）基于产学研结合的研究生培养

试点高校注重产学研结合与协同创新，与行业部门共同建设了一批联合培养基地、工程研究中心等，为区域经济发展和社会亟须领域人才培养做出了积极贡献。

五、着力推进开放大学建设

该试点从开放大学的管理体制、运行机制和制度创新，到内涵建设进行了系统探索。通过探索，开放大学试点目前已建立了政府主导的管理体制，创新了与行业企业深度合作的办学模式；研制了新的制度框架体系，包括学校章程以及办学、教学、科研、管理服务、技术等制度体系；构建了新的合作办学模式，推进了覆盖城乡的办学体系建设。

积极推进信息技术与教育的深度融合，创建网络自主化、个性化教学模式，加强网络平台和数字化学习资源建设；探索构建了以学习者为中心的应用型人才培养模式，推进学科、专业、课程、师资、支持服务、质量保障、学习资源、科学研究、国际交流与合作等方面的改革创新；服务全民学习、终身学习的学习型社会建设，大力发展非学历教育，积极开展职业培训、社区教育、老年教育等。

第三节　主要经验和典型模式

一、拔尖创新人才培养模式

（一）基础学科拔尖学生培养试验计划

北京大学在数学、物理、化学、生命科学和计算机科学、环境科学六个基础领域设立六个基础项目组开展拔尖人才培养试验。学校拔尖学生采取不单独编班的模式，而是在低年级实行共同的基础培养，在此基础上通过提高型课程、科研训练、国际交流、学术研讨等方式鼓励相关学生在导师的指导下开展适合于自身特点和兴趣的个性化培养。学校的学分制改革和宽基础的课程体系设置，为学生开展个性化培养提供了制度基础。此外，学校还自筹资金，在校级层面成立地学、工学和由中文系、历史系、哲学系、考古文博学院和外语学院跨院系的基础文科项目组开展的"古典语文学"专业人才培养试验项目。学校将拔尖人才培养试验的实施作为北京大学多样性与全方位创新人才培养体系建设与元培教学改革深化的一个重要部分进行推动。同时，学校正在筹备建设"基础学科拔尖学生培养计划网站"，以信息化手段加强对学生培养过程的跟踪。复旦大学每学期稳定开设一大批平行班与讨论班课程。各院系开设的讨论班课程一般每周一次（半天左右），由不同的教授提前给出研讨课题，每次由1—2名学生经过前期准备后汇报该课题的综述及前沿研究情况。学校为激发和提升学生的科研热情和能力，充分发挥学术研究资助平台的基础性作用，该平台与学校已经成功开展了十二年的本科生学术研究资助计划进行衔接，各院系在此基础加强导师力量，确保了拔尖计划学生有一支非常强有力的导师队伍对其进行学术指导。所有研究课题需要经过开题评审、中期检查、结项评审等多轮专家质询。近三年共有两百多名拔尖学生通过平台申请课题并获得立项，已有学生的课题研究成果在国内外学术杂志发表，也有学生受邀参加国内外学术会议。上海交通大学专门成立了致远学院，作为"基础学科拔尖学生培养试验计划"的基地。各专业根据各自特点组建不同模式的高水平师资队伍。迄今共有 65 名校内教师和 46 名海外教授在学院开设专业课，累计 179 门次。培养方案注重数理基础和学科交叉。学生在专业选择上有较大自由度，学校鼓励学生选择一个主修和一个辅修方向，并允许中途改变方向。研讨班的教学方式贯穿于学习全过程，以培养学生提出问题、分析问题和解决问题的批判性思维能力。注重个性化培养，实行"一对一"导师制。构建高水平的学业和科研导师队伍，通过师生间经常性交流互动，引导学生个性化发展。注重高质量标准，落实滚动选拔与退出机制。学院精心组织一年两次的招生工作，选拔标准不唯"分数"，着重考查学生从事科学研究的兴趣与科研潜质。致远学院与自然科学研究院平均每年联合举办百余次学术讲座、十多个学术会议和暑期班。学生也自发组织学术讨论班，科普讨论班，经验交流会等。

（二）多学科拔尖创新人才培养

中国人民大学为实施人文基础学科拔尖人才培养试验计划试点项目，于2010 年 7 月组建古典学实验班，并于当年开始招生。古典学实验班贯通文史哲，实现多学科交叉，集成中国文学、哲学、史学和外国文学四个一级学科，以传授中西传世经典为基底，打通中西古今，打好有中国特色的文科高等教育基础。在课程资源建设方面，古典学实验班参照国际一流大学古典学系的教学方案设置课程，摸索出一套适应中国学生的古典学教育方案。为了推进课程建设、实现资源共享、方便学生学习、拓展学生视野，历史学院启动了本科课程资源公共平台建设计划，该计划预计用五年的时间，系统地资助 50门课程，受资助的课程将提供详尽的课程大纲、课件、讲义、课堂阅读资料，以及部分课堂视频资料，将这些课程资源（包括纸质版和电子档）有条件地提供给校内外师生共享。

中央音乐学院"拔尖创新人才培养计划"，该计划是在国家教育体制改革领导小组的支持下，各学科专家共同研究开创的本科人才培养新模式。为更好地开展此项工作，学院对纳入计划的优秀学生设置了新的教学管理体系，通过专项经费支持、革新培养模式、明确培养目标，探索培养卓越音乐人才的新思路。2011 年 11 月制定《中央音乐学院本科生"拔尖创新人才培养计划"实施办法（试行）》，该办法详细规定了专业特优学生的学分管理、艺术实践要求、考勤管理、配套支持、毕业认定等方面的制度。给专业特优人才更大的学习和发挥空间，学院提供一定的经费支持，支持专业特优学生开办音乐会、出国比赛学习、参加大师班、进行巡演等多项活动。

（三）创新人才培养综合改革

大连理工大学按照"合理定位、创新模式、构建体系、完善机制"的工作思路，结合学校人才培养的实际，积极稳妥地推进"高素质创新人才培养模式综合改革"的试点工作。目前学校已建立了本科、硕士、博士三阶段创新人才培养模式的改革试验区，统筹了本科生教育和研究生教育，以"全程设计、分段实施、贯穿培养"为基本思路，针对各类人才，分别构建了人才培养方案，进一步优化了培养过程。整合研究型大学优质教育资源，实施精英教育、分类培养。深化教学改革，探索教学理念、培养模式和管理机制的全方位创新。建立了科学的人才培养质量标准，形成了有利于多样化创新人才成长的培养体系。同济大学立足于学校人才培养目标，即培养具有扎实基础、实践能力、创新思维、国际视野、社会责任的、引领可持续发展的"专业精英与社会栋梁"，开展了遍及招生制度、人才培养模式、专业调整与建设、课程体系建设和课程建设等各个方面的综合改革；项目以卓越人才培养为主线、保证专业建设实现培养目标、体现学科发展对人才培养质量提升的支撑、在管理体制机制建设上保证教学中心地位，全面构建了开放式、立体化的卓越人才培养体系。

（四）素质教育和通识教育改革

复旦大学围绕通识教育建设这一目标，开展了一系列改革措施：组建新的教学指导委员会，加强对复旦大学人才培养体系的顶层设计和科学规划；成立以四年制住宿书院为特色的复旦本科生院，本科教育与书院建设并重，通识教育课程与书院文化生活并重；成立通识教育研究工作室，提供理论指导以及教情与学情的跟踪分析；成立通识教育课程体系建设工作小组，形成未来通识教育课程体系建设的总体结构；成立复旦大学教师教学发展中心及教师教学发展委员会，促进教师教学知识增长、教学理念更新和教学环境改善；修订、完善、出台各项制度或实施方案，在课程开设、教师聘任、教学任务分配、教师公派出国培养等方面推动通识教育。复旦大学这一系列的改革，旨在着力把通识教育的精神和理念贯穿到本科教育全过程，在专业教育里渗透关于人文素养、科学精神的培养，整合学校资源，使学生在大学四年里能获得全面的通识教育。

中央民族大学通过两年建设，初步构建形成了本科生素质通识课程体系，为进一步加强学校素质通识教育奠定了基础。目前，学校素质通识课程体系主要包括四方面：一是由思想理论政治以及外语、计算机、体育等综合素质课程；二是由教师根据自身的学术研究、兴趣爱好开设的跨专业选修课，拓展学生的知识和观念；三是学校立项建设的素质通识课程，重点培养学生的文化素养和素质；四是网络素质通识课程，提供优质教学资源，开阔学生视野，培养学生的综合素质与能力。通过推进项目的不断深化，进一步加大了对学生创新意识、创新能力以及科学研究能力的培养和训练。学生的参与、指导教师的不断增加以及政策资金的投入，呈逐年上升趋势。

中央音乐学院结合我国音乐文化和教育传统，借鉴国外先进的教学理念和方法，通过12年的探索已经初步形成了学校音乐教育的新体系。该体系注重以人为本，以形成学生体验音乐情感能力与养成用音乐表达感性的习惯为教学目标，改变音乐教育专业化、知识化、传授化倾向，实现音乐体系艺术化、音乐教育美育化、音乐教学感性化、音乐修养个性化，强调音乐教育重在培养学生感受音乐、表现音乐、理解音乐的能力，让音乐为学生健康而快乐的成长服务。中央音乐学院通过在北京、四川、湖南的普通中小学设立新体系教学实验点、举办全国在职音乐教师推广新体系教学法培训班、招收培养新体系教学师资和研究人员的硕士生和博士生、在其他高等音乐学院推广新体系音乐教学法、与国外知名音乐教育机构联合办学、合作研究完善新体系等一系列活动，新体系的实施收到了良好效果。

二、应用型人才培养模式改革

（一）卓越工程师教育培养

哈尔滨工程大学发挥"三海一核"学科优势，依托行业企业，推进校企深度融合，吸引行业企业参与人才培养过程，共同制订专业培养方案，共建工程实践教育基地，大力推进国家、省、校三级卓越工程师教育培养计划，扎实推进工程教育改革。目前，已有 6 个专业入选教育部"卓越工程师教育培养计划"，7 个国家级工程实践教育中心。西南交通大学以终身教育理念为指导，紧密围绕轨道交通行业现实需求，充分发挥学校行业特色与学科、专业优势，构建了"政府主导、校企协同"的人才培养机制。校企协同建立了"面向人人、宽进严出"的轨道交通行业开放教育机制，构建了轨道交通行业技能技术型人才开放教育基地网络。依托学校在学科建设、科研平台、师资力量、实践教学、培训经验等方面的集成优势，构筑了轨道交通技能技术型人才开放教育平台。学校建设了在轨道交通行业具有示范性的高速铁路技术模拟仿真教学基地，并与行业企业在全国 18 个铁路局建立了轨道交通技能技术型人才继续教育培训考试站，在 23 所具有轨道交通应用型学科专业优势的院校建立了轨道交通技能技术型人才教学基地；将铁路基层站段建有的 405 个实训基地纳入开放教育基地网络体系。新疆克拉玛依市探索建立政府主导与统筹，行业企业及社会各界积极参与，学校主办的新型办学机制，通过与中国石油大学（北京）、新疆油田等合作，建设高层次专业人才联合培养基地。克拉玛依市委组织部，依据克拉玛依市打造"世界石油城"战略目标，根据新疆、西部及中亚石油石化人才需求，组织制定了克拉玛依市高素质人才培养规划，明确了今后十年克拉玛依市对石油石化人才需求规格和数量。人才培养规划的制定，为高等院校制订招生计划、开展校企合作培养人才提供了科学依据。为加强兼职教师队伍建设，充分发挥兼职教师在校企合作培养人才中的作用，新疆油田公司组建了兼职教师队伍人才数据库，数据库由国家、中石油集团公司、新疆油田公司三级技术专家和技术能手构成，规模达700人。

（二）卓越医生教育培养

协和医学院在医学专业人才培养模式改革试点推进中，组织课题组成员，经过系统研究，形成了《医学精英教育及其资助体系的研究》，提交财政部。经财政部研究，将学校列入小规模特色办学试点院校，给予特殊的财政政策支持，为实行医学精英教育提供了支撑。在招生改革试点方面，通过教育部学生司和北京市教委的支持，解决了学生的跨学制、跨学校的学籍异动政策支持。在制度方面，为加强学生的职业素养培育，在学生临床学习阶段强化了临床导师制，制订了《北京协和医学院临床医学专业学生导师制管理规定（试行）》。引入了美国医师执照考试的"阶段一"考试，对引导教师及学生在今后的教学及学习中重视基础与临床的结合和实际应用能力的培养，逐步建立与医学专业人才培养模式改革相适应的教学评价方法有重要作用，也为探索卓越医师培训计划与现行住院医师培训制度和医师资格考试的衔接奠定了基础。

青海大学藏医学院以需求为导向，以创新人才培养模式改革为重点，以提高人才培养质量为核心，构建了有利于造就高素质藏医药人才的新的人才培养模式，即以藏医药教学为主，以藏西医结合为特色；实行传统加现代，传承与创新同步；强化校企联合，产学研医文化相结合。

（三）卓越法律人才教育培养

中国政法大学将法学院设为国家教育体制改革试点项目试点学院，单独制订培养方案，统一安排负责试点项目学生的教学安排和学生工作，做到了保持试点项目整体工作的一致性和独立性。试点实施的"六年制模式"以法律职业人才为培养目标，对法学本科与法学专业学位研究生进行六年两阶段贯通培养。第一阶段整合现有本科生与硕士生课程，一方面深化通识教育改革，提升通识教育质量，另一方面完善专业课程体系，强化专业基础教育。第二阶段突出法律职业伦理和法律职业能力的训练，强化法学高等教育中普遍缺乏的知识应用和职业技能训练，强化法律实务界作为法学教育机构的功能，使法律实务部门深度参与承担指导学生专业实习等职业技能训练工作。"六年制模式"严格区别于本科生硕士生连读模式，实现了法学四年本科教育与三年法律硕士专业学位教育的整合，形成六年两阶段的一元体制。

（四）卓越农林人才教育培养

西北农林科技大学紧紧围绕学校"产学研紧密结合"的办学特色和"厚基础、强实践、重创新"的人才培养目标，紧密结合社会经济发展对农科类专业人才需求，经过系统的研究，构建了适应农科类专业人才培养发展需求的实践教学新体系，对农科类专业单一课程和单一专业实习，进行整合更新，开设综合性教学实习，加大实践教学基地建设力度，为大学生实践能力和创新意识培养提供了重要的场所。形成了与理论教学体系密切联系而又相对独立的"四个目标、六大模块"的实践教学新体系，保证实践教学四年不间断。经过实践，学生的实践技能和创新意识有了很大的提高。

西南大学建构了农科类人才自主招生选拔体系，有效改变了单纯通过高考成绩选拔农科类专业人才的办法，选拔到了"乐农"、"适农"的学生。探索了单列代码招收农科类专业人才的方法，有效提高了农科类学生的生源质量。提出并初步实践了农科类学生分类培养的理念。初步形成了"三四五"，即农科类专业人才选拔培养改革模式的整体框架。"三"指创新三种培养模式，将农科类人才分为专业研究型人才、应用复合型和创新创业型三类分类培养。"四"指探索四种人才选拔培养途径：一是多种途径选拔农科类专业优秀人才，有效提高生源质量。2010—2012 年，学校在招生环节采取一系列改革措施，有效提高了农科类专业的生源质量，降低了考生的志业志愿调剂率。2012 年学校农科类专业仅有一门调剂率超过 60%，2010 年有 5 门专业调剂率超过 60%。二是建立创新教育实验班、探索农科类专业研究型人才的选拔培养模式。三是加经产学研结合，探索农科类专业应用复合型人才的培养。

四是加强创新创业教育，培养创业型人才。"五"指改革五项选拔培养机制。一是改革农科类人才选拔机制；二是建立农科类学生的免费培养机制；三是创新课程体系，推动农科类专业教育教学改革；四是农科类人才培养质量评价监控机制；五是对农科类人才的激励机制。

中国农业大学围绕"4 年突破与转型、6 年扩展与升级、10 年接轨与卓越"的目标分三个阶段进行改革。2010—2014 年是第一阶段。本阶段的目标位"突破与转型"，通过一届（四年）学生的培养实践，实现一个突破带动两个转变。即通过"英才计划"的实施实现创新人才培养模式的突破，带动全校教学管理模式和人才分类培养模式的转变。进一步健全和强化了教学与教育相结合的综合育人机制。"英才计划"包括研究型基础拔尖人才、工科和农科应用型创新人才、农业高管人才和农村发展国际化人才 4 类创新人才培养模式改革。学校制订了与理论教学相衔接的一般技能、专业基本技能和专业核心技能培养方案；建立了包含校内外认知基地、传统实习农场及现代农业科技园区等多层次的实践基地群；将综合技能和专业实践技能的培养落实到每门课程和每个实践教学环节；依托各学院教学实验中心和教授科研实验室分别开展基本技能、综合实践和科研训练，实现科教结合。

（五）经济与管理类人才培养

西南财经大学探索"经济学理论研究型人才"、"经济管理复合型人才"、"经济管理国际化创新人才"三类人才培养模式，全面实施分类培养机制改革、学生学业修读方式改革、转变课程教学范式改革、教学质量评估评价体系改革、就业—培养机制改革等机制体制改革，人才培养质量显著提升。

中央财经大学通过科学设计课程体系，加强创新创业教育和文化素质教育；通过建立校企合作机制，搭建学生实践平台，形成了成建制、有组织、涵盖所有财经专业的实习新模式；通过引进优质教育资源，加强与境外高水平大学、知名企业的合作，拓展学生的国际视野。学校设立专项资金，创新实践教学体制机制。按照试点项目改革实施方案，学校持续加强实验和实践教学。一是提高实习要求，要求学生 4 年实习时间达到 3—6 个月。二是加强基地建设。全校共建成签约实践教学基地 184 个，每个专业平均 3 个以上。

中国人民大学通过设立经济学—数学实验班，金融学—数学实验班，工商管理—法学实验班，选拔优秀本科生进入小班学习，加强复合型拔尖人才培养。建立本硕博连读机制。对优秀本科生实行从本科到硕士研究生到博士生的一条龙培养，争取多出和快出优秀人才。实施本科新生导师制。对入学新生普遍设立本科导师制，尽快引领本科生进入专业学习领域。通过与地方政府、大型企业和银行等机构签署合作协议，建立了稳固的本科生社会实习基地，使得学生得到综合锻炼和能力提升。

（六）复合型人才培养

华中科技大学深入开展"七校联合办学"和武汉城市圈"1+4"，推动高校间跨学科、跨类别联合办学，延伸联合办学模式到省属地方高校，实现了优势专业的跨学科的交叉融合。在保证原有"七校联合办学"规模的前提下，已将联合办学新模式延伸到省属4所高校（湖北工业大学、武汉科技大学、武汉纺织大学、武汉工程大学），已经向这4所高校开放了计算机科学与技术，光电信息工程等10余个优势专业，供其优秀学生修读双学位或辅修专业，并将4所省属高校的学生纳入到7校联合培养体系内，减少了省属与部属高校因高考招生导致的学生受教育机会的差异。同时，与武汉大学签订战略合作框架协议，实现两校的优势学科之间的互补及交叉，并融合打通学生的主修专业与辅修专业的实践环节、毕业设计环节，由双方互派教师共同指导，提高学生用多学科视野解决问题的能力，真正实现了学科交叉与复合型创新性人才的培养。

中国传媒大学不断深化课堂教学改革，充分认识"课堂教学"在人才培养及其质量提升中的重要地位，并以此为聚焦点和突破口，积极推进"三转移"，即推进教学模式从以"教师"为中心向以"学生"为中心转移、推进教学从"课堂内"向"课堂内外结合"转移、推进学生从"要我学"向"我要学"转移；稳步推进"三精简"，即精简课堂讲授时间、精简学时、精简学分；大力推广启发式、互动式、案例式、探究式教学，努力提高课堂教学含金量，实现教学效果最大化，切实提高人才培养质量。针对传媒学科专业"实践性"强的特点，高度重视实践育人，积极践行"校园大课堂、传媒大舞台"特色育人理念和模式，增加实践教学比重，分类制订实践教学标准，构建结构完整、覆盖面广的实践教学体系，充分发挥校内外教学实践实习基地作用，着力提升学生实践能力、创新能力和就业竞争力。

（七）创新创业能力培养

中南大学凝练出"鼓励探索、支持创新、允许失误、宽容失败"创新创业教育文化，并充分发挥了文化的育人功能。构建了全方位、立体化的"4668"创新创业教育模式，即树立创新创业教育"以人为本、追求质量、崇尚创新、强化能力"四个理念；坚持创新创业教育与专业教育、实践教育、理想信念教育、校园文化活动、学生管理、就业指导服务六个紧密结合；建设创新创业教育目标、教学、实践、服务、保障和科研六个体系；推进创新创业教育规范化培训、主题化活动、项目化资助、基地化依托、专业化辅导、网络化促进、社会化实践和多样化激励的"八化"途径。试点项目受益学生覆盖了全校 95 个本科专业，学生创新精神与实践能力得到提高，增强了运用知识解决问题的能力。

湖南大学在本科人才培养过程中，通过近几年的项目试点改革，初步构建了基于实验、设计、工程训练、创新为主线的开放式、立体化的实践教学体系。实践教学体系从整体上以实验、设计、工程训练、创新为主线，每条主线又包括三个层次，即实验主线包括验证认知性、综合设计性及研究创新性实验；设计主线包括课程设计、专业综合设计及毕业设计；工程主线包括认识（生产）实习、项目训练、专业与毕业实习；创新主线包括塑造创新品格、激发创新思维和开展创新行动。实施实验教学资源共建共享、创新能力训练、现代工程训练、产学研结合四种模式，投入专项经费支持大学生学科竞赛和创新创业计划活动。

（八）应用型人才培养

安徽省在试点工作推进的过程中，逐步构建了"政府主导、学校主体、联盟平台、项目载体"的运行机制。"政府主导"即由省政府负责牵头制订改革实施方案和年度工作计划，并根据改革需要研究制定配套政策并提供经费支持；"学校主体"即高校根据改革试点方案整体部署，自愿选择试点项目，向省教育厅提出改革试点申请，经批准后组织实施；"联盟平台"即全省同类高校经协商一致后，组织成立一批高校合作联盟，如应用型本科高校联盟、医学教育联盟、示范高职院校合作委员会等，以联盟为平台开展分类指导、分类管理的办法和标准；"项目载体"即省教育厅在质量工程项目建设中，嵌入国家教育体制改革项目，以项目为抓手推进改革试点工作。

广东省积极探索应用型人才培养模式创新实验区建设，2012年立项建设了71个省级人才培养模式创新实验区。各高校探索多种形式校企联合人才培养，广泛开展校企联合培养，采用"课程+实习+就业"的校企联合培养模式，统筹安排理论教学、实践教学、毕业实习和学生就业。部分工科类高校开展了"3+0.5+0.5"、"3+1"、"2.5+1+0.5"及"4+2"、"4+2+3"等多种模式卓越工程师培养试点。启动了高校大学英语、计算机等公共课、基础课程教学模式改革。配合应用型人才培养模式改革需要做好图书文献等外围条件支撑和辅助工作。

东华大学坚持以学生为中心的办学理念，牢固树立人才培养在高校中的中心地位，结合"高校内部管理综合改革"试点项目，组建了学校、学院、项目组三级管理机制和专家保障机制。学校创新"122"、"三全程"培养模式，即强调一个学生两位导师，具有学校学习和在企业实习实践的两种经历；引导行业专家全程参与应用型人才培养的改革设计，强化应用型人才培养全程融入企业项目，要求校内外导师全程参与应用型人才培养。通过创新培养模式、重构培养体系、优化师资结构、打造实践平台、改进选拔评价、开展职业认证等举措，提升学生创新能力、创业能力、实践能力和职业素养。通过"122"、"三全程"培养模式的探索与实践，破解协同育人的机制体制难题，培育高层次应用型创新人才。

三、试点院校人才培养综合改革

（一）招录选拔方式改革

北京航空航天大学能源与动力工程学院秉持"综合评价、多元录取、促进公平"理念，建立了有利于优秀人才选拔的"高志向、高能力、高分数"三高并重的综合考核的多元录取机制。在本科生录取阶段，实行了"航空百年中国心"自主招生计划。2012 年底，提出了全国知名高中校长实名推荐制度，优秀者可免笔试直接参加自主招生综合面试，在志向和能力方面突出的优秀者允许在北航录取线下 60 分录取。在研究生录取阶段，注重考察学生在大学期间参与科技创新活动、实验室研究的经历和成果，对具有特殊能力的学生可破格录取。

同济大学土木工程学院建立了基于学生兴趣与潜力的多元化的学生招录与选拔体系。以全国高等学校统一入学考试为基础，以兴趣和潜力为导向，以"高考成绩、高中学业水平考试、专业潜质考察、综合素质评价"为招录与选拔准则，采取与中学联动的衔接式（40%）、传统高考选拔式（30%）、入学后复合人才培养的递进式（30%）的多元化招生方式，吸引了大批基础条件好、专业兴趣浓、发展潜力大的本科学生。在研究生层面，强化专业基础与发展潜力、吸纳社会办学资金，推荐免试研究生和直博生，以及国际学生的数量大幅增加。

（二）人才培养模式改革

浙江大学基础医学院建立了"知识、能力、视野、人文"四位一体的人才培养体系，优化了人才培养环节、机制和要素，提升了培养拔尖创新人才能力。跨院系整合师资，聘任国内外高水平师资，建设多元化师资队伍，促进知识传承和创新；加强课程改革，推进教学方式改革，加强学生实际操作能力的培养；对学生实行全程导师制度，从学生入学开始就推行全程导师组体系，导师组成员组成科学合理，责任明确，对学生的学习、科研、实习和生活起到很好的指导作用。

天津大学精密仪器与光电子工程学院积极构建与行业领先的企业、科研院所等社会资源交叉融合的创新人才培养工程实践训练体系。2011 年以来，学院已与多家行业领先企业和科研院所签订人才培养合作协议，选聘企业工程技术人员担任学生导师并承担实践课程教学任务；由企业兴资合作建立校企实践教学基地和大学生创新实验室，选派学生到合作企业完成实习实践、毕业设计、项目研究等，建立由企业和科研院所参与的学生评价机制和毕业生反馈机制。近两年来，已有 300 余名学生进入校企合作教学实践基地和大学生创新实验室，69 名学生在合作企业完成毕业设计。学院还制订了面向企业一线的工程型硕士培养方案。与签订人才培养合作协议的企业探索订制化培养硕士研究生模式。近两年来，已有 20 名全日制工程型硕士研究生到企业实地开展课题研究、完成毕业论文。

黑龙江大学中俄学院针对我国对俄高级专门人才匮乏这一制约中俄战略协作伙伴关系深入发展的瓶颈问题，与俄罗斯新西伯利亚国立大学开展战略合作，采用中俄双方师资共享、课程共享、教材共享的合作模式，坚持"专业+俄语"的培养定位，构建了"课内精、课外强"有机统一的中俄联合培养模式。同时，针对当前"重教书、轻育人"的问题，按照育人为本、德育为先、能力为重、全面发展的要求，以打造教学和育人并重的双核培养模式为核心，创建了独具特色的大学生思想政治教育和管理工作模式，培养热爱祖国、信念坚定、品德优良、专业过硬的具有"中国心"的"俄罗斯通"。

（三）教师遴选、考核与评价制度改革

苏州大学纳米科技学院全面实行聘用制，专业教师面向全球公开招聘，基本要求为世界知名大学博士毕业生并具备较强国际化教学能力；引进过程中引入第三方评价机制，邀请国内外同行专家对拟聘人员进行评估；采用与国际接轨的薪酬标准，实行"一人一价"、"按水平定薪"的年薪制。在这支院士领衔、副高职称以上教师都拥有海外学术背景的高水平队伍中，所有教授都必须承担本科生教学课程。此外，学院还以产业教授、讲座教授、兼职教授等方式聘请了 18 位国际纳米领域学术大师、企业科研骨干作为兼职师资。

上海交通大学机械与动力工程学院设立学院特聘教授岗位或者冠名教授岗位，对正教授设置更高任职要求和学术追求，同时给予相应较高的薪酬待遇；在副高职称、中级职称层次的教师中，设立和遴选特别研究员、特别副研究员，设定高的目标考核，实行"非升即走"，或者"非聘即转"，激励年轻教师的学术追求。同时，建立高层次人才队伍建设的有序培养阶梯，对于

遴选出的学校、学院特聘教授、特别研究员、特别副研究员，建立优良的学术生态和环境，重点培养，促其成长。

四川大学生命科学学院新引进人才一律实行聘期制、PI 制（项目负责人制）、年薪制，签订教学、科研、人才培养目标合同，聘期考核不合格者予以低聘或解除合同。老体制人员可择优转制，特别是鼓励优秀年轻教师进入新体制。

（四）学院内部治理结构调整和完善

北京师范大学教育学部按照"以人为本，科学设计，统筹兼顾，注重实效"的方针，调整学校与试点学院的关系，扩大试点学院办学自主权，尤其是招生考试、专业设置、培养模式、课程设置、质量监控、人力资源管理、对外交流与合作、经费管理与使用等方面的自主权。按照"问题导向、统筹兼顾、协调联动、激发动力、民主协商"思路，制定学院章程，建立理事会，实行理事会领导下的院长负责制。成立由校内、校外、国际专家（各1/3）组成的学术委员会，实行教授治学。

北京交通大学经济管理学院按照"应用经济学"、"工商管理"和"管理科学与工程"三个一级学科建立三个分院，分别为"经济学院"、"工商管理学院"和"管理工程学院"。在职能分工上，学院主要集中于宏观规划、资源调配、组织建设、人事管理、招生就业、学生管理、专业学位培养和创收、评估评价等；分院主要集中于相关学科的学科建设、团队建设、人才培养、国内外交流等相关工作。在分院院长设置方面，各分院分别设院长 1 名，副院长 2 名，总支书记 1 名，均无行政级别。分院院长对学院负责，每届任期3—4 年，具体任期与学院领导班子同步。各分院领导的选拔采取"自主报名、学院审核、公开投票"的办法进行。学院成立专门负责分院院长、副院长选拔的聘任委员会。聘任委员会根据报名情况，开展民主测评，综合考虑教学科研能力、组织能力、职业品德和群众威信，确定拟任职人选。在分院决策机制设计方面，分院院务委员会是分院的决策机构，其职能是实施学院的方针、政策，议决、商定分院科研、教学、学科发展等重大事项，制定各项政策计划。成员包括分院院长、副院长和各系系主任组成，党总支委员列席会议。分院重大事项的决策采取民主集中制的原则。分院院务会议实行院务公开制，会议纪要在 5 个工作日内报告学院，并向分院全体教职工发布。分院制的改革增强了学院的办学活力，有助于各学科进一步凝练学科特色，发挥学科优势，提高人才培养的质量，也有助于学院提升管理水平，提高管理效能，增强办学活力。更为有效地将学科发展与学院发展结合起来，探索了按照一级学科开展学科建设的新模式。教师参与学院民主管理的热情也大大提高。

四、研究生培养机制改革

华中科技大学依托"基于学科交叉的博士生培养改革"试点项目，以创新研究院为平台，以学科交叉为驱动，围绕拔尖创新人才的培养，对博士生培养模式和培养机制进行了有益的探索。学校成立的创新研究院，配置了专职管理人员，组建了新医药与医疗装备交叉研究中心、新材料交叉研究中心、新能源交叉研究中心、新环境交叉研究中心、非传统安全交叉研究中心等5个研究中心，实施交叉学科建设责任制。建设了一批跨学科高水平的博士生课程；制订了 10 个创新研究团队跨学科博士生个性化培养方案，资助了 7 个创新研究团队的 8 门博士生交叉课程建设，为培养具有交叉学科背景和创新能力的高素质人才奠定基础。设立交叉研究专项基金，用于支持博士生的培养，制定了《创新研究院博士研究生培养基金管理办法》和《交叉研究基金管理办法》等制度。针对交叉学科博士生培养交流的需求，设立"创新研究院交叉学科创新论坛"，建立了团队导师、博士生国际、国内、校内各层次的学术交流平台。通过试点，形成了一批新的学科生长点和新的研究方向，产生了大批在国际国内具有较高影响力的高水平研究成果。项目取得了系列实效，形成了"以科研育人才，以人才促质量，以质量聚资源，以资源助科研"的良性循环。

复旦大学等在沪部分大学及其附属医院开展的"临床医学硕士专业学位与住院意识规范化培训结合改革试验"项目，从卫生行业的需求出发，与行业准入和职业资格紧密结合，侧重培养临床医学研究生的临床能力，符合国家专业学位教育发展改革的方向，取得了良好的示范作用。

上海交通大学以试点项目改革为契机，提出了招生指标分配制度、招考与选拔方式创新计划、导师动态选聘制度、卓越课程建设计划、博士生连贯式培养与分流制度、交叉学科人才培养计划、博士生待遇改善计划以及学位留学生促进计划等八项改革方案。在招生环节，改革招生指标分配制度，在招生指标分配中，增加"质量因子"权重，弱化"导师数"权重；全面推行博士生入学申请制度，增大博士生考试复试权重；大力开展暑期学校、招生夏令营；建立连贯式博士生培养和分流制度与博士生招生名额补偿机制。在课程建设环节，推进卓越课程建设计划，全面推进本、硕、博课程体系贯通建设，实施以创新能力提升为核心的研究生课程体系改革。在学位质量保障环节，推进学位论文国际评审；实施交叉学科人才培养计划，探索建立基于交叉学科和学科群的新型研究生培养组织结构，推进交叉学科学位评定委员会建设。

五、开放大学建设

国家开放大学在办学模式、培养模式、管理体制等方面进行了系统探索和改革，并在学士学位授予权申请、"注册入学、宽进严出"的教育教学制度、资源共建共享等方面有所突破。在办学模式方面，学校探索建立各种支持与合作联盟，与国内若干所大学合作，提升办学能力和水平。与若干行业协会、企业合作，引入行业资格证书，开发特色专业、课程，大力开展以提升职业能力为核心的各种职业教育、技能培训活动。与若干中心城市合作，推进学习型城市建设。在培养模式方面，根据社会需求和国家开放大学的性质、特点，重新确定人才培养目标，调整专业发展方向，改革教学内容和学习评价制度，确立新型大学的人才培养模式。在技术支撑方面，学校利用云计算技术，搭建信息化支撑平台，借助信息网络突破时空限制，利用各种网络系统和学习终端，逐步实现教学、管理、科研、服务的信息化，实现教育资源无障碍传输和师生互动，逐步形成学习者基于网络自主学习、远程学习支持服务和面授相结合的学习新模式。在管理体制和运行机制方面，建立新的办学组织体系，由总部、分部、学院、学习中心等组成，探索总部、分部两级管理，以分部统筹为主的管理体制。同时，初步形成了"统一战略、共同平台、资源共享、相对独立、错位发展、各具特色"的运行机制。

江苏开放大学根据开放大学的历史使命和战略发展目标，紧紧围绕积极稳步发展学历继续教育，大力发展非学历继续教育，促进现代科技与教育的深度融合，搭建全民终身学习"立交桥"这四大改革发展任务，边试点、边学习、边实践、边总结，坚持以改革促进转型，以创新推进建设，把着力点放在这样几个方面：探索以创立灵活入学制度、选择自由、过程服务、学有所教，学习者自主学习与个性化支持服务相结合为主的开放型办学模式；构建统一管理、系统运作、合作共建、协调发展的新的运行机制；建立为学习型社会建设提供学习制度支持的学员学分认证、积累与转换制度；开辟开放教育、职业教育互补互通的有效渠道，为搭建终身学习"立交桥"夯实基础。在体制机制、模式构建、教学组织、质量保障等领域进行了有益的尝试，取得了初步的成果。

云南开放大学按照"总部加二级学院或学习服务中心"的两级管理构架，采取"改建、共建、连锁、自建"的方式，建设运转灵活便捷、服务优质高效的二级学院或学习中心。经省教育厅批准设立了14所二级开放学院，还与东南亚、南亚国家11所大学初步达成建设学习中心的协议。在部分州市电大启动了"直通车"试点工作，推动了中等职业教育教学制度改革和创新，探索构建更加灵活、开放的中职教育与开放教育相贯通的教学形式。探索以学分制为核心，搭建中职与高职、高职与本科衔接，在校学习与在岗学习沟通的人才培养"立交桥"。在云南16个州市办学条件较好的中等职业学校启动了18个相关专业的"中高职教育一体化开放式人才培养模式改革试点"。通过职业技能证书、岗位职业技能鉴定与人才培养方案对接，学分互认，努力实现学历与非学历的横向沟通。成立了云南省学分银行，制订了学分银行建设的相关方案。以"中高衔接开放式人才培养模式改革项目"为切入点，采取由易到难、先内后外的方式，规范学分标准，明确质量内涵，设立学习账户和认证标准，探索构建了中高职一体化的学分积累、认证与转换的学分银行雏形。

第四节　问题及归因

　　人才培养模式改革本质上是以人才培养为核心的教育体制综合改革，试点涉及的改革内容多而且复杂，内容之间相互关联。改革关系到广大师生的切身利益，遇到困难和问题在所难免，一些深层次问题依靠高校自身很难解决。

一、试点存在的共性问题

　　试点在实施过程中反映出的困难和问题，就共性问题来说主要集中在以下几个方面。

　　一是由于没有国家层面的资金支持，试点项目实施过程中经费不足现象时有发生。人才培养模式改革是一项长期、全方面的系统性改革，涉及内容丰富，工作量大，如实行小班化教学、加强实验研究和实践教学等举措，必然使教学投入成本和教学开支大大增加，对于许多高校尤其是中西部地区高校，由于学校的自筹经费能力有限，改革的经费压力很大。

　　二是教师参与改革的积极性有待进一步激发。教师作为人才培养的主体性因素，他们参与改革的程度和力度决定着改革的成败。当前教师的教学改革动力与试点目标的要求还有一定差距，原因是多方面的，第一，教师的职称评定的主要依据仍然是科研成果的数量和质量，导致教师"重科研，轻教学"的现象大量存在。第二，教学管理改革比较大，教学内容和教学方法改革偏少。同时，教师的生存和发展压力普遍较大，影响了他们改革的积极性。第三，行政推动的改革多，教师主动参与教学改革与研究的功力不足。

　　三是国家政策供给力不够，政策空白和政策不兼容的情况并存，这既是改革遇到的问题，也是改革的必然过程。

　　四是改革试点的经验交流仍显不足。目前，各项目高校虽然开展了一些校级的交流，如举办经验交流会，举办学术夏令营和交流会等，但学生交流、师资共享的规模和深度都不够，高校间资源共享、人才共育的体制机制尚未建立，这些都不利于项目的整体推进。

除了以上带有共性的问题外，不同的专项试点还存在着一些具体的困难和问题等待克服和破解。

二、试点存在的具体困难与问题

试点推进过程中除了以上带有共性的问题外，在专项试点中还存在着一些具体的困难和问题等待克服和破解。

第一，在拔尖创新人才培养模式改革中，试点高校遇到的困难是多方面的，从学生准备到选拔，从学习管理到资源共享，从教学过程到政策保障，都有反映。从生源来看，中学生对基础学科兴趣不足。目前，优秀学生仍然热衷于选择经济、管理、电气工程、临床医学等的学习，这对基础科学发展和拔尖创新人才的培养非常不利。从学生选择来看，试点项目创新人才培养试点中对学生的选择存在着"掐尖"的现象，拔尖学生的培养和成才，不能靠"掐尖"，不能靠"拔苗助长"式的灌输和强化来实现，而要高度关注文化育人，要让学生在自由、宽松、多元的环境中成人和成长。从培养过程来看，当前学生的课程压力比较大，自主学习时间不足。目前采用的学科平台教学，要求学生选修专业课程作为基础课程，一方面可以为学生奠定良好的基础学科的基础，另一方面也导致学生课业压力较大，不利于培养兴趣和给学生留出更多的特色发展的时间。从人才培养的连续性来看，本科生和研究生之间、学校和社会之间衔接不畅，特别是研究生培养阶段的政策措施还不明确。同时，海外联合培养机制难以建立。培养拔尖学生最佳模式是长周期联合培养，但目前海内外联合培养的机制（学生如何保留学籍）、跨专业双导师制学籍如何管理等均面临诸多难题。海外交流的规模和经费也不令人满意。目前，由于受经费数量和经费使用范围的限制，以及海外高水平大学容纳能力的限制等，海外交流学习和联合培养的规模难以扩大，只能选派少数优秀学生参与。

第二，试点学院改革项目实施以来，学校给予试点学院极大的支持，学院办学自主权逐步扩大，制定了教师绩效津贴分配办法等具有试点学院特色的改革措施等。但还存在一些困难，从学校层面无法解决。如在本科生和研究生的选拔、培养上受到一定的政策约束，专业设置自主权只体现在专业目录内，目录外的专业仍不体现自主权；研究生选拔录取没有放开，试点学院尝试探索的研究生招录资格考试制度需要国家政策支持。

第三，在应用型人才培养模式改革中，试点高校遇到的困难仍然是长期以来困扰他们的四个问题：一是体制机制上的障碍仍未消除，校企联合培养人才的机制仍未确立，学生到行业企业，科研院所实习、实训等实践教学活动缺乏制度和法律保障。二是学历教育与职业资格认证衔接、融通机制需要进一步完善。三是应用型人才培养标准不完善，行业企业参与应用型人才评价的机制不健全。四是师资队伍结构性矛盾突出，具有实践工作经历、动手能力强的双师型教师数量不足，青年教师工程实践能力培养机制不健全，企业人才进入高校通道不畅。

第四，研究生培养模式改革中遇到的普遍问题主要表现在这样几个方面。一是导师队伍的水平有待提高和导师投入亟待加强。导师指导投入不足，对待学生存在"重使用、轻培养"的现象，同时，导师水平参差不齐，不仅表现在业务水平上，也表现在师德上。二是研究生质量保证措施有待完善。研究生中期考核，博士生综合考试，直博、硕博连读生资格考试制度需要进一步完善加强。三是学风建设与学术诚信教育亟待加强。部分研究生学习动力不足，存在只求学位、不求学问现象，缺乏职业素养和吃苦耐劳的精神，不同程度存在学风不正的现象，学术失范行为时有发生。四是由于后续保障改革"先行先试"实施细则的缺失，加大了试点措施特别是某些突破性举措的改革成本，如招生流程目前仍必须严格遵守现有统一模式，学位论文撰写未有确定的语言要求等。

第五，专业学位研究生试点的设立正是为推动专业学位研究生培养改革和质量提升的重要举措，试点在取得诸多成效的同时，还存在着不少的困难：一是培养模式改革有待深化，培养的标准、师资、培养方式、评价制度等与专业研究生规模的迅速扩大不相适应。二是实践活动缺乏相关的政策法律支持和保障，相关行业和企业接纳专业学位研究生进行实践的积极性不高，教师的实践教学能力有待提高。三是相关职业资格考试的有效衔接不够，八年制医学专业与国内普通高等教育的学籍管理、学位授予以及执业医师资格考试等许多现行的制度相容性和衔接性差。

第六，在开放大学建设中遇到的困难主要包括这样几个方面。一是学士学位授予权仍然没有落实，在教师出国进修和开展国际学术交流、教师和专业技术人员的职称评审、校园基本建设等多个方面，未能享有普通高校拥有的办学自主权，在一定程度上制约了国家开放大学的建设和发展。二是学士学位授予权申报、招生、注册入学、考试、学籍管理等相关政策，遇到了严重的政策性瓶颈，在很大程度上限制了开放大学作为新型大学相关理念、制度的设计和实现。三是资源聚集问题。充分利用信息技术，集聚并实现优质教育资源社会成员共享，促进教育公平是国家开放大学的使命之一。目前，大量视频公开课、精品课程、各类非学历教育教学资源分散在众多教育培训机构，优质教学资源的共享与开放问题很突出。四是办学理念、办学条件、办学能力、师资队伍、信息化水平、社会服务水平与改革要求有差距，影响了改革创新目标的实现和广播电视大学向开放大学的转型发展。

试点推进过程中的障碍和困难，有来自试点单位本身，有来自宏观政策方面，也有来自教育乃至社会经济大环境等。但不论障碍和困难源自何方，改革都不能止步，障碍要在改革中努力扫除，困难要在改革中努力克服，群策群力、高质量完成试点改革任务。

第五节 对策与建议

为更好推进试点下一步的改革工作，结合试点单位的改革实践，现对推进试点改革梳理出一些改进意见。

一、拔尖人才培养

一是国家尽早出台政策支持试点单位在学生招录选拔上加大改革力度，以高考为着力点，推动中学和大学人才培养的有效衔接。二是从国家层面上出台本科后续培养的相关规定。拔尖人才的培养应该是一个长期、持续的过程，研究生阶段的发展对学生今后的学术生涯影响很大，为使拔尖人才的培养能够持续进行，摸索一条拔尖人才长期培养的途径，建议及时制定本科后续培养的激励政策，鼓励拔尖人才能够深入、持久地进行基础科学研究。同时建议国家出台的拔尖学生前后期衔接政策，要立足于国内和本校培养，把拔尖学生资源留在本国本校。三是将"拔尖计划"进一步拓展到人文社科领域，而不仅限于基础理科领域，使"拔尖计划"更加全面、丰富。四是加强试点质量的国家监督检查，推进拔尖培养的质量标准建设。五是留学基金委扩大资助名额，提高人才培养国家化水平。六是要解决好交叉学科培养与学生就业压力大之间的矛盾，加强高层次研究。七是要在拔尖学生培养的同时注重教育公平，带动各类学生的培养效果。

高校改革的目标之一是突破制约拔尖人才培养的瓶颈，为每一位教师和学生提供更好的发展平台，最终以拔尖人才改革为支点，撬动整个学校办学体制、管理体制的深刻变革。所以，改革方案和模式必须可持续、可借鉴、可推广、可示范。试点改革还需继续深化，把探索构建新型治理结构作为脱离原有体制束缚的重要突破口和实现自身发展的重要动力，全面推进各项改革举措的落实，为高等教育综合改革创造经验。

二、应用型人才培养

一是出台法律法规，完善政策措施，鼓励行业企业和科研院所等主动参与人才培养，建立稳定的大学生实习实训基地。二是研制专业类教学质量国家标准、行业评价标准和学校人才评价标准。三是加强师资队伍建设，建立学校与行业企业和科研院所之间人才双向流动的机制，采取多种形式提高教师的工程实践能力。

三、综合人才培养

一是进一步运用好《关于推进试点学院改革的指导意见》的相关政策，

围绕综合人才培养这一核心任务，深入开展体制机制改革创新，从理念到实践切实确立起教学工作的中心地位，建立和完善现代大学制度，更好地带动和引导高等教育体制改革走向深入、整体有所突破。二是建议教育部能通过定期或不定期召开联席会、座谈会、讨论会等形式，在教育部及各高校试点学院相互之间建立更加深入的沟通机制，有利于交流思想，共同推进。三是建议国家给予更多的政策支持，激励高校自主办学。通过成立试点学院理事会，依据学生数、师资力量、学科水平等指标直接将学科建设经费、科研运行经费、教学运行经费下放给二级学院，同时，将固定资产等资产的管理权以及学院干部的选聘权下放给二级学院。

四、研究生培养

一是提高学校推免生的比例。国家下达的研究生推免生指标严重不足，已不适应大力发展专业学位生教育。二是推进专业学位研究生培养与相关职业资格考试的有效衔接。三是建议国家教育部、卫生部协调，尽快建立完善的临床医学专业与专科医师规范培训结合的培养方案。同时，建议卫生部门会同教育部门对住院医师规范化培训基地进行统一认证，各用人单位承认研究生在读期间考取的住院医师规范化培训合格证，并不再要求培训合格的研究生重复参加住院医师规范化培训，以避免资源浪费。

对于学术学位研究生的培养除了通过系统设计注重提升其科研能力和创新思维外，建议将研究生培养模式改革与研究生未来职业培养结合起来。当前，学术学位研究生的培养是以学术研究为导向的，研究能力培养固然是学术学位研究生培养的重点任务和内容，但研究生未来的职业发展不容忽视，应该作为培养方案的一项重要内容有所体现，如研究生，尤其是博士研究生是高校教师的主要来源，高校教师队伍的质量是高校教学质量的一个决定性因素，研究生阶段的教师教育是高校教师发展的一个重要组成部分，本阶段的职业训练和培养对于有志于从事高校教师职业的学生将大有助益。西方国家高校在这方面进行了许多有益的探索，教学学术越来越受到重视。如美国印第安纳大学通过支持教学学术的项目有效地将教学学术与研究生教育结合在了一起，取得了良好的效果。人才培养模式改革试点虽然项目很多、内容很丰富，但如果离开了教师的认同和积极参与，一切改革将归于虚幻。因此，是否有利于师德师风建设、教学水平和科研能力提升是检验人才培养模式改革是否有成效的主要标准。

五、开放大学建设

一是尽快出台《教育部关于开放大学发展的指导意见》和《开放大学管理规程》等文件，加强政策指导，保证试点工作顺利进行。二是构建国家和地方开放大学资源共享、合作共赢的新型关系，探索新型的市场运习惯机制和知识产权保护制度。三是出台更加灵活开放、宽进严出的相关政策。调整对开放大学学生学籍注册、学籍管理的方式，建立适应开放大学随时注册入学、随时毕业的学籍管理制度；修改最低修业年限政策，对已取得专科、本科以上学历的学生，取消最低修业年限的限制；允许开放大学招收高中起点本科学生。四是出台政策支持国家开放大学汇聚各类优质资源，引导、鼓励和支持"985 工程"、"211 工程"等国内一流大学参与国家开放大学的资源建设工作。对以国家以购买服务方式实现的各种优质教育资源，包括网络课程、相关数字化教育教学资源，集聚到国家开放大学大平台上，免费向社会推送。五是将国家开放大学的建设及运行经费纳入政府同级公共财政预算，建立多元化的经费保障制度。可按照开放大学本、专科实际毕业生人数，研究制订相应的培养经费成本分担及补贴办法。可将国家开放大学目前正在推进的信息化建设、数字化学习资源建设、教育部一村一名大学生试点、部队士官远程教育等项目，作为重点建设项目予以专项经费支持。

模式的改变是一个系统变革，模式是教育理论与教育实践得以发生联系和相互转化的桥梁和媒介。人才培养是有自身规律的，人才培养模式需要依据人才成长规律逐步改革，培养效果的显现也许不会那么快，我们需要在审慎和周密的研究中继续改革进程。

参考文献：

[1] 教育部高等教育司．提高质量，内涵发展——全面提高高等教育质量工作会议文件汇编 2012 年［M］．北京：高等教育出版社，2012.

[2] 袁贵仁，刘自成．中国教育咨询报告（一）［M］．北京：高等教育出版社，2012.

[3] 袁贵仁，刘自成．中国教育咨询报告（二）［M］．北京：高等教育出版社，2012.

[4] 国家教育体制改革领导小组办公室．国家教育体制改革试点项目实施方案汇编（卷 1—卷 5）［R］．北京．2013.

第六章　中外合作办学及我国的粤港闽台合作办学教育体制改革

2010年10月，国务院办公厅出台了《关于开展国家教育体制改革试点的通知》，决定在部分地区和学校开展国家教育体制改革试点，揭开了我国在教育实践层面进行教育体制改革的序幕。三年来，试点地区和学校已形成不少可供借鉴的经验和做法，但也出现了一些影响持续发展的实践问题，因此有必要进行总结和反思。

本项目包含三个方面的改革试点内容：中外高校合作办学改革试点、来华留学生教育体制改革试点和粤港闽台合作办学教育体制改革的试点。课题研究紧紧抓住"试点"的特殊性，围绕各试点地区合作办学展开的实践、涌现出的典型经验总结、出现的问题与原因探析，以及进一步改进的对策、建议为主要研究内容而展开。通过问卷调查、访谈、实地调研，总结聚焦试点的实践经验，深入分析隐藏于问题背后的深层原因，提出可操作性的改进建议。

---

*　执笔人：陈丽萍，余海波，田晓苗，孙燕兰，尚永强，朱玉成。

第一节　试点任务的进展情况

一、中外高校合作办学改革试点的进展情况

中外高校合作办学改革试点的单位包括西北工业大学、中山大学、北京外国语大学和北京交通大学等高校，承担试点工作以来，大部分高校都高度重视，全面启动改革，一定程度上完成了试点项目任务书。相比非试点单位，试点单位在开展中外合作办学项目时不仅表现出更大的热情，实践展开有条不紊，而且无论是理论认知还是实践变革，都更为系统、全面、深刻，形成了符合当地高等教育发展实际的中外合作办学模式。具体而言，主要有如下进展。

（一）目标明确：融合地域和自身发展

北京市积极发展中外合作办学作为促进教育教学改革和发展、国家经济和社会发展服务的重要措施，批准了北京航空航天大学中法工程师学院、北京工业大学北京—都柏林国际学院、中国政法大学中欧法学院、北京邮电大学电信工程及管理和电子商务及法律项目、清华大学体育管理硕士项目、北京大学社会工作者硕士项目等一大批高质量、高效益的中外合作办学机构和项目，为北京的经济发展和人才培养做出了突出贡献。

上海市改革试验的主要任务有五方面：一是健全组织体系；二是完善认证制度；三是开展国际合作；四是认可认证结果；五是扩展跨境认证。以5年为一个试验周期，全过程广泛开展中外合作办学认证及其他跨境教育形式认证的实践探索，主动加强与国外教育评估机构或亚太地区质量保障组织、高等教育质量保障机构国际网络组织等国际组织的合作。上海市教育委员会高度重视国家教育体制改革项目中外合作办学质量保障体系试点项目。2011年初，市分管副主任召开专门会议，认真研究部署改革试点工作后认为，上海有必要、有可能，也有能力探索构建"教育行政部门依法审批、合作办学

机构自我保证、社会中介机构认证监控"相结合的上海中外合作办学质量保障体系。

（二）综合改革：主要举措和配套支持同步进行

北京市为推动中外合作办学的高水平发展，在纵向和横向层面同时采取了革新性举措。第一，采取由政府主导、高校实施的方式，引进世界一流大学，吸引国外优质教育资源，开展合作办学，集中力量办好一批高水平、示范性中外合作办学项目。第二，鼓励高职院校、中专、职业高中引进德国、澳大利亚、奥地利等具有先进职业教育理念、课程、办学模式的国家的教育资源，积极开展合作办学，鼓励开展同时引进职业资格证书的项目，扩大办学规模，提高合作办学水平和效益。第三，统筹规划，科学推进普通高中中外合作办学。学习借鉴国外课程的先进理念和经验，把它与我国的课程体系和培养模式相结合，完善和提高我国的教学和管理，逐步探索创建一套适应国际教育发展趋势要求、具有中国特色和自主知识产权的课程体系标准和人才培养模式。第四，加强对办学活动的监管。一是要求学校严格执行提交年度办学报告和招生简章备案的制度；二是对一些学校办学过程中严重侵害学生利益、造成恶劣影响的违法行为进行行政处罚；三是通过处理日常的信访案件向学校提出规范办学的要求；四是定期公开审批和年检结果信息，加大社会监督的力度。

中国科技大学自实施"以科研国际化带动人才培养国际化的改革"试点项目以来，全校师生和各部门负责人国际化建设的意识明显加强，校内国际合作的相关活动更加频繁。由校国际交流与合作委员会协调各部门，改版学校英文网站并且更新其内容，及时向外发布了200多位博士生导师的英文介绍，通过导师门户系统实现了导师与国际学生申请者的及时沟通，先后解答了800多人次的招生咨询，让更多的国外合作院校、海外教授和国际来访人员了解科大的科研与学生培养。全校师生积极参与各项国际交流活动，参与人数显著增加，学生的国际交流能力得到了明显的提高。为了让学生及时了解国际学术前沿，学校积极建设国际网络公开课，录制高水平学术前沿讲座，以及视频核心课程等。

（三）成效显著：形成各具特色的典型经验

北京交通大学以"国际化人才培养试点班"为载体，在课程教学、办学项目、师资队伍、环境营造等方面开展改革与实践，有力地推进了学校人才培养国际化进程，取得了较好的阶段成果。如通过项目改革，北京交通大学已经逐步建立起一个完善的国际化人才培养的管理与服务体系，形成了国内外学生招录选拔机制，出台了相关政策鼓励学生海外学习，规范了国际交流项目管理，搭建了多种国际交流项目信息发布平台与渠道，形成了较为完善的管理服务体系。

西南财经大学将中外合作办学改革的重心放在"构建新型中外合作办学机制、提升西部高校国际化水平"方面，通过系列变革，该校在增强国家重点学科和特色学科的国际影响力、提高各层次人才的国际竞争力、加强科学研究的国际合作与交流、提升师资队伍的国际化水平等四个方面都有了持续提升。如作为财经类学校，学校把大力推进与金融学科相关的合作交流项目作为项目开拓的重中之重。金融、保险、会计、经济、法学等学院，都围绕金融学科建设实施了一大批形式新颖多样的合作办学项目。另外，西南财经大学还探索出有财经特色的孔子学院建设模式，使其在国外有了制度化的交流平台。该项工作正式启动于 2010 年 10 月，经过两年的努力，已经取得了收获，国家汉办已批准建立两所孔子学院。

中南民族大学以"探索国际合作培养创新人才"为改革目标，在人才培养模式、人才评价机制以及人才专业发展等方面都取得了显著成效。如该校采取二次遴选方式选取优质生源，即学校针对实验班采用在自愿报名的基础上对全校理工科全日制本科新生进行筛选考试，学生遴选采用笔试和面试相结合的方式，注重考察学生的基础学科和外语综合能力，强调考察学生的学术兴趣和发展潜质，将特长显著、素质全面、最具发展潜力的学生选拔到"软件工程拔尖创新人才培养"实验班中来。实验班采用全新的教育教学模式，年度招生规模为 40 人，单独设班开课，单独管理。此外，该校已经形成了专业化、国际化的师资培训模式。通过中外合作办学，采用"送出去"和"请进来"两种模式，为教师提供向国外优秀专业教师学习的平台。"送出去"的教师以助教身份直接参与国外大学教学科研工作；校内专业教师也以助教身份，全程参与"请进来"的国外优秀教师教学的各个环节，全面提升专业教师的教学科研能力，优化专业师资队伍。

二、来华留学生教育体制改革试点的进展情况

来华留学生教育体制改革试点的单位包括江苏省教育厅、广西教育厅以及哈尔滨工业大学、哈尔滨工程大学、华侨大学、北京外国语大学、西安电子科技大学等高校。三年来，各试点地区政府和教育部门高度重视来华留学生教育，对其各个领域进行了大胆的探索和实践。总体而言，相比非试点地区，试点地区的高校在开展来华留学生教育方面表现出更多的积极性，并能够在实践中不断总结自身的经验，结合所在地区的实际情况举办有特色的来华留学生教育。通过调研发现，尽管各单位改革的路径可能存在不同，但试点地区为推进来华留学生教育所采取的一些措施则具有共性，具体表现在以下三个方面。

（一）政府牵头，相关部门协调配合，综合改革初见成效

江苏省将试点改革目标定位为"适应建设教育强省"，将留学生教育纳入到江苏省高等教育改革发展的总体规划并加以推进，以留学生的规模、质量和结构作为"基本坐标"建立起江苏省高等教育国际化和现代化评估标准。坚持规模、质量和结构的协调发展，建立起完整的具有江苏特色的来华留学工作体系。

北京外国语大学结合本校实际，遵循"扩大规模、提高层次、突出特色、保证质量"的工作方针。到2015年，留学生总体规模达到2000—2500人，其中学历留学生达到1200人，形成一定规模的以学历教育为主的留学生教育系统。此外，学校严格遵循教育部"周边是关键、欧美是重点"的原则，在进一步加强日、韩及东南亚等国工作的同时，着力拓展了欧美市场。

哈尔滨工程大学始终紧紧抓住"扩大留学生招生规模、提高留学生培养质量"的项目目标，不断出台留学生相关管理政策。校党委下发了《关于进

一步加快推进国际化进程的意见》的文件，出台了《国际化转型升级实施方案》和《国际交流与合作中长期规划》，将留学生工作纳入"十二五"国际交流与合作规划，把留学生工作列入推进学校国际化进程的总体规划。

（二）在观念转变、政策保障、制度创新等方面取得了突出成效

江苏省遴选了 23 所基础较好、改革愿望强烈的高校成为试点高校，鼓励它们先行先试，并给予配套专项经费，将"十二五"期末全省留学生教育发展规模目标分解到校。各试点高校根据自身优势和特色，指导其二级学院（系）制订与学校规划呼应衔接的留学生教育推进规划，并形成具体方案，坚持工作推进上有责任人、方法步骤上有路线图、任务落实上有时间表。同时，将留学生工作作为基本评价指标纳入学院和科研单位年度目标考核，着力形成校、院（科研单位）两级互动的留学生教育激励机制。

华侨大学紧紧围绕试点项目的要求，对学校国际合作办学水平进行整体设计，提高了办学水平。通过重新梳理港澳台侨学生、留学生等各类别学生的培养目标，深化对学生的培养。利用侨资优势，逐步推进学校在学生、教师与学术等方面的对外交流与合作，拓展学校与教育机构的合作交流。积极提升侨资优势，开拓侨资利用新机制，在一定程度上实现了侨资利用的可持续性发展。

（三）在人才培养体制、管理体制、国际交流与合作等方面形成了典型经验

哈尔滨工程大学根据留学生学历层次和学科背景的差异，本着"趋同管理、区别对待"的原则单独制订本科留学生教学计划，制订了留学研究生模块式、个性化培养方案。2010 年，学位留学生教学纳入学校整体教学质量评价体系，以各个院系为主导单位，校内众多行政机构，包括督导部门、教学部门、教师管理部门、留学生管理部门等共同参与。此外，该校的本科留学生建立起灵活性的课程对接和学分替换制度，在实行学年学分制的基础上允许满足条件的学生跨年级入学，逐步推进学分制改革。留学研究生实行学分制和弹性学制，允许满足条件的学生提前毕业。建立并完善学位留学生学籍

档案，搜集并整理校友信息，通过多种方式与用人单位保持联系，跟踪学生的工作情况。

西安电子科技大学在"扩大规模、优化结构、保证质量、规范管理"的工作方针指导下，实施双优战略，改革电子信息类来华留学生培养体制机制，吸引 IT 行业的优秀企业参与电子信息领域来华留学生培养基地的建设。通过改革试点工作，西安电子科技大学利用培养来华留学生渠道，培养"知华、友华和爱华"的高层次人才，把学校建设成为国内电子信息领域来华留学生的培养基地和示范中心，为中西部地区的理工科院校开展来华留学生教育提供了改革的新思路和新模本。

三、粤港、闽台高校合作办学体制改革试点的进展情况

粤港、闽台高校合作办学体制改革以福建省和广东省为试点，两个省在加强内地高校与港澳知名高校合作办学，探索闽台高校教育合作交流新模式等方面进行了探索。作者对教育体制改革试点实行三年来，我国的福建与台湾、广东与香港高校合作方面的进展情况，所取得的成效进行了调查和总结，并提出了政策建议。

（一）粤港高校合作办学体制改革试点的进展情况

在粤港高校合作办学体制改革试点方面，广东高校与香港的高校已经建立了广泛的合作关系，并在体制改革方面取得了一定的进展。主要措施包括以下几项。

1. 香港高校在广东设立校区

香港的大学校区包括香港科技大学深圳研究院、香港大学深圳校区和香港理工大学深圳研究院。这些学院的主要功能有：让在香港就读的学生在深圳读部分学期；协助香港的大学在内地开展招生工作；为大学和深圳的相关企事业单位、政府部门提供沟通协调的桥梁等。

2. 合作举办具有独立法人资格的大学

合作举办具有独立法人资格的大学是粤港高校深层次的合作，这类的合

作办学更需要在教育管理体制和机制、办学理念等方面取得突破。广东理工大学、香港理工大学和东莞政府准备在虎门威远岛合作举办大学。此外，两地有多所院校有合作意向，但尚未真正落实，影响进展的因素有管理体制和办学诉求的差异、办学用地、经费投入的落实等。

目前，港粤合作举办独立法人的大学取得实质进展的是香港中文大学和深圳大学合作的香港中文大学（深圳）。2011 年 3 月，深圳市政府与香港中文大学签署《深圳市人民政府 香港中文大学关于在深圳办学的框架协议》。同年 7 月，深圳大学与香港中文大学签订《香港中文大学 深圳大学有关筹建香港中文大学（深圳）的协议》。2012 年 9 月，教育部印发《关于批准深圳大学与香港中文大学合作筹备设立香港中文大学合作筹备设立香港中文大学（深圳）的函》，正式批准筹建香港中文大学（深圳）。筹备限为三年，校址在龙岗。香港中文大学其后在 2013 年 3 月分别与深圳市人民政府及深圳大学签订了详细办学协议，开展各项建新校的工作。

香港中文大学（深圳）依法制定章程，组成理事会，采用理事会领导下的校长负责制。理事会是学校的最高权力机构，决定学校的一切重大事项。2013 年，香港中文大学（深圳）成立理事会审议了理事会组织架构、大学章程、校长遴选程序等，讨论并原则通过学校章程，审议通过徐扬生为学校首任校长。目前，办学筹备工作全面展开。2013 年 4 月，香港中文大学成立了多个筹备工作小组，举办了多场全校的咨询会，在新学校的学术、校园发展、人力资源及财务事宜等方面听取了全校师生的建议，同时让教职工、学生、校友及社会各界了解香港中文大学（深圳），并开展了对拟设本科专业的社会调查、招生统计工作调查，制定了学科建设规划，设立理工学院、经管学院、人文社科学院 3 个学院。校园正在进行改造和建设中，学校在 2014 年正式招生。

香港中文大学（深圳）的办学目标是建设国际一流研究型大学，学校采用中英文双语教学。香港中文大学（深圳）将分阶段招生，长远办学规模为学生 11000 人。香港中文大学和深圳的合作有利于加快培养国际化、创新型高层次人才，创新境内外合作办学模式，为推动中国高等教育改革发展提供新的经验，是深化粤港高等教育合作的重要成果，被社会寄予了厚望。

3. 设立"2+2"和"3+1"等联合培养项目

广东多所高校和香港的大学建立了联合培养学生的项目。下面以广东和香港高水平合作的体制改革试点大学之一的中山大学为例来作一个说明。中山大学与港澳地区知名高校合作建设一批特色明显、优势互补的合作办学项目，办学层次涉及本科、硕士及博士。中山大学与香港的高校开展了本科生联合培养项目，主要以"2+2"的形式为主，即学生第一、第二学年在中山大学完成学业后，通过相关考核前往合作高校继续学习，完成学业并达到要求可以取得中山大学的毕业证书及合作高校的学位证书。至 2013 年，中山大学已与香港地区知名高校开展整建制本科生联合培养项目 5 个，硕士生联合培养项目 1 个，博士生联合培养项目 2 个。

联合培养项目打造了国际化的高等教育平台。项目的开展充分利用了香港高校优质的教学资源，有利于培养一批具有国际竞争意识、适应国际交往需要、为地方经济建设服务的技术人才。中山大学计划建成 6—8 个与香港高水平大学合作的各种层次的学生联合培养项目。

（二）闽台高校合作办学体制改革试点的进展情况

在闽台高校教育合作交流体制改革试点方面，2011 年 4 月，福建省政府办公厅转发的《省教育厅关于福建省教育改革试点总体方案的通知》，提到福建教育改革试点的主要内容是："在福州地区大学新校区和平潭综合实验区设立两岸教育合作实验园区，建立两岸职业教育教学资源基地，建立两岸职业教育师资培训基地，深化'校校企'闽台高校联合培养人才机制，开展闽台高校师生双向交流，探索推动闽台高校学生互招、学历学分互认、师资互聘的新办法，努力为海西建设及产业发展培养不同层次的应用型人才，为推动两岸高等教育交流合作提供新模式、新经验和新方法。"目前，闽台高校合作体制改革的探索主要有以下几方面。

1. 合作设立两岸教育合作实验园区

福州在大学新校区和平潭综合试验区设立两岸教育合作实验园区，在办学用地、招生计划、人才队伍建设、科技成果转化、科研启动资金和税收等方面制订优惠政策和支持措施，鼓励两岸高校根据两地产业状况和办学优势合作培养人才。2011 年，福建教育厅与平潭综合实验区管委会签定了《关于共同推进平潭综合实验区教育发展合作协议》。根据协议，福建教育厅重点建设高校将平潭作为教育改革的重点实验区，推进平潭两岸教育合作实验园区建设。例如，在实验区，福州大学将与台湾东海大学、东吴大学和铭传大学联合办学，设立了海峡理工学院；福建师范大学和台湾世新大学联合办学设立了海峡学院；福建中医药大学将与台湾元培科技大学、台湾嘉南药理科技大学联合办学，设立了健康学院。在平潭两岸教育合作试验园区还筹建了平潭海洋大学。

2. 积极推动闽台高校联合培养人才项目

"闽台高校联合培养人才项目"是在 2009 年启动，首先在福建的应用型院校中先试先行，招生指标单列。闽台高校联合培养人才项目的主要有两种形式。

一是福建高校采取"分段对接"和联合举办试点班等形式，不断扩大闽台高校师生的双向交流规模。闽台高校联合培养人才项目正式地把闽台联合招生纳入福建的招生计划，本科生采取"3+1"方式（专科学生采取"2+1"方式），选派学生到台湾高校进行为期 1 年的学习。学生毕业后由福建高校颁发学历学位证书，台湾高校出具课程学习成绩证明或结业证书。参加该项目学校要具有 2 年及以上的闽台教育交流合作的经验，已经和对口的台湾高校有实质性合作，取得一定成果；有科学和明确的项目建设定位。根据闽台产业发展需求，结合学校办学特色和台资企业人才需求，选办学条件相对较好的主干专业进行合作，着眼于引进台湾优质教育教学资源。以福州大学为例，福州大学从 2012 年开始实行闽台合作联合培养人才项目，与台湾中国文化大学、台湾高雄应用科技大学、万能科技大学等学校有着广泛的合作。合作的专业有电子信息工程、物流管理、机械设计制造及其自动化（海洋工程装备设计方向）、水利水电工程（近海工程方向）、生物技术（海洋生物方向）、物流工程（港口物流方向）。两地合作招生呈增长趋势。2012 学年与台湾的高校合作招生 99 人；2013 学年招生 359 人：在校生共计 458 人。招生批次为本一批，学制 4 年。

二是职业学校开展的校企联合培养学生。根据闽台产业发展需求，福建的高等职业院校在制造业、电子通讯业、建筑业、旅游业、现代农业等紧缺人才培养领域与台湾职业院校和相关台资企业开展合作。两地高校联合开展专业、课程、教材等教学资源库、实训基地、教学团队的建设，联合培养技能型人才。闽台高校和企业联合制订人才培养方案，进行"订单式"人才培养。福建推动了台资企业全方位参与改革试点工作，从台资企业中遴选较有影响的大型台资企业，如冠捷电子（福建）有限公司、华冠模具有限公司、友达光电有限公司等深入开展校企合作实践，推动台资企业与试点高校联合制订人才培养计划和人才培养标准。2010 年到 2013 年福建共遴选了 4 批 32 所福建高校与台湾的 53 所高校、185 家台资企业合作，在园艺技术、光电技术等 185 个专业联合培养人才。福建借鉴台湾高校在产学合作的经验，实现了学生培养向企业需求人才的零距离转换。

3. 两岸高职院校联合培训师资

依托福建高职院校建立两岸职业教育教学资源基地，组织推动两岸职业院校共同研发课程、合作编写教材、共享共建实训基地、促进优质教育资源的共建共享。以两岸合作的形式，依托福建信息职业技术学院等 7 所高职院校建立了 7 个师资培训基地。举办福建省高职院校管理干部、机械制造类、土建类、园林技术类、电子信息类骨干教师培训班。授课教师是国内的专家、学者以及来自台湾的师资，培训基地还遴选骨干教师、专业教师赴台学习。两岸教师合作研发课程、编写教材，并取得了一定的成果。例如，闽江学院启动"两岸教材建设计划"，由学院教师与台湾高校教师合作编写了《电子商务：智慧社会》、《艺术概论》、《时尚服装插画设计》、《广告学概论》和《风险管理概论》等 5 本教材。

第二节　试点改革成效

一、中外高校合作办学改革试点的改革成效

中外高校合作办学试点改革有助于提高我国高等教育的国际影响力、提

高服务国家对外开放的能力、提高学校国际化程度的观念。试点高校所取得的主要成效集中体现在中外合作办学的管理机制、招生录取机制、评估机制和保障机制等方面。总体来说，各个高校都立足于自身的具体办学条件和办学特色，形成了适合自身发展的中外合作办学模式。

（一）积极响应，深化改革，实现了体制机制创新

北京师范大学通过实施理事会领导下的校长负责制，进行了深入的管理体制改革，基本实现了管办分离的目标，为形成服务型教育行政奠定了基础；通过设立各种委员会，赋予教授治学的权力，较好地处理了学术权和行政权的协调关系；通过引入更多的校外办学资源，与其他合作学校，与行业企业，境内外联合等多种人才培养模式，提高了教育质量和社会声誉。通过改革，充分发挥二级学院在整合教育资源、提高资源利用效率等方面的优势，为我国深化学院制改革提供了借鉴思路。通过不断推进改革，北京师范大学珠海教育园区的框架已经形成，为我国进一步探索产学研一体化的研究提供了借鉴模型。

中山大学将改革的重点放在提高中外合作办学水平上。学校通过引进高水平大学教育资源，在高科技含量的专业建设方面进行了系列创新。在管理体制方面建立起联合管理委员会制度、教师评估制度、学生分流制度、人才聘请制度等。在教学体制方面，结合教学理论与实践的关系，创新教学模式，建立学生个性化指导制度等。在提升研究能力方面，学校搭建了研发中心和国际科技产业化基地，有效吸引了中外合作项目的引进。

西南财经大学主要通过"构建新型中外合作办学机制"以提升西部高校国际化水平。在学科建设方面，打造出了一个大的金融学科，建设了四大学科特区。在人才培养方面，依托一系列的中外合作项目，在金融、财经、保险等专业的教学和科研方面进行了新的尝试和实践。此外，学校不仅引入了国外优质的教育教学资源，同时也促进了学校内部的教学改革，构建起新型对外交流合作管理机制，制定了新的学生学分认定与转化制度和学生出入境安全保障制度等，对我国高校在中外合作过程中如何实现"自强"提供了一定的借鉴。

华侨大学将改革的重点放在了"发挥侨资优势，提高国际合作办学水平"方面。学校利用自身的特殊办学优势，在扩展与境外教育机构的交流合作、促进学校对外合作交流、开发侨资利用新制度等方面进行了相应的探索。建立了董事联系学院制度，有助于加强学校内外联系，对引入侨资、加强大陆内外联系发挥了积极的作用。此外，学校在改革期间，开展了众多对外交流活动，建设了众多项目平台，课程体系和师资队伍建设方面都已经展现出一些进步。此外，许多大学在探索中外合作办学管理体制机制方面都有自己的侧重点。如北京外国语大学初步形成了项目学生全过程质量评价与培养监控机制；华东理工大学建立了职责分明的管理体制和规范的高校决策机制，革新了学术委员会、各学科专业委员会等。

（二）聚焦目标，综合推进，完善了人才培养模式

开展中外合作办学是为了培养更多能够适应当今世界形势与发展的国际化人才，这几乎得到了所有试点学校的认可。在不断实践的过程中，各个学校在中外合作过程中都将重点放在了人才模式的探索上，并取得了一定的成果，包括建立与国际接轨的课程体系与教学内容，建设适应国际化人才培养要求的师资队伍，构建国际化人才培养的管理与服务体系等。

北京交通大学承担的试点名称为"探索有特色、高水平国际化人才培养模式"。学校以"国际化人才培养试点班"为载体，开展试点专业国际化建设，成立了机电、软件、电信和运输4个试点班，制订了各专业的国际班人才培养方案，建设了与国际接轨的课程体系，并推进了国际认证工作；开展人才培养模式多元化建设，开展与国外高校之间的联合培养模式与短期交流合作模式等；加强学校国际交流平台与合作模式建设，深化大英教学改革，组织建设全英和双语课程，进行课程的国际互认和对接；多渠道开展国际化师资队伍建设，引进海外名师，实施教师培训计划；完善国际化人才培养运行管理机制和建设的出台，鼓励学生海外学习，做好服务工作等。华南理工大学主要承担"与国（境）外著名高校合作办学，培养国际化创新人才"项目。学校在中外机构建设和人员联合培养品牌项目方面都有一定的创新。一方面，学校通过成立如中法工程师学院、中美创新学院等非独立法人资格的

中外合作办学机构，进一步引进了优质教育资源；另一方面，学校扩大了与国外著名高校的交流与合作，在课程、专业和项目建设等方面都有一定的突破。

西北工业大学主要承担"探索国际化人才培养模式"的项目。学校在人才培养方面探索出"同堂授课、同步考试、同室科研、同班活动"的"四同"培养模式，建立起中外学生全英文同堂授课学科专业体系，形成了国际化教学环境；构建起全英文教学师资队伍，实现了师资来源国际化，有国外教育背景的教师占到全部任课教师的80%以上。

中南民族大学主要进行了"探索国际合作培养创新人才"方面的改革。学校在中外软件工程拔尖人才培养实验班的本科阶段培养方案、教学计划设置等方面进行了重点的改革和创新。在课程建设方面设计了三类不同课程，结合导师指导、学生选择的方式，以项目组为单位进行教学改革。创新了学分互认制度，实现了中美双方专业的无缝对接。师资培训方面，采取"送出来"和"请进来"两种模式，提升了教师的专业教学水平。

中国科技大学试点着重于"以科研国际化带动人才培养国际化的改革"方面。学校通过成立国际交流与合作委员会，开展诸多学生国际交流，实施《英语授课课程计划》，签署校际合作协议来吸引国际知名学者，扩大宣传、加大留学生吸引力度等措施，基本完成了校院两级国际化推进的组织建设，实现从校级层面统筹和规划学校的国际交流与合作工作，促进了学校国际化的跨越式发展。

（三）组织保障，科学指导，合作项目得以有序开展

北京师范大学成立了专门的改革领导小组，全面负责珠海园区（分校）、UIC和新校区的建设与发展，并组建专家委员会对珠海园区（分校）、UIC和新校区的办学模式、办学质量、项目遴选进行指导。同时，珠海市政府与北师大本部成立联合领导小组，加强对珠海园区（分校）办学的指导，并逐步过渡到理事会领导下的校长负责制。

西北工业大学成立了以校长任组长的国际化教育体制改革领导小组，领导小组负责统筹协调和部署全校国际化教学改革工作，制定政策措施，研究

解决国际化改革中的问题，检查国际化改革实施情况。工作任务牵头单位为发展计划处、国际合作处，参与单位包括宣传部、教务处、研究生院、人事处、学生处、财务处、宣传部、国资处、国际教育学院、实验室与设备处、航空学院、机电学院、材料学院、电子信息学院、自动化学院等。领导小组长期坚持每两周一次的工作推进会，协调协商改革事项。

西南财经大学成立了提升中外合作办学水平改革试点工作领导小组，由主管校长指导，外事部门牵头并成立试点工作办公室，实行外事事务校院二级管理，使学院成为开放的中外合作办学的承担主体。学院设置中外合作办学工作专门人员，完善校内管理体制和工作组织网络，扎实做好改革试点的各项组织协调工作。

（四）关注规律，紧跟时代，以教学改革带动整体改进

北京外国语大学组建了一支高效的管理队伍和具有鲜明特色的"1+1+1"导师管理队伍。通过召开课程建设会、课程中期教学总结会、项目师生座谈会等，不断调整、创新课程建设。

华东理工大学在办学体制方面树立"实践中学习、产学结合"的国际化精英工程师培养理念，采取校企合作、中外合作的开放式培养模式，加强与国外高校、跨国企业建立国际化的校企合作联盟等。

西南交通大学开设了与高速铁路相关的66门全英文课程，招收成班制高速铁路领域的来华留学生。开发高速铁路演习营项目，与埃塞俄比亚铁路公司和伊拉克驻华使馆合作，开展高速铁路技术专项来华培训。学校以筹建中的轨道交通国家实验室为依托，以高速铁路国际高端论坛和国际学术期刊的创建为载体，建设高速铁路世界学术重镇，提升了高速铁路专业的国际化教学水平。

总之，从试点高校情况来看，各高校在中外合作办学新模式方面进行了有益的探索和实践，在教师交流、人才培养、课程改革、教学模式等方面取得了积极进展，引进了优质教育资源，提升了国际化办学水平。对中外合作办学试点学校进行的调查显示，超过二分之一的受访者肯定了中外合作办学对于地区的发展在培养服务地方的人才和引入新的信息资源等方面的推动作用，

三分之二的高校相关管理人员和教师认为进行中外合作办学非常有助于推动国内高校的教学改革。

二、来华留学生教育体制改革试点的改革成效

来华留学生教育是一项系统工程,可具体细化为来华留学生的招生、来华留学生的培养和管理、来华留学生的评估以及来华留学生的就业等系列问题。在改革过程中,各个试点学校逐步改进自己的教育实践,形成了相对完整的改革经验,对指导下一步的改革具有重要的借鉴价值。具体而言,试点地区主要取得了如下成效。

(一) 构建了系统的来华留学生招生制度

1. 完善了来华留学生招生制度

江苏省地方政府在招商引资等重大活动中将教育推介作为对外宣传的重要组成部分,每年集体组织一次江苏高校赴境外举办教育展或招生说明会,先后组织高校赴美国、马来西亚、南美举办教育展,鼓励学校自己每年起码一次赴境外招生,鼓励有条件的学校在生源集中地设立海外招生办公室。目前,江苏大学和南京信息工程大学在非洲地区,南通大学和徐州医学院在南亚地区,苏州高博软件技术职业学院在法国、日本和马来西亚都设立了招生办公室。

哈尔滨工程大学完善了留学生招生、管理等各项规章制度50多项。依托地缘优势,学校每年5月制订下一学年度学位生招生计划,集中力量加大对俄罗斯、韩国、日本等周边国家的招生宣传力度。

哈尔滨工业大学推行院系国际竞争力指标体系,将来华留学生工作纳入院系国际化竞争力评价指标。

北京外国语大学重点改造留学生办公室的招生网站,全面整理、更新全校留学生招生项目,开通在线报名系统和报到系统,建设留学生招生宣传平台和宣传网络,制定有针对性的招生宣传策略。积极通过网站、中介、教育展等渠道对留学生教育体系进行全面介绍和广泛推介,凸显出留学学校的优

势与特色。

2. 拓宽了留学生招生渠道

江苏省以中介机构、孔子学院和江苏海外培训基地交流和推广的平台，帮助江苏教育品牌海外造势；加强与驻外使领馆、省外办和省友协的沟通，帮助江苏高校开展海外招生工作。

哈尔滨工程大学依托友好院校、驻外使馆等开展招生宣传，拓宽了留学生招生渠道。学校先后与俄、日、韩、泰等国高校建立长期稳定的校际关系，与泰国宋卡王子大学、RMUTT 大学等商讨建立"2+2"或"3+1"教育输出项目。以孔子学院为媒介，学校设立了学校驻乌克兰的海外教育机构。

北京外国语大学充分利用自身外语教学优势，多层面、多角度开展留学生招生工作，取得了显著成效。在学校层面，留学生办公室与孔子学院工作处合作，利用学校承办的孔子学院数量多、覆盖国家广的优势，有针对性地招收在孔子课堂或孔子学院学习过的学生。在院系层面，留学生办公室与各院系合作，利用学校交流院校多、各语种与对象国驻华使馆联系紧密、教师出国交流机会多等优势，盘活各类资源，充分吸引优质生源，积极开拓学校自己的留学生生源基地。

3. 发挥各类留学生奖学金使用效益

江苏省设立"茉莉花留学江苏政府奖学金"，有条件的地方政府设立市级来华留学生奖学金，并为留学生在住宿、医疗、实习或就业等方面提供优惠政策。积极与企业沟通，鼓励有意拓展或已经开始海外业务的企业设立奖学金，专门用于培养发展目标国本土化人才。

广西壮族自治区先后设立广西政府老挝留学生奖学金、柬埔寨留学生奖学金、东盟国家留学生奖学金。

哈尔滨工业大学设立了面向东北亚地区留学生的专项奖学金，累计配套投入专项奖学金 100 余万元。

北京外国语大学正在建立学校国际教育交流基金，建设校级留学生奖学金体系，作为政府奖学金的补充。充分吸纳企业资金，建立政府、学校、企业、社会捐赠等多方投入的多元化留学生奖学金体系。

（二）规范了来华留学生培养体系

1. 面向市场修订留学生培养方案

哈尔滨工程大学针对本科留学生、留学研究生、普通进修生、汉语培训生等培养目标及培养模式的不同特点，理顺并整合校内资源，形成界面清晰、权责明确的管理体制和运行机制。

北京外国语大学制定了符合留学生教育特点的学历生培养方案，打破院系壁垒，建立跨文化、复合型留学生培养模式，为留学生开设通选课程和体育课程，采用学分制和弹性学制，初步形成以学历教育为主的留学生教育体系。

西安电子科技大学自"双优战略"人才培养模式实施以来，与中电进出口总公司等建立留学生联合培养基地，与西安交通大学、西安外国语大学等高校建立外语专业学生实习基地，搭建实践平台。与此同时，国内众多工科类高等院校前往该校进行调研和交流，校企合作模式、培养方案改革、教学体系创新、研修班项目管理等多方面都引起同行们的极大兴趣，并被广泛认同和学习。

2. 将留学生培养过程纳入学校整体培养体系

江苏省在全省范围内规范留学生教育教学和管理，形成了规范有序的留学生培养体系。各大高校把留学生教育培养真正纳入教育教学工作的主体，实现学校教学管理系统对留学生教学工作的覆盖。

哈尔滨工程大学加强对留学生教学全过程的管理，将学位留学生教学纳入学校整体教学质量评价体系，形成了"以院系为主导、以学生为主体"，督导委、教指委、教学主管部门、教学单位、指导教师、留学生共同参与的联动监管机制，确保学生学有所成。

北京外国语大学引进国外著名大学的质量标准，同时聘请国外著名大学管理人员担任质量总监，建立教学质量监控体系，监控教师教学、留学生学习两个方面的质量。学校还针对留学生课程的教学模式、成绩评价、课堂参与、课外活动等方面出台了具有指导性的具体标准。

3. 实施多语种授课方式

广西壮族自治区在自编教材方面有所探索并取得成就，如广西大学自编了《魅力汉语》和《汉越基础汉语语法》等教材，得到了良好的使用反馈；广西医科大学获得教育部批准全英本科临床医学授课资格，先后向教育部申报了儿科学、药理学、细胞生物学等 3 个来华留学英语授课品牌课程。

江苏省加大力度建设国际化品牌学科专业和课程规划，建立起双语精品课程库和双语师资库，鼓励高校根据自身学科优势，选择部分强项专业开发全套全英文授课课程。目前，学历生规模在 100 人以上的高校 5 年内每校至少新开发 2 个专业，其他高校至少每校新开发 1 个专业，5 年内形成英语授课品牌课程 50 个。

4. 建设专业化的教师队伍

广西壮族自治区截至 2012 年底已与泰国、老挝和印度尼西亚等东盟国家高校合作建立了 6 所孔子学院。此外，广西师范大学与越南高校、广西民族大学与缅甸高校正在筹备建立孔子学院。在国家汉办的支持下，广西高校共派出 1000 多名国际汉语教师志愿者前往泰国、菲律宾、柬埔寨和印尼等国任教，在师资方面实施固定编制、流动和柔性引进相结合，打造优质的师资队伍。

哈尔滨工程大学采取多元化措施鼓励教师专业化成长。学校于 2010 年出台了《哈尔滨工程大学教师课堂授课评价办法（试行）》，于 2011 年出台《哈尔滨工程大学研究生指导教师评价实施办法》，分别对相关教师进行综合评价。此外，对在留学生工作中表现优异的任课教师、指导教师、实验教师、学生工作教师等，学校将安排其赴国外著名高校进修学习或攻读学位。学校还鼓励各学院积极聘用有高校教学和科研经历的外籍专业教师来校开设全英文专业课程，进一步带动全英文授课专业水平的提升。

（三）创新了来华留学生管理机制

1. 建立健全来华留学生管理机构

江苏省加强来华留学生管理队伍建设，要求各校必须配备专职外国留学生管理人员，并给予学历提高、国外进修和职位晋升的机会和通道。设立外国留学生辅导员岗位，规定辅导员与外国学生比例不低于 1∶60。设立专项研究经费鼓励外国留学生管理人员开展理论研究，对来华留学生教育先进集体和先进个人予以表彰。

哈尔滨工业大学成立了由学校主管领导担任组长，由研究生院、留学生中心、国际合作处、人事处、学生工作处、后勤处和各院（系）研究生教育主管副院长和学生工作主管副书记等相关部门和人员组成的留学生工作领导小组。研究生院成立了国际教育办公室，主要负责来校留学生的培养过程管理，包括留学生的入学、导师互选、课程学习、实习实践、学位论文研究、学位申请等培养过程的管理。留学生中心配备有专职留学生管理人员，负责留学生的日常管理，主要包括入学教育、住宿安排、生活适应性帮助和社会实践等日常性工作。

2. 改进留学生管理制度

哈尔滨工程大学对国际学院每个年级留学生配备了辅导员，辅导员掌握留学生的思想动态，发现问题及时解决。每周实行例会制度，听取工作汇报，并结合案例实际情况对留管干部进行教育与培训。建立了留学生安全教育体系，完善留学生告知和信息报告制度，制定留学生突发事件应急预案，多部门协同重点加强留学生公寓和校外住宿管理。

西安电子科技大学制定了《西安电子科技大学外国留学生突发公共事件预案》和《西安电子科技大学外国留学生公共卫生事件应急处置预案》，编印了《西安电子科技大学留学生手册》。学校严格按照教育部、国家留学基金委和陕西省教育厅的要求，制定了外国留学生各项事务工作处理流程。

哈尔滨工程大学于 2009 年成立留学生会（联合会），通过学生自主管理，提高留学生参与各项活动的积极性和主动性，提升留学生对学校的整体融入度。

3. 创新留学生学籍学位管理制度

江苏省创新留学生培养模式，拟推出弹性学制试点，在试点学校进行一年制课程硕士的探索实验。

哈尔滨工程大学在对本科留学生施行学年学分制基础上，允许满足条件的学生跨年级入学，建立灵活的课程对接和学分替换制度，以泰国南方大学、

215

泰国宋卡王子大学（普吉分校）联合培养项目为例，逐步推进学分制改革。留学研究生施行学分制和弹性学制，允许满足条件的学生提前毕业，辅修双学位制也已经处于论证阶段。

4. 建立留学生实践基地

北京外国语大学与知名企业开展合作，尝试建立留学生实习基地，并与学校承办的孔子学院进行合作，安排汉语国际教育学生的汉语教学实习。

哈尔滨工业大学在黑龙江省京剧院、黑龙江省艺术职业学院和黑龙江省"生活报"社建立了哈工大外国留学生语言文化实践基地。

华侨大学目前建立了德化陶瓷实践基地、漳州茶文化实践基地、大田民俗文化教育实践基地等境外生社会实践基地。

5. 丰富留学生的学校生活

华侨大学始终坚持"一元主导、多元交融"的校园文化，大力推动留学生学习中华文化。两校区开展福建省中华经典诵读大赛华侨大学选拔赛、境外生汉语言能力大赛、"汉语桥"比赛福建赛区选拔等活动。开展东南亚泼水节、留学生叙别晚会、中外师生迎新年晚会、圣诞嘉年华和侨生杯足球赛等品牌活动。

西安电子科技大学在国际教育学院每年组织两次汉语教学实践活动，先后组织外国留学生前往兵马俑、华清池、民族风情园、西北农林科技大学博览园等地进行汉语实践，学习中国文化，了解中国国情。积极组织外国留学生参加我校相关专题讲座、学术论坛，进一步增强中国国情教育，开阔外国留学生的研究视野。

三、粤港闽台合作办学教育体制改革试点的改革成效

在粤港高校合作办学体制改革方面，双方合作取得较大的成效。首先是因为粤港双方都有合作的需求和动力。合作双方优势互补，实现共赢。近年来，广东经济高速增长高等教育也获得了长足的发展，但是相对经济的发展而言，广东高等教育发展滞后，高水平大学的数量、学科水平与结构以及在校生规模等方面与广东的经济发展的需求都存在着较大的差距。例如，广东

高校的知识创新能力还有待加强，国际化程度还有待提高。广东需要一批高质量的高等学校。从地方政府来说，举办大学是地方经济发展的需求，是低端产业转型升级人才和技术的需求，是城市发展的需要。因此，政府希望通过合作办学，借助大学的力量为区域经济发展提供技术支持。广东政府提出科教兴粤的发展战略，采取依托优质资源办学的策略，而与广东相邻的香港有着优质教育的资源。

港粤合作有地域优势，粤港澳教育紧密合作与融合发展可以优化珠江三角洲教育，促进粤港澳人才培养的优势互补。香港的大学具有国际优势，拥有一流的研究设施及专业人才，到内地办学可以促进珠江三角的科技及人才的培养，促进香港及广东的经济发展，提高两地的竞争力。从香港方面来说，通过在内地办学，香港的大学可以获得更多的国家及地方政府、企业等的教育和研究资源，从而提高学术及研究水平。由于地域的限制，很多工科项目在香港的大学进行研究之后，无法在香港运用，这些研究需要到其他地区寻找承接单位，粤港合作可以促进香港高校的研究水平以及实现科技成果的转化。珠江三角的迅速发展，为香港的学生提供更多的就业及实习机会。再者，香港地域狭窄，到内地办学解决了香港办学有限的地理空间的困难。此外，港粤高校有良好的合作基础，珠江三角洲合作发展迅速为粤港高校的合作打下了基础。

广东高校希望借助香港高校改善学校的办学模式，提升办学水平，提高学校的影响力和国际化水平。香港的大学的治理结构与英美大学的管理体制相近，大学独立政府之外，有学术自由和言论自由，教授治校等有一整套的机制来保障学校的良好运行。香港的大学的办学模式、管理体制、运行模式、通识教育、书院制等对我国大学办学多样化产生深远的影响。粤港高校的合作对冲破内地高校办学的传统观念和体制机制的束缚，树立现代办学理念，落实和扩大学校的办学自主权，以教学为中心，发挥教师的主导作用和学生的主体作用，人才培养等方面无疑是一个很好的探索。

在闽台合作办学体制改革方向，闽台在高等教育合作相互协作、优势互补等方面取得的突出改革成果，对指导下一步的改革具有重要的借鉴价值。具体而言，试点地区主要取得了如下成效。

一是促进了两岸的交流和沟通。闽台学校的交流与合作有力地推进两岸人才培养、学术交流、文化交融和经济发展，对于繁荣海峡西岸经济区和建设"两岸人民交流合作先行区"将产生深远的影响。闽台的高校在学科领域的合作，实现了两地高校的学科优势互补。闽台整合两岸高校生物科技、环境资源、医药化工、海洋水产、农林、经济管理等多学科力量，致力于协同开发和创新。

二是加强了高校专业建设，提高了教师素质。在交流中，福建高校引进台湾高校课程并加以整合吸收，在理论教学、实验教学等方面实现与台湾高校的实质对接，在项目实训等方面借鉴台湾高校的全真教学模式，合作双方共同制订培养方案、设计课程、组建团队，合作让学生受益，教师也受益。闽台高校通过人员互聘、互访以及科研合作、共建精品课程等方式，为双方师资交流提供平台。福建吸引台湾各类创新型人才作为高校教师队伍的来源，吸引台湾人才来高校来授课；同时，鼓励高校教师通过访学和进修等方式，到台湾高校开展教学、科研和管理工作，以此带动师资的提升，加强了学科的建设。双方的教师共同开展研究，编写教材。例如，福州大学的物流管理专业与台湾铭传大学计划共同建设《物流学概论》和《仓储与配送管理》等精品课程和案例库等。

三是优化了人才的培养模式，为海西主导产业培养高素质人才。闽台合作促进了福建高校的人才培养模式的完善。闽台高校联合培养学生促进了福建高校利用台湾的产学配套和办学条件，加强工学结合的实习实训，探索了高校的专业设置与企业需求零距离对接、学生毕业和就业岗位零距离对接的办学模式。

第三节　主要经验和典型模式

一、国际化人才培养的"四同"新模式

西北工业大学建立了科学、有效、透明、协商式的试点项目管理模式，

保障试点项目管理的制度化、规范化。试点项目内容作为该校的新事物，在管理和实际运作时，往往由于无先例可循，需要协调多方力量。为此，学校专门成立了以校长任组长的国际化教育体制改革试点工作领导小组和办公室，及时协调和部署各相关职能部门和试点学院的改革工作，并出台了 30 余份相关管理办法和制度。

通过广泛调研和科学分析，西北工业大学明确了试点项目改革成功的关键在于一个适宜国际化人才培养和成长的系统环境，并围绕建设这一系统环境的"四大要素"，组织并深入开展各项工作。一是养分充足的"土壤"——构建先进的国际化人才培养专业体系；二是德学兼备的"园丁"队伍——充实国际化视野及教学科研经验的优秀师资队伍；三是优良品质的"种子"——优化"国际班"生源，明确学生是学习"主体"，不断激发学生学习的积极性和主动性；四是适宜学生成长的"水土"——打造国际化校园生活氛围，建设中西文化融会贯通、相学相长的学习生活环境。"四同"模式与国际化人才培养的体系环境建设紧密联系、相辅相成，促进了西北工业大学试点项目改革工作的不断深化与突破创新。

西北工业大学以国际化人才培养为核心，切实推进教育国际化进程，设立试点项目"国际班"，实行中外学生混合编班，采用国际通行教材，进行全英文授课，逐步构建了本、硕、博贯通，中外学生"同堂授课、同卷考试、同室科研、同班活动"（"四同"）的国际化人才培养新体系和新模式。全英文授课的、本、硕、博贯通式国际化人才培养专业体系基本建成，并逐渐探索出一条特色鲜明的"不用出国就可留学"的国际化人才培养之路。国际化人才培养模式突破了我国高等教育中国际化人才培养工作中普遍采用对国际学生单独教学、对中国学生集中办班实行双语教学或采用"2+2"、"3+1"模式将学生选送至国外大学完成部分学业等传统办学形式。国际化人才培养模式在保证试点项目"国际班"学生享受优质国际化教育资源的同时，确保不额外增加学生受教育的时间、空间和经济成本。

在国际化人才培养过程中，"教"与"学"并重，探索和实践出符合国际化教育规律的新方法和新做法。学校积极鼓励教师们根据学校发展的实际情况，借鉴国内外成功的经验和做法，认真研究和分析国际化教学进程中遇到的新问题和新现象，勇于尝试和探索不同的解决办法。例如，针对试点项目中9门数学课国际化教学中面临的师资匮乏、国际化教学水平和经验有待提升、教学考核模式急需创新、中外学生学习积极性等方面的问题，学校专门立项，从政策和经费方面不遗余力地支持一线任课教师科学、大胆地尝试新做法。针对"国际班"的学生来自于不同国家，拥有不同的文化传统、思维方式和学习特点的实际情况，学校鼓励教师们在教学方法和形式上，探索中外学生都能接受并喜爱的教学方式。目前，"国际班"数学课所采用的小组讨论式教学、中外学生"一帮一"结对子、合理优化主讲教师和助教分工等新做法，已初具成效，受到"国际班"学生的认可。

二、"以我为主，中外方共同参与、科学决策"的创新管理模式

中山大学建立了"以我为主"的中外合作办学观念，借鉴海外优质教育、科研及产业资源，积极探索适合我国、我校实际情况的教育教学模式，在管理、教学、人才引进及可持续发展等方面进行积极探索，借鉴吸收外方优秀的方法及模式，在制约中外合作办学的领域寻求突破，进行创新。具体而言，主要采取下述举措。

一是创新管理模式及体制，建立中外方共同参与的管理体制，形成科学决策。制定相应的管理章程及议事制度，确保管理规范化，如联合管理委员会章程、教师评估制度、学生分流机制、财务管理制度、人才聘请制度等。

二是改革教学体制和教学模式。通过国际化的师资、教学计划、教学内容、课程讲授，形成与国际领先工程师教育全面接轨的人才培养模式。学院强化基础课程，并加强教学与工业界实际技术环境密切结合。在教学设置中，由中外方专家教师共同论证教学计划，每门课程配备中外双方教师共同组成的教学团队，引入互动讨论教学模式，特别加强对工科学生人文科学素养及管理知识的培养。

三是为了加强中外合作办学的持续发展能力建设。中山大学筹建了相应的研发中心及国际科技产业化基地，一方面服务于学院的师生，另一方面旨

在促进产学研的结合。积极实施科技前沿领域探索与产业关键技术研发相结合的战略，产生一批具有国际影响力的研究成果，并推动国家及区域产业发展。

目前，中山大学已经建成了 2 所示范性中外合作办学学院：中山大学中法核工程与技术学院与中山大学—卡内基梅隆大学联合工程学院（下设电子与计算机工程学院和国际联合研究院）。其中，中山大学中法核工程与技术学院采取由中外方院长共同管理的模式，成立专门的行政管理委员会，中法方各 6 名成员。6 名成员中，其中 3 名必须是来自政府或企业界，其余 3 名来自学术界。学制为 6 年制：预科阶段 3 年（包括 1 年法语课程和 2 年预科课程）、工程师阶段 3 年。学生毕业后获中山大学士学位、硕士学位和由 CTI 认证的工程师文凭。师资方面，目前法方预科阶段教师 4 名（费用由法方承担）担任组长，与 15 名中方预科教师一起教学。学院目前正计划引进一套从预科阶段到工程师阶段的完整的课程体系。中方的教师要去法国参加培训，法国教育部也会派人来检查法方教师的教学质量。中山大学—卡内基梅隆大学联合工程学院的建设特色则体现在与顺德和美国匹兹堡成立了研究院。成立这两个研究院的目的旨在把联合工程学院的基础研究应用到前沿。联合工程学院还在中大成立了招聘中心，学院招聘时，先由卡内基梅隆大学面试，再由中大进行招聘面试。顺德研究院和联合工程学院实行双聘制，教师既受聘于联合工程学院也受聘于顺德研究院。联合工程学院已在全球招聘了 8 位教师，外籍教师占一半，卡内基梅隆大学的毕业生也占一半。学院计划招收的第一批研究生入学时必须既具备国内研究生入学或保研的资格，同时也要提交卡内基梅隆大学所需的申请材料并要符合卡内基梅隆大学的入学资格。

三、来华留学生"双优战略"模式

（一）"优势学科与优势企业合作"的实践

西安电子科技大学实施的"双优战略"，是指结合学校的优势学科与行业的优势企业，联合开展来华留学生的培养体制机制改革。西安电子科技大学利用学校电子信息的学科优势，结合电子信息行业的优势企业，通过与企业的合作扩大来华留学生的招生规模，改革来华留学生的培养模式，构建符合电子信息专业来华留学生培养规律的管理体系。具体而言，学校在推进改革的过程中主要采取了如下措施。

第一，面向市场需求提供订单式人才培养服务。学校在来华留学生人才培养模式改革中，始终将就业市场需求作为参考依据。面向行业需求，设计"订单式"的人才培养服务，包括多元化培养方案制订、多语种师资队伍培养、面向客户的课程体系改革、多语种立体化的教材建设、灵活开放的教育教学方法创新等。

第二，与企业合作创新联合招生模式。通过为 IT 企业拓展海外市场培养本土化人才的方式，吸引企业设立奖学金，参与到学校的留学生招生工作中。学校与华为技术有限公司签署培养本土化专业技术人员协议，接收"华为企业奖学金"来华留学生；与中国电子进出口总公司签订"中电来华留学生奖学金"项目协议；与中兴通讯股份有限公司联合招生，为企业定向培养通信工程专业本科生。

第三，实行模块化课程体系，制订组合型培养方案。一是全面调研国内高校开设电子信息类全英文授课专业的现状，推进电子信息类全英文授课本科专业留学生培养改革。将电子信息类本科课程划分成对外汉语模块、数理基础模块、计算机技术模块、电路与系统模块、信号与信息处理模块等，其中对外汉语模块坚持四年汉语教学不断线，促进留学生了解中国文化，增强留学生跨文化交际的能力。二是推动校校协同，共建全英文授课品牌课程共享平台，并反哺学校本科教育教学的改革与发展。强化以学生为主体，以教师为主导，与华中科技大学、中南大学等兄弟院校协同，组织编写电子信息类专业全英文授课系列教材和开发一体化网络教学资源平台，打造电子信息类留学生教育的品牌，同时将向中国学生开放选课，将改革成果反哺于学校本科教育教学的改革与发展，提升本科教育培养质量。

第四，创新校企合作模式，真正实现理论和实践的融合。一是积极拓展就业实习途径，与华为技术有限公司、中兴通讯股份有限公司等 IT 行业优势企业签订了来华留学生联合培养协议，共建就业实习基地，选拔部分留学生赴企业实习，由企业和学校的导师联合设计题目，指导完成实习过程。二是由企业提供软硬件设备及培训，学校提供场地，建立联合实验室，按照现行大学生创新实验计划实施的模式，为留学生提供实践基地与机会。实习成绩优秀的留学生，毕业后优先被企业的海外拓展部门录用。三是先后建立"通信与信息技术来华留学生创新实践基地"、"嵌入式系统设计来华留学生创新实践基地"，鼓励学生利用创新实践基地积极参加各类创新实践活动。这些举措丰富了实践教学的内容，促进了留学生创新能力和综合素质的提高。

（二）"优势学科与优势企业合作"的经验

西安电子科技大学在试点项目实施过程中积极吸引国内多家 IT 行业的优秀企业参与来华留学生培养工作。目前，学校已与华为技术有限公司、中兴通讯股份有限公司、中国电子进出口总公司等行业优势企业签订了来华留学生联合培养协议，吸引合作企业设立企业奖学金，培养"知华、友华和爱华"的高层次人才，使学校成为教育部首批来华留学示范基地。在逐步改革的过程中，学校进行了阶段性的总结，形成了如下可供借鉴的经验。

第一，坚持面向市场，校企合作联合培养，实现多方共赢。学校为生产企业海外拓展提供技术及管理的本地人才，通过实施"双优战略"培养的留学生一方面掌握电子信息领域的高新技术，另一方面掌握了中国文化，具有较强的跨文化交流能力，非常适合帮助企业拓展海外业务。学校以企业的需求和市场战略为导向，结合自身的优势为不同的产品量身定作适合培养对象的培养方案，为企业的市场开拓做出积极的贡献，为企业的国际化发展培养了复合型的国内人才。在与企业合作的过程中，为兄弟院校外语类尤其是小语种学生搭建了良好的实践平台，使他们能够深入了解企业的海外业务，为企业充实海外业务人员提供了强有力的支持。

第二，创新专业建设，改革培养模式，实现多方联动。西安电子科技大学先后完成了通信工程、电子信息工程、计算机科学与技术、工商管理等专业的全英文授课专业建设方案，并在第一届全英文授课本科学历生培养周期完成的基础上，结合新形势和新需要进一步调整和优化培养模式和培养方案，拓展和完善培养留学生创新能力和综合素质的实践教学体系。此外，学校还建立了"通信与信息技术来华留学生创新实践基地"、"嵌入式系统设计来华留学生创新实践基地"，与北京和利时集团建立了"西电—和利时联合实验室"，与和利时集团、深圳有方科技集团共建来华留学生就业实习基地。

第三，加强宣传，推广试点项目，扩展辐射范围。西安电子科技大学将改革的范围不断扩展，不仅仅局限于电子信息领域来华留学生培养体制机制改革，而是将改革的范围拓展至行业特色型工科院校来华留学生培养机制改革。通过采取多个不同行业特色学校联合攻关的研究模式，进行优势互补、相互借鉴，实现来华留学生教育机制改革的协同创新。目前西安电子科技大学已与西北工业大学、西安石油大学组成联合课题组，充分利用各自院校的学科优势，探索行业特色型工科院校留学生培养的新型发展模式，提升行业特色型工科院校来华留学生教育质量、扩大来华留学生规模。

在西安电子科技大学"双优战略"人才培养模式的示范和带动作用下，多所高校实施了"双优战略"的改革模式：西北工业大学与中国航空技术进出口总公司、保利集团合作，培养阿尔及利亚及巴基斯坦留学生；西安石油大学与中石油海外公司合作，培养哈萨克斯坦、吉尔吉斯斯坦留学生；兰州交通大学与中石油合作，培养土库曼斯坦学生；长安大学与中国路桥工程有限责任公司合作，培养刚果布本科学历留学生。实践证明，"双优战略"来华留学生人才培养模式具有积极的推广价值和广阔的发展前景，对理工类来华留学生教育的发展具有借鉴意义。

四、留学生招生及培养机制创新模式

北京外国语大学"创新留学生招生及培养机制"项目服务于国家教育开放和大外交战略的需要，充分发挥学校多语种、国际交流合作活跃的优势，集合学校优质资源，积极探索留学生招生及培养机制的新模式，培养具有国际化视野和创新精神，熟悉和了解中国政治、经济、法律、社会、人文，能够为中外文化交流和经济发展提供重要支持的跨文化、复语型、复合型高素质留学生，形成特色鲜明的留学生教育学科群和特色品牌留学生教育项目，建设留学生特色课程教学体系和相应的高水平、国际化、复合型师资队伍。具体而言，在"创新留学生招生及培养机制"方面，学校主要采用了以下几种值得借鉴的做法。

（一）建立灵活多样留学生招生模式

第一，"留办+院系"的招生模式。留学生招生从留学生办公室单独承担改为"留办+院系"模式，学校鼓励各院系积极发挥自身优势，全程参与留学生的招生宣传、资格审查和考核工作，并根据本学科要求进行录取等工作。留学生办公室整合各院系优势，从学校层面进行招生管理，并在学校层面上开展招生宣传。

第二，利用孔子学院网络吸引优质留学生。在国家汉办的支持下，学校目前合办了 18 所孔子学院。学校运用这些孔子学院的网络，辐射当地大学和当地人口，开展留学生的招生宣传工作，提高留学生生源的质量，推动建设多元文化校园，形成跨文化学习环境。

第三，积极开展校际交流，提高生源质量。学校有 54 个外国语种，与世界各地 400 个学校有校际协议。利用交流院校多的优势，盘活各类资源，充分吸引优质生源，积极开拓自己的留学生生源基地。

第四，"小语种、大外交"，开展特色高端项目。充分利用外语学科优势，实施"小语种、大外交"，服务国家战略，为一些国家的政要高层和年轻议员进行中国语言和文化培训。利用非通用语种国际交往中的相对优势和特色，开展外国政府公务员汉语培训、国际组织职员中国语言文化培训等高层次短期培训项目，培养真正了解中国的外国官员，为中国未来国际交往服务。

（二）建立高层次、多模式立体培养模式

第一，本科生学历教育。学校已经制定出台了关于本科留学生学籍管理、学位授予、毕业论文的相关试行规定，相关院系正在制订针对本科留学的培养方案。在学校层面上，实现课程教学资源共享。与国际教学模式接轨，留学生培养采用学分制、复合型课程体系、课程模块式教学模式。在培养方案上，实行全汉语课程、全英文课程和"外语+汉语课程"三种培养模式。值

得强调的是，为了满足海外留学生对学习中国研究的热情，帮助他们学习中国文化，同时又使他们不受阻于汉语水平测试这一门槛，学校充分发挥多语种的学科优势，设置了"外语+汉语课程"模式培养中国研究方面的人才。留学生入学第一年用其母语学习中国研究方面的课程，同时修汉语课程。在第二年的学习中，留学生过渡到可用汉语学习一至两门中国研究的相关入门课程。在第三年和第四年逐渐过渡到全用汉语学习中国研究的课程。学校将通过18家海外孔子学院的中国语言与文化教育网络，有目标、有计划地吸纳孔子学院学生进入学校以全汉语课程培养模式或"外语+汉语课程"培养模式继续学习，使他们在海外孔子学院的中国语言与文化课程学习变为学历教育，系统性、专业性地深化他们对中国的认识。

第二，研究生学历教育。培养方案包括全汉语、全外语和"外语+汉语"三种模式，以满足不同文化语言背景、教育、学科背景的学生的学习要求。同时，学校整合校内资源，重点开发优势学科、对外交往特色鲜明学科的潜力，借力"探索国际组织需要的复合型人才培养模式"项目，招录高素质留学生参与该项目，有助于为其引入跨文化视角，营造多元文化环境。英语学院、国际商学院等院系积极培育研究生课程体系，如德语系的中德跨文化日耳曼学硕士项目、英语学校的"中国研究"英文课程体系、国际商学院的BFSY-SolBridge商科联合培养项目等。

（三）对留学生实行国民化待遇、国际化管理

在留学生的管理方面，指导思想是既给予留学生国民化待遇，同时又在管理上与国际接轨，理顺校内外现有机制，创新留学生管理模式，促进学校自身管理的国际化。

第一，教务管理。本科留学生的选课、成绩、考试等教务管理工作由留学生办公室统一实施，并着力推动本科留学生与中国留学生共享课程资源。学历留学生可以在一定规则内选择全校各院系的课程。校级通选课也作为本科留学生选修课程模块的重要组成部分，全部向留学生开放。同时实现"同一课堂"计划，即留学生可以插入中国学生班级学习，实现课堂国际化，既为中外学生提供了跨文化学习环境，又使中国学生的学习经历增值。

第二，综合服务。将对留学生的服务纳入学校主流校园生活服务中。为留学生提供有针对性的跨文化学习方法等方面的帮助，向留学生提供就业指导服务，吸纳他们参加"歆语工程"、志愿者服务等社会实践活动，鼓励他们与中国学生共同开展社会参与活动。支持留学生开展健康、有益的文化社团活动，鼓励留学生自我管理。为各国留学生联谊会的建立和活动提供帮助。为留学生提供合法勤工俭学途径。在住宿方面，向住宿模式多样化转变。在校内为留学生提供健康、卫生、方便的住宿条件，同时也适当放宽校外住宿管理规定，鼓励校外住宿。

五、合作办学的质量保障体系建设

（一）政府在政策层面的支持

在粤港高校合作办学中，政府起到了重要的推动作用。广东省在政策方面提供了保障机制。在经费保障方面，2013 年广东制定了《广东省人民政府关于引进世界知名大学来粤合作举办独立设置高等学校的意见》，规定了省级财政将给符合条件的合作院校给予一次性的建设经费支持。地市政府也可以在专项资金、生均定额补贴、校舍建设等方面给予支持。深圳和东莞成立了由市政府牵头的工作小组，统筹各部门来为合作办学提供保障和支持。政府为学校解决办学用的土地、经费、建设条件等问题。作为试点单位之一的中山大学也制定了《中外合作办学试点项目管理办法》、《中外合作办学试点项目学生管理制度（含招生）》、《中外合作办学试点项目外籍（境外）教师管理办法》、《中外合作办学试点项目资金管理办法》等来保障合作办学。学校充分利用省部共建、校市合作和校企合作的机制，多方筹资，同时学校也将下拨专项经费支持试点工作，保障改革试点的顺利进行。此外，学校加大自主招生的力度，制定招生和遴选管理办法，确保录取优质生源。

（二）办学质量保障机制的建设

只有高质量的办学，粤港高校合作才有意义。如何保持粤港的合作的质量，维持香港的大学的教学水平需要多方努力。香港中文大学（深圳）在课程的管理与设置、教师的招聘以及学生的招收等方面采取了措施来保证质量。课程是教育质量的核心，要制定符合合作双方要求的教学计划和课程。香港中文大学（深圳）理事会负责学校的学术组织构架、给学校的教学提供建议，在保证大学的质量发挥重要的作用。学校的最高管理机构是理事会，理事会组成是中大及深圳大学人员组成，双方各自推荐理事，主席由中大校长出任。该校的本科学生学习的核心课程根据香港中文大学的核心课程而设置。学科的设立根据国际发展趋势，以及中国，尤其是南方经济发展而定，学科设置符合内地的需要。好的课程，还要有高质量的师资来教授，该校的大多数的教员实行全球招聘。一流的学校需要有一流的学生。香港中文大学（深圳）通过高考全国招生，分数不低于一本线。深圳市政府免费给大学提供土地，学校招收的全日制学生，按照深圳其他大学的标准给予办学补贴。因此，该校办学经费来源于深圳市政府的资助、学费和捐助。政府对办学土地和经费的支持对大学招收高质量的学生给予了强有力的保障，学校也不用为办学经费不足而去招收不合格的学生。

粤港高校合作中的联合培养学生的项目，要加强教学和培养过程的管理。如聘请外语水平高，专业水平好的助教对学生进行辅导；加强实践教学，提高学生的实践能力，以适应新的教学模式；通过班主任和辅导员强化对学生学习、生活和思想的管理工作，及时解决学生遇到的问题。此外，学校需要建立健全对一些成绩不合格，无法达到香港的大学学习要求的学生退出机制建设，切实保障学生利益。

六、构建合作平台与支持体系

（一）找准双方共同的合作需要

福建高等教育发展整体还有待提高，高水平的学术人才不足，高等教育的结构不合理，新兴产业缺乏支持。福建省现有 85 所高等院校，其中有"985"高校 1 所，"211"高校 2 所，发展规模与福建作为沿海经济发达地区不相称，闽台高校合作可以带动福建高校质量的提升。台湾是亚洲高校聚集的地区之一，台湾的大学办学理念清晰，特色鲜明，注重校企合作，国际化程度较高，注重学生实践技能的培养。在一些学科，尤其是传媒、软件以及观光专业师资力量雄厚。随着台湾出生率的降低，台湾高校生源不足，很多学校面临缩减规模的状况。台湾高校向大陆开放可以更好地利用高校优质教育资源，缓解台湾高等教育经费不足的局面，促进两岸经济的发展。福建作为台商主要聚集地，很多的知名台资企业与福建高校建立了良好的合作关系，为福建的教育体制改革提供了有效的企业资源和较好的改革实践环境。

闽台高校根据双方各自的需求进行了合作，开创了很多全国的第一。例如，福建省于 2009 年在大陆首家成立了"海峡两岸职业教育交流合作中心"，开展对台湾职业教育研究，推动两岸职业教育交流和推动两岸职业教育合作办学。福建农林大学率先在全国农林高校中开展对台单独招生等，不再一一列举。福建省还通过举办比赛、论坛等搭建了两岸青少年交流平台。

（二）政府在政策层面对闽台教育交流的大力支持

福建省对闽台的教育合作在政策上给予了大力的支持，积极地推动了闽台的教育交流。2009 年 7 月出台的《福建省贯彻落实〈国务院关于支持福建省加快建设海峡西岸经济区的若干意见〉的实施意见》，以及 2009 年 12 月出台的《福建省人民政府关于福建省 2010—2012 年教育改革和发展的重点实施意见》，将海峡两岸的经济区建设上升为国家战略，对教育的发展了日益迫切的质量要求。进一步拓展闽台教育合作，加快建设海峡两岸职业教育交流合作中心，探索建立两岸教育合作园区，开展两岸高校合作办学试点，积极推动闽台院校学生互招、学历学分互认、师资互聘。2010 年 11 月，福建省"十二五"教育发展规划和教育中长期发展规划都把开展闽台教育交流合作作为工作重点之一。

第四节　存在的问题和原因

一、中外高校合作办学改革试点存在的问题和原因

中外高校合作办学试点单位均为"211"、"985"高校，且大多位于经济较发达的城市，如北京、广州、武汉、西安等地，这些地区开展中外合作办学较早，也是高等教育较为发达的地区，中外合作办学进入到了快速发展阶段，合作方式正呈现多样化的趋势。不过，各高校在试点过程中也面临不少困难和问题，主要体现在以下几个方面。

（一）优质人才资源引进不足，导致合作目标的浅层化

高等教育国际化将会是一个漫长的过程，中外合作办学则是高等教育国际化进程中的重要组成部分。现阶段，中外合作办学项目吸引的多是名气不大、学术水平一般的院校，对于许多中外合作项目而言，合作的真正目的没有达到。为了使中外合作办学引进优质教育资源实现可持续发展，需加大对国外名校的吸引力度，积极推动普通高校举办高水平、有特色的中外合作办学项目。

在课题组的问卷调查中，三分之二的受访者认为"师资力量不足"是中外合作办学过程中出现的主要问题之一。师资力量不足影响改革试点项目的质量提升。国际化合作办学成功的关键之一是需要建立一支实力强大的教学和研发队伍，这对任课教师的个人能力提出更高要求。教师在国际化教学的经验和水平方面仍有许多有待提高的空间，比如在教学方式多样化、教材的兼容性等方面都需要根据教学效果和反馈及时调整和改进。对于不少开展国际合作办学时间不长的高校而言，既具有专业学术水平又精通外语教学的高质量的师资队伍建设是一个亟须解决的问题。高校在师资的选拔、培养以及外籍教师的引进方面，都需要有进一步的突破。此外，如何建立和完善适应国际化人才培养的机制体制，如学生招生体系、评估机制和学位制度等，是

许多高校当前面临和需要解决的问题。

（二）中外课程差异明显，课程衔接影响教育质量

在相关调查中，39%的受访者认为中外合作办学过程中，中外课程衔接存在不同的问题。中外方的课程体系有很大差异，但国内的课程体系要求限制较多，这需要学校主管部门积极协调，针对国际化师资建设、教学考核模式、国际化课程体系改革、全英文精品课程建设等方面进一步开展国际化教改项目，并进行重点扶持与资助。在国际化教学改革的总结工作方面，采用定期工作例会、座谈、专题调研及调查问卷等多种形式及时分析和解决问题、总结进展情况、提炼成功经验并有效指导下一步工作。

（三）资金投入缺乏持续性，多元融资体制尚未成形

在经费上，如何保障中外合作办学项目和联合培养项目可持续运作是一个挑战，因为学校如果单靠学费的收入，难以维持运作。开展中外合作办学较为成功的中山大学、北京外国语大学和北京交通大学均不同程度地面临资金缺口。各试点高校还需要展开大量的改革工作，积极探索多元化的融资体制，以满足中外合作办学巨大的资金需求。

二、来华留学生教育体制改革试点存在的问题和原因

30 年来，我国的来华留学生数量有了很大程度提高，现在来华留学延续着蓬勃发展的势头，最近几年有将近 24 万外国留学生在中国留学。截至2010 年，一共有 190 多个国家或地区的学生来中国就读，世界各个国家或地区几乎都有在中国留学的学生。但是，我国留学生教育在"内涵发展"方面与发达国家相比还有差距。

（一）我国来华留学生来源国范围较窄，主要集中在发展中国家

据课题组调查问卷显示，多达 97%的试点院校来华留学生生源地集中于发展中国家，只有 3%集中在发达国家。来我国高校学习相关专业的外国留

学生，特别是学位留学生的来源国主要集中在南亚、西亚、非洲等经济欠发达国家。虽然近年来我国接收外国留学生的数量以每年超过 20% 的速度增长，但来华留学生教育的总体水平相对发达国家还比较低，尚有很大的发展空间。在留学生来源区域上，欧、美和澳洲的留学生比例偏低。

（二）我国来华留学生的结构不合理，高层次学历教育所占比例较低

目前，我国面向来华留学生开展了本科学历教育、硕士研究生教育、博士研究生教育、对外汉语教育、其他短期培训等多种类型的教育。调查问卷显示，对外汉语教育、其他短期培训留学生分别占留学生教育全部形式的比例为 50.5% 和 30.3%，硕士研究生教育、博士研究生教育所占比例分别为 27.3% 和 36.4%。这说明，我国的来华留学生教育在培养层次上仍处于汉语言教育和短期培训为主的阶段，高层次学历教育少、进修生较多。

（三）地方教育行政、外事、公安等主管部门缺乏协调机制

调查显示，高校在签证（出入境管理）方面存在着自身无法解决的困难，所占比例为 36.4%。尤其是工科院校，目前来校学习相关专业的外国留学生，特别是学位留学生的来源国主要集中在南亚、西亚、非洲等经济欠发达国家，这类国家往往被列为敏感国家，地方外事主管及公安部门的相关政策和规定对此类生源国留学生入境或签证有各种严格规定，而且地方教育行政、外事、公安等主管部门缺乏协调机制，给留学生规模的扩大带来了一定程度的不利影响。

三、粤港合作办学教育体制改革试点存在的问题和原因

（一）双方合作目标的分歧

广东政府、港粤高校都有合作的动力和愿望，但是三方合作的具体目标难免有分歧。合作的分歧之一在于是举办本科还是研究生阶段的教育。作为

地方政府来说，希望借助粤港高校的力量来为当地提供技术支持。合作举办的具有独立法人地位的大学，都是由广东某一地方政府来提供办学土地和主要的办学经费。政府投入大量的资金，办学需要达到一定规模，才会有效益。因此，作为政府来说希望举办优质的本科教育，本科教育招生规模大。如果办学只集中在研究生阶段，大量的办学投入效率不高。但是香港高校的办学资源有限，且注重办学质量，不愿意用规模来牺牲质量和声誉。因此，有的港校希望合作从研究生项目开始。此外，粤港高校教育合作广泛，实质性的合作也逐年增多，但是更多的源于"近水楼台"。港校愿意选择水平比广东的大学高的清华和北大等学校合作。而广东的高水平的院校愿意选择欧美的高校，似乎只有欧美的高校才能代表国际一流水平。此外，双方的合作在大学管理制度和理念等方面需要更加深入。

（二）办学体制的探索与学校文化传统延续

粤港高校合作意味着将境外教育资源引入到我国高等教育的治理结构中。由于香港长期受英国文化的影响，港粤在教育理念、教育目标、办学体制以及质量保证体系等方面存在很大差别，这必然影响双方合作办学。香港的大学在内地办学，要以内地的法律为准则。在办学体制上，香港的大学享有很高的独立办学的自主权，但在经费方面能得到香港政府高额资助；学生管理方面，香港的学生享受比内地学生更多的自由。合作项目的管理不仅要受到双方学校的影响，也受到内地管理体制和社会环境的影响和约束。在我国的高等教育管理体制下，大学的自主管理的空间有限和学术自由有待加强。合作举办的具有法人资格的大学的管理如何和衔接内地教育法律和法规，如何在内地的体制下，保证香港高校大学制度的有序运行还需要在实践中探索。内地与香港存在着差异，两地高校合作，无论在管理，还是校园文化等方面往往需要一段时间的磨合。

（三）香港教师到内地教学涉及个税如何征收的问题

在 2006 年内地与香港签署的《内地和香港特别行政区关于对所得避免双重征税和防止偷漏税的安排》中，没有提到香港教师和研究人员在内地工作可以享受个税优惠政策。目前内地个人所得税高于香港地区的税率，如拟聘的主要教研人员在香港个人所得税为15%，而在内地则为35%至45%。广东大力引进香港的优质资源，需要吸引国际一流人才来任教，才能保证合作的高质量。作为合作举办的高校经费主要来源于内地政府，联合培养学生的主要经费来源于学生学费。因此，如果能在外籍优秀人才个税减免方面实现政策突破，将降低广东和香港高校合作的大学的办学成本。

（四）港澳与内地合作办学相关管理条例滞后

当前，广东和香港高校的合作参照《中华人民共和国中外合作办学条例》执行，而该条例中的一些管理办法已经不符合实际需要。如果按中外办学条例管理，把香港划到国外，极大地伤害了香港人对祖国的感情。此外，如果严格按照《中外合作办学条例》和相关政策要求，内地高校与香港高校联合培养学生的项目面临着政策的瓶颈。在联合培养学生的项目中，港方教育机构教师担负的专业核心课程的门数难以占拟举办合作办学项目全部课程的三分之一以上。香港法律规定大学教师不能到内地兼职任教。但是从另一方面说，如果这些合作项目不归类于"中外合作办学项目"，也就意味着就无法维持合作项目的办学成本，这些成本是用来支付外教的聘请、全英文教学和个性化的管理等。

四、闽台合作办学教育体制改革试点存在的问题和原因

（一）台湾方面的政策瓶颈

大陆一直以积极的态度来促进闽台教育合作的开展，台湾方面则显得比较被动。由于台湾政策的限制，台湾和大陆学历之间的互认不对等。到2013年，台湾只承认内地的111所高校的学历。虽然闽台双方高校合作交流的热情高、交往广泛，合作多是民间行为，多是以交流为主，缺乏统一的规划和长效的合作机制，合作办学的主体以高职院校和私立大学居多。

台湾方面人为设置的学历壁垒极大地限制了两岸教育交流与合作长效机

制的建立。两岸在一些关键问题：学历、学位互认、职业资格认证的对接、课程、学分的转换等方面没有签署共同的协议。双方的合作办学缺少立法保障和相关政策的指导与规范，制度化缺失阻碍了两岸教育合作的稳定和深度交流。

（二）闽台合作中职业学校学生就读积极性不高

福建不同层次的高校与台湾高校的合作有着不同的意愿。一些有深厚办学基础的大学注重合作办学的社会效益，本科院校办学实力相对雄厚，以及社会对本科文凭的认可，学生和家长有入学的积极性，这一类学校不愁没有生源。在这类学校的闽台合作的项目中，一些本科学生入学降低一定分数，学生多交些学费，就享受本科教育资源，尤其享受了台湾较好的师资和教学以及办学硬件的条件。但是职业学校的合作项目存在着生源不足的问题。台湾私立职业学校希望招收大陆学生，解决生源危机；福建职业学校希望与台湾学校合作来提高竞争力，但是大陆的家长对职业院校认同度低。加上大陆职业院校的生源本来就不足，把学校有限的学生送到台湾，就意味着学校收入减少。大陆的学生赴台后要付很高的生活费和培养费，而且到台湾后不能打工，不能在当地就业。即使获得的学历文凭也会受到大陆和台湾政治波动的影响，回到大陆就业没有凸现更多的优势。因此，职校学生到台湾学习的积极性不高。办学成本也是职业院校衡量合作的因素之一，台湾教师授课费比大陆的高。这些因素都影响了学生报考的积极性。调查显示，从 2009 年到 1012 年，福建信息职业技术学院的闽台招生录取率从 100% 下降到了 67%，泉州信息职业技术学校的闽台录取率从 100% 下降到了 50%。相对而言，在职业学院实行远程教育是一种效果较好，经济实惠的合作方式。

（三）合作办学项目经费不足

由于大陆和台湾经济发展水平方面的差距，引进台湾师资以及学生赴台学习等费用高，经费不足也限制了双方合作的深入开展。台湾当局对高校到大陆来交流并不支持，由此也限制了台湾高校获得政府的经济资助。如果台湾当局能制定相应的政策法规，并提供必要的资金，这对保障大陆和台湾高校合作办学的顺利运行有着重要意义。

第五节　对策和建议

党的十八届三中全会对教育领域提出了"深化教育领域综合改革"的总体要求。中外合作办学改革的发展是学校国际化建设的重要内容。目前，适应发展中外合作办学的体制机制以及支撑中外合作办学的管理和保障体系亟待完善和加强，齐心协力大力发展中外合作办学的合力尚未真正形成，如何深化试点项目，提高中外合作办学管理水平，理顺中外合作办学工作的运营机制，继续推进试点项目建设，开创中外合作办学品牌，使我们培养的学生在国际舞台上拥有竞争力和影响力，是今后工作的重点。

一、对中外高校合作办学改革试点的建议

在中外高校合作办学的过程中，高校要充分发挥在高等教育对外合作与交流进程中的主体作用，结合国家教育体制改革试点工作，抓住时机、创新体制机制改革，克服面临的困难和问题，真正实现通过合作办学带动整体学科专业结构优化和水平提升。各高校应充分认识到开展中外合作办学的积极意义，认识到中外合作办学为提升高校教育发展水平所做出的贡献，充分发挥主观能动性，最大程度地鼓励和支持本校中外合作办学项目的开展。

（一）中外合作办学项目实施"一把手"工程

高校"一把手"应充分重视中外合作办学项目，在项目的开展过程中从政策、管理、师资、资金等方面适度进行校内倾斜，以解决合作办学中出现的困难，提高办学质量。高校进行"一把手"负责实施中外合作办学项目有利于协调校内各种资源，最大程度地促进中外合作办学健康快速发展。例如在聘请外籍教师时，由学校层面承担外籍教师的薪酬，减轻各院系的经费支出压力，为引进国外高水平的师资打下坚实基础。

（二）完善校内管理机制，保障合作办学项目的顺利开展

高校在争取教育主管部门政策支持的同时，需加强自身制度建设，立足于国情，在当前有利教育发展的外部环境下，有针对性地加大改革力度以进行有效的实践探索。如在教师职称评定问题上，需要各高校根据实际情况，完善教师评价体系，对中外合作办学中的教师工作量的考核、评价采取灵活有效的措施，有针对性地加以解决。

（三）多渠道筹集中外合作办学所需资金

在资金缺口方面，除高校调动校内资源优先加大投入外，高校应该努力争取社会支持，积极拓展资金来源，加强国际合作。尤其是在经济发达、国际交流频繁的北京和上海地区，高校更应具有国际视野，发展学校特色的同时，争取在我国的中外合作办学中起到示范和引领作用。而且随着国家对教育投入的逐渐加大，特别是一些"985"和"211"高校的总体办学经费较多，高校可以适当加大对中外合作办学项目的资金支持力度，确保具有特色的优势办学项目顺利开展，以进一步引进高水平中外合作项目，积极推进高校的自身改革。

二、对来华留学生教育体制改革试点的建议

各个高校的校级领导应将国家教育体制改革试点项目进展情况纳入各级单位考核中，激发高校内生动力，形成融招生、培养和评估于一体的综合教育系统，强化各级单位对改革试点项目的重视和投入。

（一）创新留学生招生渠道，做好留学生招生的区域规划

创新留学生的招生工作，提高国际市场占有率，通过留学生招生的区域规划，打造学校优势学科和丰富管理经验，集中攻破规划区域的留学市场，在规划区域内推广自己的品牌，逐步扩大高校在世界各国的影响力。

（二）注重持续性的宣传工作

发达国家的高校普遍都注重学校的宣传工作，大多成立专门协助招收外国留学生的机构。国家层面的教育行政部门还经常组织各大院校参加世界各地教育国际展览会，设立政府官方留学网站，成立校友会等。一些高校还委托专门机构到海外开展留学生教育咨询服务，或直接派人到国外举办教育展览。此外，部分发达国家还根据不同的国家采取不同的措施推广其国际教育，定期召开学生签证说明会和业务培训会，参加网站在线访谈节目等，这些都是我国在扩大留学生招生工作中值得借鉴的经验。

（三）国家和各级政府部门应当统筹管理，形成协同创新机制

国家和各级政府部门应当统筹管理：一方面建立教育、财政、外事、公安等部门的协调机制，处理好外部环境，解决好留学生签证等问题；另一方面建设教育内部的国际、财务、教学、科研、研究生等部门的联动机制，解决好留学生工作与整个教育教学改革主业相互结合、相互渗透的问题。

各来华留学生培养单位在进行培养机制体制改革时的统筹性不够，尚未形成有效的协同创新机制。为了加大推广示范作用，教育部国际合作与交流司等上级主管部门需要协调同类院校或同类试点项目承担单位之间加强交流与合作。由教育部国际合作与交流司推动境外学生人数较多的高校之间的联系、交流机制，有利于各高校之间加强境外学生教育培养工作的交流，同时也可以向国际司及时沟通与汇报工作。

三、对粤港闽台高校合作办学体制改革试点的建议

（一）推进教育合作立法进程，尽快制定合作办学的相关条例

闽台教育合作方面，两岸高校合作办学参照执行 2003 年发布的《中华人民共和国中外合作办学条例》，这与当前的实际需要不相符合。目前两岸关系的良性发展，"三通"的实现，《海峡两岸经济合作框架协议》的签订等，

为新的法律法规的制订奠定了基础。应积极推进两岸高校合作办学的立法进程，制定两岸高校合作办学条例，对合作双方权益、办学质量、具体操作等做出明确规定，以加强对学生权益、教育投资者、知识产权的保护等。在互利互惠的前提下，实现对学历的对等承认。建议两岸高校组织成立民间互动的机制，定期或者不定期地举行会议，进行沟通和交流，并对政策制定进行前期调查。在此基础上，推动两岸政府谈判和磋商，推动台湾方面做出政策调整，共同商讨制订政策法规。

粤港高校合作方面，相关部门应尽快制定有关内地和港澳学校合作办学的办法，不再用《中外大学办学条例》来管理港澳高校和内地高校的合作。粤港高校合作的目的是在于引进优质教育资源，内地和港澳的教育合作条例的制定可以有针对性地解决合作双方遇到的实际情况和问题。有的高校反映港粤合作引进的教师不是来自香港是合作高校的，可以聘请国外大学的高水平教师，这样可以给粤港"2+2"和"3+1"联合培养项目提供生存的空间。在深入研究以及对粤港高校合作项目切实评估的基础上，制定符合内地和香港高校合作的政策。

（二）积极探索港台高校到内地独立办学的模式

相较于内地来说，台湾的职业教育是有优势的，可以考虑允许台湾的机构在福建试点举办独资的职业教育机构，允许台湾投资者在大陆单独设立学校及教育机构。

在粤港高校合作办学上，建议在广东与香港知名大学合作体制改革试点框架内，探索允许香港1-2所知名高校来粤独立举办高等教育，以鼓励香港知名高校到内地办学的积极性。实际上，在香港中文大学（深圳）的筹建过程中，深圳大学支持了深圳的改革试点项目，深圳大学更多的是根据《中外办学条例》要求，而成为中大的名誉的合作伙伴，实质合作更多的是在于深圳市政府和香港中文大学。

（三）地方政府在税收方面可给予合作办学一定的优惠

为鼓励内地（大陆）和港台大学优质资源的合作，降低大学办学成本，维持大学良好的社会效益，可以考虑在外籍优秀人才个税减免方面实现政策突破。而由于办学制度、师资和对西方文化的吸收方面港台的大学均优于内地（大陆），香港高校和内地高校合作的动力并不十分强烈。从内地（大陆）来讲，只有在办学方面提供优惠的办学条件才能吸引港台高校。

（四）加强管理，建立合作的精品意识

闽台高等教育的合作需要加强精品意识。学校的合作动机影响到合作的效果。内地（大陆）和港台高校合作学生培养已达到了相当的规模，合作质量对合作的效果起了关键的作用。如果合作质量低，会严重影响合作的持续发展。因此，内地（大陆）高校要把品牌作为一个中心来抓，要树立品牌意识，注重双方合作的公益性。通过不断了解和交流，改进学校的专业建设，尽量和对方的专业实现沟通，实现和港台的强弱互补。

闽台合作联合招生是高等教育办学模式的体制创新。但是不排除一些学校办学以经济利益为导向，以盈利为目的，这样就很难办好教育。内地（大陆）的政策允许港台合作招生收费高于高校对内地（大陆）学生的招生，学校的经济效益高，办学热情也高。当前，在联合培养学生的项目，为保证合作的质量，教育主管部门需要控制合作的招生指标。合作的项目的推进方面，可以根据不同层次学校的合作意愿来设计，提高办学的效益。例如，一些高水平大学希望从本科阶段的培养合作，扩大到了博士和硕士的培养，举办双联学位。

（五）促进双向交流，加强闽台合作的经验交流和研讨

目前，内地（大陆）和港台合作的交流以内地（大陆）输出学生为主，港台学生到内地（大陆）来学习的比较少。双方的合作还需要促进双向的交流，使双方的交流的人数上的大致平衡，建立合作双赢的局面的。台湾高校可以到大陆来招生，就需要大陆的民众了解台湾的高校，大陆可以接纳台湾高校到大陆来做招生宣传。

内地（大陆）和港台的教育合作近三年来发展迅速，各个学校都处于不断探索的阶段。合作办学中有关课程体系方面，包括课程设置、教学要求、学分计算等，内地（大陆）和港台高校存在较大差异，要真正实现联合人才

培养的无缝接轨，需在实际教学过程中不断实践、磨合。因此，建议定期召集相关高校召开内地（大陆）和港台合作办学研讨会，交流学习港台的理念与管理制度，分享校企联合、学生赴港台的经验和做法。在内地（大陆）和港台合作的交流和探讨的基础上，进一步提出深化改革的政策。

参考文献：

［1］陈丽萍，朱玉成. 中外合作办学省级政府统筹试点实施情况调研报告［J］. 国家教育行政学院学报，2014（2）.

［2］福建省教育厅. 福建省教育厅关于实施 2010 年闽台高校联合培养人才项目的通知［R］. 福州，2010.

［3］福建省教育厅. 国家教育体制改革试点项目阶段总结表：探索闽台高等教育交流合作新模式［R］. 福州，2013-05-28.

［4］广东省教委. 国家教育体制改革试点项目阶段总结表：加强内地高校与港澳知名高校合作办学［R］. 广州，2013.

［5］国家中长期教育改革和发展规划纲要（2010—2020 年）［EB/OL］.（2010-03-01）［2014-11-15］. http://www.china.com.cn/policy/txt/2010-03/01/content_19492625_3.htm.

［6］国务院办公厅关于开展国家教育体制改革试点的通知［EB/OL］.（2011-01-12）［2014-12-18］. http：//www.gov.cn/zwgk/2011-01/12/content_1783332.htm.

［7］胡建勋. 香港理工大学虎门洽谈开分校［N］. 东莞日报，2009-08-03.

［8］江彦桥. 对中外合作办学几个关键问题的思索［J］. 中国高等教育，2012（10）.

［9］教育部关于印发《留学中国计划》的通知［EB/OL］.（2011-11-21）［2014-12-18］. http：//www.bjfao.gov.cn/affair/zjxx/guide/25355.htm.

［10］教育规划纲要实施三年来中外合作办学发展情况［EB/OL］.（2013-09-05）［2014-12-20］. http：//www.jyb.cn/info/jyzck/201309/t20130905_550727.html.

［11］金晓达. 外国留学生教育学概论［M］. 北京：华语教学出版社，1998.

［12］林金辉，莫玉婉. 推进中外合作办学质量保障体系建设——"中外合作办学与高水平大学建设国际学术研讨会"综述［J］. 教育研究，2012（2）.

［13］林金辉. 论中外合作办学的可持续发展［J］. 教育研究，2011（6）.

［14］陆根书，等. 中外合作办学：现状、问题与发展对策［J］. 高等工程教育研究，

2013（4）.

［15］民盟上海市委课题组．关于中外合作办学运行机制的思考——以上海纽约大学为例［J］．教育发展研究，2012（07）.

［16］阮立华．闽台高校应用型本科人才培养模式对接策略［J］．莆田学院学报，2012（12）.

［17］深圳市教育局．香港中文大学（深圳）筹备基本情况［R］．深圳，2013-09-04.

［18］吴在平．海峡两岸职业教育交流合作中心在厦门揭牌［N］．福建日报，2009-05-18.

［19］星岛日报．徐扬生任中大深圳分校校长［N］．星岛日报，2013-08-01.

［20］中山大学．中山大学对港联合培养项目概况［R］．广州，2013.

［21］朱振国，徐永吉．中外合作办学质量保障不够［N］．光明日报，2011-09-26.

第七章　完善教育投入机制，提高教育保障水平

刘亚荣　郭丽娟[*]

《国家教育体制改革试点研究》中的"完善教育投入机制，提高教育保障水平"改革试点包含三个试点内容：一是探索政府收入统筹用于优先发展教育的办法，完善保障教育优先发展的投入体制；二是探索高校多渠道筹集办学经费的机制；三是根据办学条件基本标准和教育教学基本需要，研究制定各级学校生均经费基本标准。试点改革共涉及 9 个试点 10 个项目，分别由江苏省、浙江省、湖南省、重庆市、内蒙古、广西、甘肃 7 个省（区、市）和中国科技大学承担。课题组成员通过深入的研究认为，总体来说，这项改革由于涉及财政制度规范化改革，因此具有几个特点，一是改革目标很明确，二是各个改革试点单位都提出很清晰的改革路径，三是改革具有适时性和必要性。

第一节　试点任务的进展状况

按照《教育规划纲要》的要求，国家关于教育投入机制的改革试点旨在深化教育体制改革，探索国民教育经费稳定增长的长效机制，落实各级政府

---

* 执笔人：刘亚荣，郭丽娟。

提供教育公共服务职责，健全以财政拨款为主、多渠道筹措经费的教育投入保障机制，从而提高教育保障水平。在此宗旨的指引下，各级政府积极参与到教育体制改革试点中来，围绕《教育规划纲要》的要求开展不尽相同的试点项目。

按照试点项目的教育层次和内容，主要包括有改革公共财政教育投入和分配机制、高校生均经费的基本标准、普通高校师范生资助体制改革、中小学生均经费基本标准、探索多渠道筹集办学经费的机制等层面。

一、改革公共财政教育投入和分配机制

《教育规划纲要》明确提出，2012 年实现国家财政性教育经费支出占国内生产总值比例达到 4% 的目标。目前虽已经实现这一目标，但不能仅仅满足于此，必须充分考量落实经费的使用情况，须充分认识加大财政教育投入分配的重要性，将优先发展教育真正落到实处。

教育投入是支撑国家长远发展的基础性、战略性投资，是发展教育事业的重要物质基础，是公共财政保障的重点。党中央、国务院始终坚持优先发展教育，高度重视增加财政教育投入，先后出台了一系列加大财政教育投入的政策措施。在各地区、各有关部门的共同努力下，我国财政教育投入持续大幅增长。2001—2010 年，公共财政教育投入从约 2700 亿元增加到约 14200 亿元，年均增长 20.2%，高于同期财政收入年均增长幅度；教育支出占财政支出的比重从 14.3% 提高到 15.8%，已成为公共财政的第一大支出。财政教育投入的大幅增加，为教育改革发展提供了有力支持。教改中，江苏省和重庆市投入了大量的时间和精力，致力于推动改革显成效。改革的基本进展如下。

（一）改革并完善保障教育优先发展的公共财政体制和投入机制

项目预期改革的目标是建立国民教育经费稳定增长的长效机制，强化落实政府提供教育公共服务职责。目前，项目所推进的具体改革措施包括以下几项。一是在省政府层面，制定统领性文件，切实保障教育财政性经费的优先增长。江苏省先后出台了《省政府关于进一步加大财政教育投入的实施意见》、《省财政厅省教育厅关于进一步强化教育经费保障机制的通知》和《关于加强对市县 2011—2012 年财政教育投入状况分析评价的通知》等完善保障教育优先发展的投入体制的文件，切实加大财政性教育投入。二是进一步明确各级政府提供公共教育服务职责，会同省财政厅、省物价局等职能部门，确保具体政策措施的落实。教育经费水平的提高，势必会提高各级各类教育的投入标准，涉及各级各类的收费标准的制定、资助标准的制定和责任分担、教育债务的化解等一系列具体措施。财政部门和物价部门需要协同服务，才能顺利地完成教育投入水平整体提高的各项具体措施。

2012 年，江苏省相继出台了《江苏省财政厅江苏省教育厅关于建立健全学前教育经费保障机制的通知》和《江苏省财政厅江苏省教育厅关于建立健全普通高中经费保障机制的通知》。省教育厅、省财政厅联合印发了《关于积极推进化解高中阶段学校基本建设债务的指导意见》，指导和推动市县化解高中阶段学校债务。教育厅会同省物价局、省财政厅联合印发《关于民办高等学校收费标准等有关问题的通知》，制定《江苏省关于扩大中等职业教育免学费政策范围进一步完善国家助学金制度的实施办法（试行）》，完善中等职业教育免学费与助学金政策。这些措施取得了以下的显著成效。

一是如期实现财政教育支出占比目标。2012 年，全省财政教育支出 1342亿元，比上年增长 22.8%；全省公共财政预算支出 6996.59 亿元，比上年增长 12.5%；教育支出高于公共财政预算支出增幅 10.3 个百分点。按照财政部口径，扣减全年中央财政下达我省教育转移支付后，2012 年，全省财政教育支出占公共财政支出比例为 18.74%，高于中央下达比例 0.74 个百分点。

二是各级各类教育经费保障机制不断完善。在相继制定、提高义务教育、中等职业教育和高等教育生均财政拨款标准的基础上，江苏在全国率先实现了学前教育、义务教育、普通高中、中等职业教育和高等教育经费保障机制和生均财政拨款标准全覆盖，为各级各类教育可持续发展提供了制度性的经费保障。

三是扶困助学体系建设更加完善。2012 年，江苏省"政府主导、学校联动、社会参与"的扶困助学机制实现全覆盖，省级财政统筹中央补助共投入

28 亿元。建立了贫困家庭的学前教育资助制度，完善了义务教育阶段学校家庭经济困难寄宿生生活费补助政策和高中阶段教育国家资助政策，扩大了中等职业学校免学费范围，建立并完善了普通本科高校和高等职业学校奖、贷、助、补、减政策和国家奖助学金标准动态调整机制。

（二）探索政府收入统筹用于支持教育的办法

重庆市项目改革预期的目标是，明确各级政府对各级各类教育经费投入保障责任，从直接投入和间接投入两方面建立教育经费投入稳定增长机制，探索政府有关收入统筹用于支持教育的措施和办法，使教育的投入与群众对教育的需求基本相适应。

项目的阶段性进展主要包括四方面的具体措施。一是设立政府财政性责任的具体指标，措施包括落实教育经费"三个增长"，提高财政性教育经费支出占 GDP 比重，2012 年达 4.55%；各级财政超收按不低于年初预算比例用于教育。二是拓宽其他财政性对教育投入的渠道。措施包括，开征了地方教育附加；政府将土地出让金等财政收入中的部分用于教育；政府预算内基本建设资金部分用于教育；减免教育相关税费，先征后返教育营业税，从间接方面加大教育投入。三是集中财力设立一些专项教育资金，解决各级各类教育长期的欠债问题。措施包括：设立促进民办高校发展专项资金，出台民办高校、民办中职学校生均公用经费财政补助标准，充分发挥重庆教育担保公司、重庆教育发展基金会的作用，吸引国内外资金来渝投资办学。目前累计吸纳 20 亿元社会资金投资举办民办高校。四是加强制度建设的跟进。加强教育经费监管，建立了科学化、精细化、透明化预算管理机制，建立全市教育财务信息平台，跟踪教育项目经费实施进展。强化审计监督，强化重大建设项目和经费使用全过程审计。

从试点的目标实现情况来看，试点的改革是成功的，为以后改革试点的稳步推进提供了有力的保障，为以后整体教育体制改革创造了改革的路径。

二、高校生均经费的基本标准

按照党中央、国务院的部署，根据《教育规划纲要》精神，我国高等教育已从以大规模扩招为特征的外延式发展转入以提高质量为特征的内涵式发展阶段。2012 年财政部、教育部联合下发了《关于进一步提高地方普通本科高校生均拨款的意见》，要求进一步提高地方高校生均拨款水平，完善机制、加强管理，切实提高资金使用效益。新形势下，应当逐步解决地方高等教育投入机制存在的问题，积极探索符合地方高等教育发展实际和公共财政要求的新思路、新举措，进一步加大地方高等教育财政投入，使地方高校更好地承担起实施科教兴国战略和人才强国战略、建设创新型国家的历史使命。

围绕改革和意见要求，各地也开展了高校经费基本标准的相关研究试点，试点单位中，甘肃省、浙江省的试点项目内容明确为高校生均拨款标准，实际上，江苏省、重庆市和内蒙古自治区的"加大公共教育投入试点改革"，也将制定和提高各级教育生均拨款标准，作为教育投入增长的主要举措之一，同时规范了教育经费的投入方式、增长方式。

（一）制定高校生均经费基本标准的改革

试点改革设定的预期目标，一是通过制定普通高校生均经费标准和生均财政拨款基本标准，进一步完善高等教育投入体制。二是计划经过 5 年的试点，到 2015 年，建立与普通高等学校扩大办学规模、提高办学水平相适应的多元的高等学校经费投入体制，建立按生均成本合理分担的普通高等学校收费机制，充分体现高等教育投入的公平和绩效。

综观浙江省的试点工作，主要从五方面进行。一是提高生均拨款标准。目前浙江省省属普通高校生均成本基本拨款标准已从 2010 年的 7250 元提高到 2013 年的生均 9000 元。二是实施专项性一般转移支付改革。2011 年浙江省财政厅出台了《关于实施省级专项性一般转移支付管理改革的通知》，自2012 年起，浙江省高校全面实施专项性一般转移支付改革，对面向高校设立的原有专项性资金实施"因素法"分配，通过建立考核分配体系，根据考核结果确定分配资金，高校对这部分经费有相当大的自主权，解决了以往专项经费（限定性经费）占比过大的问题，有利于各校资金的统筹兼顾。三是调整生均拨款系数。从 2013 年起，浙江省省属普通高校生均财政拨款的专业折算系数（以理科为1），农林类专业（含警察、师范）从 1.15 调整到 1.2，医学类专业从 1.25 调整到 1.35，艺术类专业从 1.25 调整到 1.3，着力体现不同专业的培养成本差异。四是实施绩效拨款。浙江省财政厅、省教育厅自 2009 年起开始对省属普通高等学校本科院校进行教学业绩考核，并将结果与财政拨款挂钩，考核指标主要涉及师资队伍、教学资源、教学建设与改革、质量监控、培养质量和社会评价等指标，起到了促进省属普通高等学校提高本科教学质量，在全省高校中也起到了积极的示范作用。五是完善预算绩效管理。浙江省人民政府 2012 年发布了《关于全面推进预算绩效管理的意见》，要求逐步建立"预算编制有目标、预算执行有监控、预算完成有评价、评价结果有应用"的预算绩效管理运行机制，着力体现预算资金的绩效。六是建立捐赠配比制度。浙江省财政厅、省教育厅 2012 年发布了《省属高校捐赠收入财政配比资金管理暂行办法》，省财政设立的普通高校捐赠收入配比资金，用于对接受社会捐赠收入的高校实行奖励补助。2014 年前按 1：1 配比奖励，2015 年后根据财力安排。

（二）制定普通高等学校生均经费基本标准和生均财政拨款基本标准

改革预期目标是，进一步完善以国家财政投入为主，学生合理分担培养成本、学校设立基金接受社会捐赠等多渠道筹措经费的投入机制。财政拨款中引入绩效管理，有效运用财政手段促进高校提高财政资金使用效率。推进增强高校财政透明度，完善财政资金使用监督管理机制，切实加大财政对高等学校的投入力度，促进甘肃高等教育持续协调发展。

一是组建成立省级教育、财政部门和高校有关人员、专家参加的课题组。项目组由甘肃省财政厅、甘肃省教育厅、北京大学、北京师范大学、对外经济贸易大学、西北师范大学有关人员及甘肃省各高校的财务人员组成。团队成员包括长期从事高等教育财务理论研究和管理实务的专家、教育等行政部门领导和管理人员，既掌握前沿理论，又富有实践经验，为本项目的研究和成果应用提供了较好的智力支持和实践平台。二是有步骤完成计划目标。课题组历时两年多时间，项目组召开十余次项目研讨会，并开展了两次面向社会人士和财务专家的意见征询会，充分发扬民主、群策群力、广开言路、集思广益。课题组完成了项目设计、数据收集和清理、数据分析、综合定额测算和数据比对、撰写报告等工作。研究分析高校不同学科（专业）办学成本，建立数学模型，测算高校生均经费基本标准，确定高校生均财政拨款标准。探索建立高等学校学科（专业）教学和管理的成本中心，以成本中心为基础科学测算高等学校生均经费基本标准，研究确定生均财政拨款基本标准。建立和完善高等学校财政预算拨款体系。在生均财政拨款基本标准的基础上，引入绩效拨款机制。成立独立于高校和财政部门的高等教育拨款咨询委员会负责高等学校的财政拨款管理。建立高等学校生均经费基本标准定期调整机制，不断提高经费保障水平。进一步规范高校预算经费拨付机制，建立健全财政投入责任落实到位的监督检查机制。三是开展了有效的探索。从课题总目标来看，试点项目有效地推动了国家财政投入为主的高等教育投入机制改革。甘肃在财政拨款中尝试引入绩效管理，有效运用财政手段促进普通高校提高财政资金使用效率。切实加大了财政对普通高等学校的投入力度，促进了甘肃高等教育的"内涵式"发展。从分阶段目标来看，项目研究制定普通高等学校生均经费基本标准，以成本核定为基础科学测算高等学校生均财政拨款基本标准，对"十二五"期间甘肃省属本科高校的财政资金需求进行了预测。在生均财政拨款基本标准的基础上，引入绩效拨款机制。进一步规范高校预算经费拨付机制，建立健全财政投入责任落实到位的监督检查机制。

三、普通高校师范生资助体制改革

作为国家为促进教育发展与教育公平而采取的一项重大政策措施，其目的是通过试点积累经验、建立制度，为培养造就大批优秀中小学教师和教育家奠定基础。自2007年秋季国家开始在北京师范大学、华东师范大学等六所教育部直属师范大学实行免费师范生教育起，为师范教育改革、创新示范教育模式提供了新的机遇。

为有效的探索师范生资助体系，改革和完善市属高校师范生学费和学生资助政策，确定合理的资助方式和资助范围，提高资助标准，制定相应的配套政策，吸引更多的优秀人才报考师范生，进一步提高中小学教师队伍的素质和水平，国家教育体制改革试点选择有代表性的北京地区进行改革试点。为审慎决策，课题组深入调查研究，听取意见和建议，同时还组建了改革试点咨询专家组，以便及时提供指导和咨询，进行必要的评估。

结合目标任务书来看，提高市属高校师范生生活标准方面，北京2010年市属高校现有师范专业学生4506人，已实行免交学费，同时享受大中专学生生活物价补贴，补贴标准执行的是1998年市财政局和市教委颁发的大中专学生生活物价补贴每生每月100元。由于2007年实施的北京市属普通本科高校及高等职业学校国家奖学金、国家励志奖学金和北京市国家助学金管理实施办法规定，实行免交学费享受专业奖学金的首都师范大学、首都体育学院等高等学校的相关专业的学生不参加国家励志奖学金、北京市国家助学金的申请。2010年，专家组完成提高市属院校师范专业学生资助标准的调研工作，并印发了《北京市教育委员会北京市财政局关于调整大中专学生生活物价补贴标准的通知》，将市属院校师范专业学生生活物价补贴标准从每生每月100元提高到每生每月200元，免学费。每年按10个月计发。从2010年9月1日起执行。提高了对市属高校师范专业学生资助水平，完善了普通师范生资助政策。市属高校全面执行。建立全日制硕士专业学位研究生资助政策方面，为落实《教育部办公厅关于切实做好普通高校全日制硕士专业学位研究生资助工作的通知》文件精神，从2010年9月开始将家庭经济困难的全日制硕士专业学位研究生的资助纳入学生资助工作范围（范围），与普通研究生一视同仁。按照规定标准每生每月200元，每生每月220元和每生每月240元，向全日制硕士专业学位国家任务研究生按月发放研究生普通奖学金，并将资助经费纳入年度财政预算。为符合规定条件的家庭经济困难全日制硕士专业学位研究生申请办理国家助学贷款，发放生源地信用助学贷款。扣除未纳入本研究的项目外，试点项目基本完成了试点项目任务书的要求。

四、中、小学生均经费基本标准

中、小学教育是我国教育体系中极其重要的一环，对我国教育事业具有基础性的影响。而中、小学教育发展的生均经费的投入、支出则对完善教育的保障机制与合理配置教育资源，维持和深化教育改革具有重要支点作用。

作为中、小学的改革试点项目的广西，自项目 2010 年底启动以来，先后成立了领导小组和组织机构，投入专项经费，制定义务教育学校办学标准，开展调查研究，有序开展各项预定的工作。按照试点项目任务书目标达成情况，广西已经初步构建广西义务教育公用经费模型，完成了义务教育生均公用经费标准目标值测定，整个任务将于 2013 年底完成。广西义务教育经费保障机制方面，通过全面落实农村义务教育公共经费基准定额；落实政府投入责任，促进义务教育改革和发展的需要；大幅度增加公用经费支出，保障义务教育学校运转。

重庆的"制定普通高中生均经费基本标准"项目则明确普通高中学校学生培养成本，通过实物消耗定额等手段，建立测算培养一个合格普通高中学生成本模型，动态制定培养成本标准，建立成本分担机制。2010—2011 年，根据国家对普通高中学校的教育教学要求和重庆市实际情况，参照周边省市标准，按照能保障学校基本运转的原则，制定普通高中生均经费基本标准。2012 年，建立普通高中生均经费基本标准动态测算模型，实现动态制定标准机制。经过试点，重庆市初步构建了普通高中生均教育成本分担机制，即普通高中教育成本分担控制机制，中央、市级与区县财政按比例分担普通高中教育成本的教育投入机制，多渠道筹措普通高中教育经费的激励机制、学生资助制度和运行机制。制定了公办普通高中生均经费财政拨款标准。已出台公办普通高中生均经费拨款标准文件，从 2012 年秋季起，全市公办普通高中生均财政拨款按照年生均 500 元标准执行。并以全国及各省、市（自治区）普通高中教育经费投入为参照，确定了 2010—2015 年每年的预算内生均教育事业费标准；以重庆普通高中教育生均经费调研数据为参考，确定 2010—2015 年每年的预算内生均教育事业费标准。

五、探索多渠道筹集办学经费的机制等层面

介于高校现实面对的科研等经费短缺的问题，多渠道筹集经费就成为各高校面临的一项重要议题。为改善高校的资金状况，提高高校的资金筹措能力，在中国科学技术大学进行了"探索高校多渠道筹集办学经费的机制"的试点。试点旨在建设以政府投入为主，省部互动、社会资源广泛参与；完善省、部、院共建机制下的多渠道办学资源获取方式。探索建立通过科研优势吸引社会资源参与学校发展的机制体制。制定和完善社会捐助的相关政策，做好教育捐赠的社会渠道；加强制度建设，成立专门的办学经费筹集机构，制定激励机制，支持多渠道筹集办学资源。加强队伍建设，组建专业的办学经费筹集工作队伍。目前，中国科学技术大学（下文为行文方便也用"中科大"）正在积极探索建设以政府投入为主，省、部、院互动，社会资源广泛参与的教育投入机制和以校友捐助、社会捐助等为主的社会多渠道投入机制，使社会投入在办学总经费中的比例逐步增大，形成透明、高效、可持续的多元教育资源筹集体系。在组织领导、出台配置政策、条件保障等方面已取得实质性进展。

第二节　试点改革成效

通过对改革试点地区和高校的进展情况的分析，总体来讲，通过两年多的工作，试点地区的改革目标基本实现，成效显著。

一、政府的责任意识和教育优先发展的理念得到进一步强化

通过试点，增强了各级政府加大教育投入，保证财政占比目标的紧迫感和责任感，进一步确立了教育经费投入财政为主的观念。重庆市通过加大财政教育投入，保障学生成长成才需求，体现对民生的关注，如实行残疾儿童

教育"零收费"、实施中小学营养促进工程、照顾 130 万农村留守儿童、寄宿生生活费补助、高中阶段家庭经济困难学生资助和免费教育、大学生助学贷款等，共计投入 50 亿元，充分发挥了政府保障性作用。同时，在教育投入方面，进一步强化了公平理念。

甘肃省认为，各学校财政拨款额度的差异主要体现在学科结构上，他们使具有相同学科的不同学校得到了相同财政拨款。在最基本的层面上，相同学科的学生得到了相同的财政资源，不同学科的学生得到了与其学科教育教学活动所需资源相一致的财政资源。中科大自开展试点以来，增强资源筹措意识，高度重视与安徽省、中国科学院、合肥市及国家相关部位的沟通与联系，主动作为、积极参与，实实在在为学校发展争取到了更多的资源。据了解，承担改革任务的省（区、市），自开展试点任务以来，财政教育投入经费基本比上一年度都有较大提高。江苏省已在全国率先实现了学前教育、义务教育、普通高中、中等职业教育和高等教育经费保障机制和生均财政拨款标准全覆盖，为各级各类教育可持续发展提供了制度性的经费保障。

二、落实教育财政性支出增长的指标，承担政府在教育中的主要责任

开展试点的各省（区、市）能够积极按照中央要求，坚持把教育作为公共财政支出的重点予以优先保障，做到"年初预算优先考虑教育、执行预算优先满足教育、年终结算追加优先照顾教育"，依法保障教育经费"三个增长"。

重庆市坚持执行市级教育经费占市级经常性财政收入的比例每年提高 1 个百分点，区县（自治县）逐年增加本级财政支出中教育支出的比例。坚持新增教育经费 70% 以上用于农村，以实施重大项目为载体，拉动区县教育经费投入。一是继续实施农村薄弱学校改造、职业教育基础能力建设、三峡库区与民族地区教育扶持等工程；二是重点投向学校内涵建设、增加生均经费、加强师资建设、改善教师待遇等方面；三是实施学前教育三年行动计划、补助贫困学生、支持民办教育等，促进教育均衡发展。

江苏省先后出台了《省政府关于进一步加大财政教育投入的实施意见》、《省财政厅省教育厅关于进一步强化教育经费保障机制的通知》和《关于加强对市县 2011—2012 年财政教育投入状况分析评价的通知》等完善保障教育优先发展的投入体制的文件和监督机制，有效地保证了财政教育投入持续增长。为促进教育公平，2012 年实现了扶困助学体系全覆盖，他们建立学前教育资助制度，对家庭经济困难儿童接受普惠性学前教育给予资助；完善义务教育阶段学校家庭经济困难寄宿生生活费补助政策；落实高中阶段教育国家资助政策。

内蒙古积极探索建立公共财政对农村牧区公办学前教育投入的保障机制，大力发展农村牧区学前教育（公办），缩小城乡教育发展的差别，推动教育起点公平，为每个适龄儿童一生发展奠定良好素质基础。在建立公共财政对民办教育投入保障机制上进行了积极探索，出台了《内蒙古自治区人民政府关于促进民办教育发展的决定》，创新民办教育办学体制和机制，引导民办教育健康发展，增强民办教育的办学活力，调动民间资本参与民办教育的积极性。2011 年起，自治区及部分盟市政府设立了民办教育专项资金；2011 年，自治区安排民办教育专项资金 2000 万元；2012 年，安排民办教育专项资金 2000 万元；2013 年，自治区财政预算安排民办教育专项资金 6000 万元，主要用于资助民办学校项目建设，奖励民办教育示范校等。

三、拓宽了教育经费筹集渠道

为保证教育投入，各地都加大了筹集财政教育经费的力度，拓宽了来源渠道。

重庆市梳理并打通了"八条"渠道：一是城市建设配套费部分用于教育；二是征收城市教育费附加，并足额安排用于教育；三是按增值税、消费税、营业税的 2% 开征地方教育附加；四是预算内基本建设投资切块 20% 用于教育；五是土地出让收益 10% 用于教育；六是教育用地、教育资源转让所得全额返还学校；七是统筹使用科技、就业、农业、扶贫等部门资金和国企捐赠资金支持教育；八是高校新校区建设营业税实行先征后返。

中国科学技术大学积极拓宽高校筹措办学经费机制，教育基金会通过社会化用工、企业化管理的方式加强专职筹款工作队伍的建设。

安徽省政府发布《关于支持中国科学技术大学建设世界一流研究型大学的若干意见》和中国科学院、教育部、安徽省三方联合签署的《关于持续重点共建中国科学技术大学的协议》等文件，并在有关精神的指导下，做好与地方政府的沟通、协调工作，充分利用地方财政、税收、金融和土地等优惠政策，鼓励和引导社会力量捐资助学、出资办学。

四、加强教育经费监管，提高资金使用效益

开展试点的各省（区、市）都进一步完善了教育经费监督管理措施，改进了监督检查方法，切实提高教育经费的使用效益。

重庆市采取六项措施提高经费管理水平：改革和完善区县教育经费管理体制；探索建立教育经费监管中心，加强经费监管；积极推进高校试行总会计师制度；建立各级财政教育投入增长考核制度、公共财政投入持续增长监督机制；充分发挥审计工作职能，提高资金使用效益；控制学校债务。

江苏省完善各级教育经费保障机制和教育投入增长的监督制度，会同省财政厅建立了省对各市、县（市）的财政教育投入状况的分析评价指标体系，核定了全省63个市、县2011年、2012年财政教育支出占一般预算支出的比例，对各地教育投入进行动态监测和评价分析。他们还建立教育投入公告制度，每年发布全省地方教育经费统计公告，定期发布全省财政性学前教育经费占比情况的通报等。

浙江省2012年由政府发布了《关于全面推进预算绩效管理的意见》，要求逐步建立以绩效目标为基础，以绩效跟踪为主线，以绩效评价为手段，以结果应用为保障，以改进预算管理、优化资源配置、节约行政成本、提高公共产品质量和公共服务水平为目标，覆盖所有财政性资金的预算绩效管理体系，尽快实现"预算编制有目标、预算执行有监控、预算完成有评价、评价结果有应用"。

甘肃省建立健全预算执行的监控、考核机制，对预算执行跟踪管理和指

标考核，及时反馈预算执行进度信息，增强预算的严肃性、合理性和有效性，确保预算资金落到实处；强化预算功能，合理配置办学资源；建立与公共财政相适应、科学规范的高校绩效评价体系，通过产出成果考评机制和市场竞争机制来促进高等学校合理利用资源，提高办学水平和教育质量。

五、政策突破有新进展

各省（区、市）进一步完善试点工作思路，把制度创新作为试点工作的重要内容，积极开展调查研究，找准制约因素，积极创立新的有效的工作制度。试点工作在政策的科学性、系统性和规范性，以及与国际接轨方面有了一些质的突破。

浙江省开始尝试全面推行专项性一般转移支付，探索建立了省属高校本科教学业绩考核结果与财政拨款挂钩制度。浙江省财政厅出台《关于实施省级专项性一般转移支付管理改革的通知》，通过分配因素的政策性、导向性作用，既可以更有效地推动上级政府的政策意图、目标的落实，又同时实现了财政分配职能的回归，大大增强了政府的财政调控能力，有利于地方和部门集中财力办大事。浙江省财政厅、教育厅发布《关于试行省属普通高等学校本科教学业绩考核结果与财政拨款挂钩办法的通知》，制订《浙江省普通高等学校本科教学业绩考核指标体系（试行）》，主要涉及师资队伍、教学资源、教学建设与改革、质量监控、培养质量和社会评价等指标，让省属15所普通本科院校的教学业绩考核结果与财政拨款挂钩。重庆市为加大工作力度，2013年出台了《关于开展2012年教育经费专项督导的通知》，在普通高中教育经费管理上创造性地设立和实施了专项督导制度，充分发挥对普通高中教育经费管理的行政监督职能。

内蒙古为扶持民办教育的发展，2010年出台了《内蒙古自治区人民政府关于促进民办教育发展的决定》，鼓励引导社会力量发展民办教育，认真落实促进民办教育发展的各项优惠政策，进一步拓宽教育经费投入渠道。

六、社会关注度、参与度不断提高

推进教育体制改革，是全社会的共同责任。各试点省（区、市），在推进改革工作中加强宣传引导，充分发扬民主，广泛听取意见，动员各方面力量支持改革，不断提高社会关注和参与度。

中国科学技术大学承接"探索高校多渠道筹集办学经费的机制"改革试点工作，在探索校友捐赠和社会捐赠的过程中，校友总会、教育基金会等单位充分认识到筹款的基础是情感和服务，关键是合作共赢，促使相关单位主动转变工作作风，变行政工作为服务工作，提升工作效率和服务能力，逐步重视社会资源参与到学校发展中，发挥学校的科研优势，引导社会力量参与科研难题攻关、成果转移转化。他们的试点工作提升了学校与省、部、院三方的沟通联系机制，参与区域经济发展，加强学校与产业界的合作共赢，提升了校友服务质量，切实得到了政府、企业、校友的大力支持。

湖南省在改革试点工作中，注重调动市县的积极性，部分市县自主开展了改革试点工作。该省的长沙市、株洲市根据自身财力状况，以及中央和省有关政策要求，自主开展了高中生均财政拨款基本标准改革试点工作。初步建立了本地区普通高中生均经费标准，明确了普通高中学校经费来源，包括预算内教育经费拨款、按国家规定用于高中教育的教育费附加、企业办学经费、校办企业、勤工俭学和社会服务收入用于高中教育的经费；社会团体和公民个人办学经费；捐集资收入；办学收取的学杂费等事业收入和其他收入，基本确立财政投入的主体地位；明确了普通高中开支范围，初步制定了高中学校公用经费支出基准定额标准，切实有效加强高中学校经费监管工作。

第三节　主要经验和典型模式

通过两年多的试点，试点任务书规定的目标基本得以实现，取得了显著成效，在完善教育投入机制，提高教育保障水平的同时，出现了一些具有代表性的模式，探索出一些行之有效的经验。这些经验和模式或可对完善现有教育投入机制提供有效的借鉴，从而提高教育保障水平。

一、保障教育优先发展的公共财政体制和投入机制

江苏省对改革试点工作高度重视，根据试点项目任务书的要求，积极谋划，精心组织，进一步加大财政教育投入，完善各级各类教育经费保障机制，加强教育经费监管，为推进试点工作的进一步深化奠定了良好的基础、积累了宝贵的经验。

（一）试点的主要成功经验

第一，强化组织领导。江苏省教改领导小组组长由省政府主要负责同志担任。在此基础上，针对每个改革试点项目，成立了专门工作小组，教育行政部门分管领导担任组长，将实施责任分解到人。为把各项改革试点任务落到实处，省里加强了政府财政经费投入、使用、管理的监督检查工作，在完成 2012 年省级部门预算全评价和高等教育质量提升工程评价的基础上，2013 年进一步做好省级部门预算全评价、重点做好师资队伍建设专项经费的后评价工作，有效地保证了试点工作的顺利实施。

第二，积极出台配套政策。在深入调研的基础上，江苏省围绕试点目标任务，密集出台了《省政府关于进一步加大财政教育投入的实施意见》、《江苏省财政厅江苏省教育厅关于建立健全学前教育经费保障机制的通知》、《江苏省财政厅江苏省教育厅关于建立健全普通高中经费保障机制的通知》、《关于民办高等学校收费标准等有关问题的通知》等 10 多个政策文件，基本建立了保障教育优先发展的公共财政体制和投入机制。

第三，细化落实措施。在义务教育方面，重点完善了"省级统筹，以县为主"的义务教育管理体制，逐步加大省级对经济薄弱地区统筹力度，促进义务教育均衡发展；完善义务教育经费保障机制，农村义务教育年生均公用经费基准定额提高至小学 600 元、初中 850 元；完善校舍维修改造长效机制，校舍平均造价提高至每平方米 1000 元。在普通高中教育方面，重点完善培养

成本分担机制，明确学校举办者、受教育者承担经费比例；制定普通高中生均财政拨款标准，每生每年不低于 500 元，并建立生均财政拨款稳定增长的机制。在中等职业教育方面，重点是结合全省实际，制定中等职业教育免学费政策，对公办中等职业学校全日制正式学籍一、二、三年级在校学生免除学费，省财政按相应标准和比例与市县财政分担免学费补助资金和国家助学金。在高等教育方面，逐步建立以举办者投入为主、受教育者合理分担培养成本、高校设立基金接受社会捐赠的投入机制；制定高等教育生均财政拨款定额标准，2013 年省属高校生均财政拨款标准提高至每生每年 9000 元，同时设立教育咨询委员会，建立教育投入绩效评价机制，实行"综合定额+专项补助+绩效奖励"公平与效率相结合的绩效拨款制度；完善高等教育成本分担机制，实行优质优价，省教育厅、物价局、财政厅对民办高校学费标准分层次、分类型进行了结构性调整，完善民办高校学费监管及学生奖助政策，进一步加强民办高校收费管理。

第四，提供条件保障。一是强化工作基础。2012 年，全省教育经费总投入 1832.12 亿元，比上年增加 243.91 亿元，增长 15.36%。其中：财政性教育经费 1427.18 亿元，比上年增加 250.33 亿元，增长 21.27%，占总投入的 77.90%，比上年提高 3.8 个百分点。按照财政部口径，2012 年，全省财政教育支出占公共财政支出比例为 18.74%，高于中央下达比例 0.74 个百分点。二是依法保证政府对教育的投入。2012 年，江苏省全面落实"三个增长"，全省预算内教育经费拨款 1201.93 亿元，比上年增长 20.5%，预算内教育经费拨款增长高于财政经常性收入增长 5.6 个百分点。全省各级各类教育生均预算内教育事业费支出和生均预算内公用经费支出全面增长。三是加强制度保障。如前所述，江苏省完善各级教育经费保障机制和教育投入增长的监督制度，建立了省对各市、县（市）的财政教育投入状况的分析评价指标体系，核定了全省 63 个市、县 2011 年、2012 年财政教育支出占一般预算支出的比例，对各地教育投入进行动态监测和评价分析。建立教育投入公告制度，每年发布全省地方教育经费统计公告，定期发布全省财政性学前教育经费占比情况的通报等。

（二）试点工作取得的主要成效

通过两年多的试点工作，江苏省不断完善保障教育优先发展的投入体制，切实加大财政教育投入，落实拓宽财政性教育经费来源渠道的政策，进一步强化制度建设，建立健全各级各类教育经费保障机制，强化财政资金和政策的引导作用，以增加各级教育生均财政拨款或生均公用经费财政拨款为主，加大对教育内涵建设的支持力度，着力提高了资金使用的效率和效益，全面实现了试点任务书规定的改革目标，收到明显成效。主要有以下几个方面。

第一，完善保障教育优先发展的投入体制。2011年，省里先后出台了《省财政厅省教育厅关于进一步强化教育经费保障机制的通知》和《关于进一步加大财政教育投入的实施意见》，明确提出义务教育全面纳入各级财政保障范围，实行预算单列。进一步细化和落实各项教育投入政策，完善教育经费保障机制建设。

第二，各级各类教育经费保障机制不断完善，经费保障水平逐年提高。在相继制定、提高义务教育、中等职业教育和高等教育生均财政拨款标准的基础上，2012年，江苏省相继出台了《江苏省财政厅江苏省教育厅关于建立健全学前教育经费保障机制的通知》和《江苏省财政厅江苏省教育厅关于建立健全普通高中经费保障机制的通知》。至此，江苏在全国率先实现了学前教育、义务教育、普通高中、中等职业教育和高等教育经费保障机制和生均财政拨款标准全覆盖，为各级各类教育可持续发展提供了制度性的经费保障。

第三，坚持不懈地推进改革创新，财政性经费来源渠道不断拓宽。2011年，江苏省出台了《省政府关于调整地方教育附加等政府性基金有关政策的通知》和《江苏省财政厅江苏省教育厅关于从土地出让收益中计提教育资金有关事项的通知》，明确提出统一内外资企业和个人教育费附加制度。自2011年1月1日起，从当年以招标、拍卖、挂牌或者协议方式出让国家土地使用权取得的土地出让收入中，按照扣除征地和拆迁补偿、土地开发等支出后余额10%的比例计提教育资金。

第四，扶困助学体系建设更加完善，更好地促进了教育公平。2012年，江苏省"政府主导、学校联动、社会参与"的扶困助学机制实现全覆盖，省级财政统筹中央补助共投入 28 亿元。一是建立学前教育资助制度，对家庭经济困难儿童接受普惠性学前教育给予资助。二是完善义务教育阶段学校家庭经济困难寄宿生生活费补助政策。从 2012 年春季学期起，对义务教育学校所有家庭经济困难学生全面发放生活费补助，补助标准提高到每生每年小学 1000 元、初中 1250 元，切实改善家庭经济困难学生营养状况。三是落实高中阶段教育国家资助政策。扩大中等职业学校免学费范围，对全省中职学校所有一、二、三年级在校学生免收学费，并向一、二年级涉农专业学生和非涉农专业家庭经济困难学生，按每生每年 1500 元发放国家助学金。对高中阶段残疾学生实施免费教育。四是完善普通本科高校和高等职业学校奖、贷、助、补、减政策，建立国家奖助学金标准动态调整机制。

　　第五，加强经费管理与监督检查，促进了事业的健康发展。江苏省在经费的使用管理中，不断强化绩效理念，发挥财政资金的政策性、导向性作用，提高资金的使用效益。省里先后制定了《规范和加强高校发展基金会财务管理的意见》《省级教育专项资金绩效管理暂行办法》，研究建立《江苏省教育厅省级财政教育专项经费绩效目标指标体系》，建立起了预算编制有目标、预算执行有监督、预算完成有评价、评价结果有反馈、反馈结果有运用的预算绩效管理机制。他们对省级教育专项资金绩效评价，将评价结果作为改进预算安排的依据，作为动态调整的依据，作为表彰奖励的依据，对规范专项资金的使用、提高专项资金使用效益、促进事业发展起到了重要推动作用。

　　第六，试点成效产生良好影响，较好地发挥了示范引领作用。江苏省实现国民教育体系经费保障机制全覆盖，在全国率先实现了学前教育、义务教育、普通高中、中等职业教育和高等教育经费保障机制和生均财政拨款标准全覆盖，为各级各类教育可持续发展提供了制度性的经费保障。在我国教育支出占国民生产总值达到 4% 以后，着重要解决的是各级各类教育生均拨款标准问题，江苏省的这一做法为国家制定相关标准提供了参考与借鉴。

（三）问题及建议

　　江苏省的试点工作虽然取得了良好的成效和经验，但面对实现教育现代化建设目标提出的更高要求，还需进一步加大教育投入。当前，各级各类教育生均财政拨款标准和生均公用经费财政拨款标准虽然已经建立，但如何建立与经济社会发展和物价水平变动相联系的稳定增长机制，仍需进一步强化机制。另外，高中阶段学校债务沉重。虽然江苏省已印发《关于积极推进化解高中阶段学校基本建设债务的指导意见》，但是仍需进一步指导和激励各地政府加快化解高中阶段债务。这些都需要在今后试点中逐步加以解决，为此提出如下建议。

一是进一步强化经费保障能力。在国家4%、全省18%目标实现后，应继续强化各级政府提供教育公共服务的职责和保障能力，继续贯彻执行国家财政教育投入政策，严格落实教育经费法定"三个增长"要求，确保财政性教育经费的稳定来源和持续增长。二是继续提高各级各类教育生均财政拨款标准和生均公用经费财政拨款标准，不断提高经费保障水平。三是进一步管好用好教育经费。探索建立符合教育发展规律，确保资金规范、安全、高效使用的教育经费管理模式。科学合理安排使用教育经费，着力完善体制机制，着力优化支出结构，着力促进教育公平、提高教育质量。全面推进教育经费科学化、精细化管理，加强教育经费的绩效考评，改变重投入、轻管理，重分配、轻绩效的状况，切实提高资金使用效益。

二、多渠道筹措办学经费改革探索

随着我国高等教育大众化的深入推进，教育经费短缺的问题日益突出，积极拓宽高校经费来源渠道，不断创新高校筹款模式，是当前推进大学发展的重要课题。《教育发展规划纲要》提出"要健全以政府投入为主、多渠道筹集教育经费的体制，大幅度增加教育投入"，明确提出"社会投入是教育投入的重要组成部分。充分调动全社会办教育积极性，扩大社会资源进入教育途径，多渠道增加教育投入。完善财政、税收、金融和土地等优惠政策，鼓励和引导社会力量捐资、出资办学。完善捐赠教育激励机制，落实个人教育公益性捐赠支出在所得税税前扣除规定"。为落实纲要精神，中科大承担了"高校多渠道筹集办学经费的机制"改革试点任务，积极探索具有中国特色、区域特征、大学特点的多渠道筹措办学经费的实践经验。

本次国家教育体制改革试点从 2010 年开始，中国科大承担的"高校多渠道筹集办学经费的机制"试点主要任务是建设以政府投入为主，省部互动、社会资源广泛参与，适合中西部高校发展现状、能有力促进社会办学资源流向中西部地区的筹资体系，促进中西部地区高校办学经费显著增加，发展速度明显加快。为高质量完成试点任务，中科大成立了以校领导牵头，教育基金会、校友总会、发展规划处、财务处等紧密合作的"高校多渠道筹集办学经费的机制"专项改革小组。改革小组从学校实际出发，统筹谋划，确立了以合作共赢为基础、以筹款项目为载体、以校友捐赠为突破口、以社会捐赠（非校友的个人捐赠、企业捐赠和基金会捐赠等）为战略重点的筹措办学经费思路。按照这一思路，学校积极做好校友工作的顶层设计和规划，根据学校教职员工和社会多方面的意见，研究制定筹款的激励政策，鼓励社会力量积极参与学校建设。学校把工作的主体力量放在了校友总会，他们积极与各单位加强交流和沟通，主动设计校友可以参与和帮助的项目，努力使"校友捐赠"的一次性行为转变为"校友参与、持续互动、集思广益、长期合作"的互动项目。

（一）典型经验与做法

第一，面向国内外深入调研，全面把握大学教育筹款的机遇与挑战。发达国家高校在多渠道筹集办学经费方面已有多年的探索和实践，形成了多元有效的筹资渠道。近年来，国内高校也日益重视多渠道筹款，许多高校在筹集社会资金方面都有很好的收获和成果。对国内外多渠道筹集办学经费现状进行调研，有助于理清探索方向，学习和借鉴已经成熟的经验，提出适合国情和校情的多渠道筹集办学经费的机制。通过广泛调研，中科大认识到，校友捐赠是学校教育捐赠的重要来源，校友是最关心和支持母校、最可能愿意向母校捐赠的群体，同时校友捐赠对企业捐赠和其他个人捐赠的引导和激发作用是巨大的，学校决定先以校友捐赠为突破口，扎实推进，逐步拓展，探索教育筹款的方法和机制。为此，学校校友总会承担了具体的试点任务，他们以"高校多渠道筹集办学经费的机制"的国家教育体制改革试点任务为契机，在开展试点工作的调研过程中，逐渐了解了国外知名高校校友工作的格局和成熟经验。2012 年 3 月，校友总会赴北京调研清华、北大两校的校友工作，对两校校友会的机构设置、发展历程、品牌项目和工作思路有了较为深入的了解。同年，校友总会在毕业生中挑选了 10 名赴斯坦福大学、哥伦比亚大学等世界一流大学继续深造的同学，聘任他们为"校友工作海外联络员"，请他们密切关注并及时反馈他们了解到的各自学校的校友活动和校友工作动态。

第二，树立合作共赢理念，加强与校友的广泛联系。校友意识是从入校时便自然而然形成的，而深层次的校友意识体现为感恩意识和回馈意识，将校友对母校的情感转化为感恩和回馈则需要通过相应的活动和意识来培育和增强。中科大校友有两个鲜明的特点：一是校友对于中科大本身的认同感很强；二是中科大校友这个群体，对于报效国家的情感很强。中科大校友总会通过调研沪深穗三地校友会、参加京沪苏锡等地的校友活动，主动加强与各地校友的联系；通过举办多种活动，为校友提供贴心的服务和便利的交流平台。每年 6 月、7 月，中科大校友总会着力打造"毕业季"校友活动。2012年，在本科生和研究生毕业典礼当日，校友总会制作有科大特色的留影墙为毕业同学及亲友提供照片背景。志愿者冒着酷暑提供义务的摄影服务并整理好照片发到毕业同学的电子信箱，为毕业生留下离校前的珍贵回忆。

第三，全心全意为校友服务，让学校成为校友心灵的家园。针对学校海外校友人数众多，而国际电话费用昂贵的情况，校友总会在热心校友的支持下，开设了"北美校友服务热线"，北美校友只需负担本地电话费用，即可与母校随时保持沟通。中科大利用技术优势，建立了信息化的校友平台，把它作为校友服务母校的平台，校友帮助校友的平台，母校扶持校友的平台。2012 年，中科大校友总会在新浪微博、微信、Facebook 、Linkedin 等社交平台上的影响力已经初步形成并正处在高速发展中，及时发布或转发与学校发展成就相关的文章，在网络上积极传播科大发展的正能量。此外，校友总会还及时关注、搜寻和整理校友取得的成就，如校友入选 IEEE、Fellow 等，及时发布在各社交平台、学校新闻网站、校园 BBS 等，起到很好的效果。目前校友总会正在校友企业的帮助下，开发基于移动终端的校友社交平台，未来将为全球中科大校友提供更便捷的沟通平台。

第四，开发、设计形式多样的捐赠项目，培育新型的捐赠关系。情感认同是捐赠的基础，但持久的、大额的捐赠不能仅仅依靠情感认同来维系，必须要探索突破一次性的直接捐赠模式，建立一种可持续性的互利共赢的捐赠模式。目前，中科大教育基金会在充分调研学校的需求和捐赠人愿望的基础上，已经开发、设计了各种奖学金、奖教金、助学金、办学条件（软硬件设施）建设基金、招生基金、宣传基金、学生社团发展基金等各种形式的捐赠项目。同时，还明确了学校与企业合作的八种途径：一是通过开展招聘会和宣传会进行人才输送；二是进行专利转让，实现科研成果产业化；三是采取实验室与企业合作，进行联合项目开发；四是通过学术报告和研讨班等形式进行学术交流；五是通过聘请兼职教授、客座研究员、工程顾问等方式进行智力资源共享；六是共同组建联合实验室、研发中心、工程中心等；七是通过合作方式共同提高企业的技术、产品、管理水平；八是建立人才培养基地，联合培养研究生、提供实习岗位。

第五，拓展"大校友"理念，积极争取各种社会资源。根据中科大校友会章程，"虽非中国科学技术大学校友，但由于各种原因与中国科学技术大学关系密切，对学校的建设与发展和校友总会的工作做出较大贡献的人士，若本人自愿履行校友义务，经本会会长办公会议审议，报常务理事会备案，可授予中国科学技术大学名誉校友称谓，享受校友的一切权利"。因此，学校的朋友皆可视为"校友"。在学校每年获得的教育捐款中，社会校友的捐赠量占有较大比例。校友总会、教育基金会高度重视各界校友，主动联络，热情服务，积极争取各界校友对学校教育事业的支持。近两年，北京网秦天下科技有限公司、日立建机（中国）有限公司、信地集团、合肥联迪商用信息公司等先后向学校捐赠，有力支持了学校的人才培养和科技创新。

第六，坚持精益求精，打造值年返校的校友活动品牌。校友毕业值年返校是中科大校友的传统活动，届届传承。中科大每个年级毕业10年（或倍数），都会有校友返校聚会，大家轮班回来，2012年是77级、87级、97级毕业生返校。77级是高考恢复之后第1届，校友回来700余人。这一年返校校友虽然只有3届，但大家都很骄傲。87级的学生在校5年，1992年毕业。2012年毕业20年。这一届出了3位科学界的知名人士，能够代表当今我国乃至世界的科研水平。一位是中国科学院目前最年轻的院士潘建伟，量子专家；一位是中国工程院最年轻的院士邓中翰；一位是美国科学院最年轻的院士张晓微。在 87 级回来聚会时，校友都很自豪地说，"我们 87 级圆满完成母校的任务，千生一院士已经远远超过了"。2013 年 7 月份回来的校友达 1000多人，来自世界各地。2013 年是 58 级第一届科大学生，58 级、78 级、88级、98 级，他们都对母校带来真诚的问候。

第七，立足可持续发展，助力学生就业创业。2011 年下半年开始，校友会和团委合作，成立校友创业导师团。这些导师分布在北京、上海、深圳、合肥等地，目前有 20 人左右，都是自己创业的，且企业做得都不错。这些人作为导师团的成员，校友会和校团委为他们颁发创业导师证书，聘请他做中科大的学生创业导师。他们每年至少回来做一次报告，不报差旅费，没有讲课费，自己找时间来。校友们很开心，一个企业负责人到一个大学做报告，上中国科大的讲台，他们感到很自豪，很有归属感，也充分体现了学校的凝聚力和向心力。

（二）典型事例

中科大校友总会以"服务科大"和"服务校友"为一切工作的出发点和落脚点。他们进一步凝聚了校友力量，动员起更多校友主动与母校在人才培养、科学研究、师资队伍、建设项目等方面发展共赢，从而真正服务于科大发展，涌现了许多鲜活而生动的事例，值得研究和总结。

第一，建立先进技术研究院的案例。2011 年 12 月 24 日，在中科大与合肥市的市校联席会议上提出了建设中国科学技术大学先进技术研究院的构想，探索协同创新、合作办学之路。短短十个月后的 2012 年 10 月 24 日，由中科大与安徽省、中国科学院、合肥市四方共建的中国科学技术大学先进技术研究院（简称先研院）正式揭牌成立。先进技术研究院通过与高新企业的紧密合作，将人才培养与企业技术创新需求紧密结合，培养一流的创新型人才；通过产、学、研结合，为研究院和学校发展提供持续的资源支持。安徽省政府已同意支持 6 亿元专项资金用于研究院建设，已到位 4 亿元；合肥市政府也及时筹措资金，并在先进技术研究院的征地和建设上给予大力支持，保障工程建设顺利进行。先进技术研究院成立了项目组，通过"四个对接"（对接中国科学院各科研院所、对接中国科大海内外校友、对接国际优质科教资源、对接区域发展战略）积极引进国际知名企业和高新技术企业入驻园区。目前，该院已引进 16 个创新单元，招收工程硕士 300 余人。据统计，首批签约的 10 家单位中，有 5 家是科大校友为主要负责人的单位；首批聘任的 8 位工程博士企业导师中，有 5 位科大校友或校友企业骨干。2012 年，学校与省市相关部门合作，先后组织了"千人"专家合肥行、海外校友合肥行、校友企业家代表合肥考察等交流活动。增进了学校与省市互动，也为校友参与学校和省市发展提供了平台。据了解，先研院运作目前有两种模式，即一种是联合实验室、联合研发中心一类研究类的平台，它是一个独立法人，属于先研院的内设机构。第二种是新孵化的公司，也是独立法人，按照公司正常的模式去运转，但它唯一和别的公司不同的就是它的源头，源自先研院，它跟先研院之间会存在着一个亲戚关系或者叫血缘关系。新公司创立之初，先研院会在商业计划书等方面把关、指导，属于一种企业与大学的合作。中科大希望能够在先研院的周围形成一个产业群，这个产业群对学校来说，又是一个长期的资源。企业是中科大培养起来的，中科大真正地服务企业的成长、发展和成功，这个过程显然是很吻合学校的需求，也吻合筹款的需求。所以在这个过程中，中科大得到了研究，在研究过程中还带了学生，培养了人才，出了成果，不仅借用了社会资源，而且还服务了社会。

第二，设立校友餐桌的案例。校友总会邀请热心校友回校与同学们共同进餐的活动，被称为校友餐桌。这个活动是从 2011 年 4 月开始的。每一次有知名校友回来，餐厅后面会挂上横幅。校友会会提前半天在网上发布，学生在网上看到这个事自愿报名，但不是报个名就能参加，要写出来想问什么问题，想要交流什么，按照邮件送达的时间顺序取前十名。每次大概 10 个学生，一个校友。有时校友多一点，就 12 个或 13 个学生，学生与成功校友一边吃饭一边聊天，不设议题，随便聊，想问啥问啥。这是家人的感觉，家庭餐桌聚会的形式。这个活动是不定期的，随时随地，学校也不单独请校友回来，只要校友顺道或者出差来合肥，就可以到学校来，只要提前半天知道就行了，在 BBS 上发个消息就行。校友餐桌持续至今已办 30 多期。2013 年 9 月，有两位在斯坦福做教授的中科大校友，正好回学校做活动，校友会就提前联系约好时间，给学生们创造近距离交流的机会。把校友餐桌放在校园里面，各方面综合成本非常低（每次大概 15 个人，每人标准为 20 元，总计 300 元），但学生的参与热情非常高，对学生的影响是长远的。

第三，建立新生校友爱心包的案例。中科大的新生入学时，每个新生都会收到一个小包包，里面有一个杯子，一些常备药品，一把小扇子。这一套东西，包括里面所有的内容，都是校友会筹措的社会资源。每年 2000 多套，全都是校友会加班分装出来的，每个新生领取一份，在报到现场就有。很多家长很开心，因为学生一入学就军训，爱心包里的风油精、藿香正气、板蓝根等，都很有用。这么一个小包，动意很简单，就是提醒每个新生都是校友，但是目的不是为了让你捐款，目的主要是强化学生的校友身份，确认自己的校友身份。同时，感受校友组织的力量，从入学开始，虽然还没为这个组织，还没为这个学校做什么贡献的时候，你就能看到那么多师兄师姐对你的关注。杯子是校友会定制的，上面有中科大的"文化三宝"（T 恤衫、富光杯、黄拖鞋）图案，由中科大校友总会赠送。

（三）试点工作成效

经过三年多的努力，中科大关于多渠道筹措办学经费的改革试点工作取得了重要进展，收到了良好的效果。

第一，社会各方面的关注和参与度不断提高。多渠道筹措办学经费，必须是多方面的参与。中科大在推进改革工作中加强宣传引导，充分发扬民主，广泛听取意见，动员各方面力量支持改革，不断提高社会各方面，特别是校友的关注和参与度。中科大校友总会（教育基金会）充分认识到筹款的基础是情感和服务，关键是合作共赢，促使校内相关部门主动转变工作作风，变行政工作为服务工作，提升工作效率和服务能力，逐步重视社会资源参与到学校发展中，发挥学校的科研优势，引导社会力量参与科研难题攻关、成果转移转化。他们的试点工作提升了学校与省、部、院三方的沟通联系机制，参与区域经济发展，加强学校与产业界的合作共赢，提升了校友服务质量，切实得到了政府、企业、校友的大力支持。

第二，与校友建立起广泛的联系。现在学校校友会直接点对点拜访的校友有 1000 多人。目前能够推送学校信息的有效信箱 24000 余个，通过整理名片、返校得来的可以联系到的电话 6000 多个。这三年从无到有，从以前大家记手机就是熟悉的人，现在通过活动和各种方式，整合起来的人员信息有 10 余万条。校友会还创新信息收集方式，建立了一个新网站，校友在上面注册信息，自己的信息完善程度越高，查到能匹配的校友信息就越多；留下自己的信息少，就没有权限查别人的信息。从 2011 年开始，所有毕业生在自愿的前提下，毕业之前留下永久联系方式，包括家庭电话。通过两年多的努力，校友会跟学校整个毕业系统完全挂钩，所有学生离校之前填各种表格，都在网上提交，这些数据自动就转到校友会，不用再费力去统计。学校准备对毕业生做 20 年的信息跟踪。

第三，学校的办学经费增长迅速，软硬件条件均有显著提升。近三年来，学校接受的捐赠稳中有升。现在基金会总盘子有 2 亿左右，定向的使用约 1.7 亿元。从 2011 年开始，学校连续两年开展了"感恩母校"毕业生首次捐赠活动，该活动旨在普及"感恩母校，回馈母校"的校友意识。2011 年，毕业生首次捐赠活动，共有 1766 人次、18 个集体参与了活动，总计捐款金额 12956.99 元。按照当年毕业生总人数计算，捐赠率达到 34.7%。2012 年，活动现场共收到 920 人次的现金捐赠和一卡通刷卡捐赠，总额 5578.68 元。同时，学校在《2012 年毕业生离校指南》中倡议有意参加活动的毕业同学可将一卡通中余额留存，有效期后余额将被自动扣除捐赠给学校。截至目前，共有 5241 位同学在毕业时留存余额，总计留存金额 44034.61 元，捐赠率为 85%。两次活动的捐款数额不多，但意义非凡，饱含了学生对学校的热爱和期望。校友总会（教育基金会）目前已经设计或正在筹备的项目有：学生社团发展基金、高端人才引进基金、学生国际交流基金、校友工作发展基金、招生基金、宣传基金、各类奖学金等项目。其中，校友工作发展基金已经获得签约捐赠 200 万元，为校友总会工作人员聘用提供了资金保障。同时，校友总会还邀请部分创业校友及其企业与母校相关院系在人才培养、科技研发等方面开展持续合作，取得了良好的合作共赢效果。

（四）典型经验总结

第一，从实际出发，积极探索适合自身特点的多渠道筹措办学经费的模式。中科大改革的突出特点，就是一切从实际出发，追求可持续发展。每个学校学科特点不一样，历史传承也不一样，学校的文化氛围也不一样。学习是需要的，到其他同行走走看，确实是有些共性的东西，但是往往不能照搬，不能直接拿他的战术来使用。从一个项目创意开始，先懂学校才行，必须在这方面下功夫。懂了自己的学校，懂了学校真正的需求点，才能找到学校与社会、与校友、与企业的对接点、共振点、合作点。中科大从试点开始，就立足本校实际，从学校擅长科学研究的特点着眼，从学生功底深厚、对学校充满感激之情的特点出发，扎扎实实地探索自己的筹款模式。

第二，循序渐进，及时研究解决改革试点中的突出问题。边思考边探索，边研究边实践，边改进边完善，是搞好改革试点工作的基本思路。中科大在探索中善于发现问题，善于解决问题。他们感到，目前多元化投入机制尚需进一步探索。在明确政府投入主渠道的前提下，如何调动社会力量参与教育投入的观念还不够新、办法还不够多。中科大在试点工作中，担心政府及社会资源参与到办学中，可能会对学校自主办学方针、科研的自由探索和人才培养产生影响；社会捐赠一般会要求在校园内开展相关的活动，可能会导致学校的商业气息过于浓厚。同时由于筹款工作是一个需要校内各部门相互协作、互相配合的系统工程，筹款项目的设计、落实及反馈等，涉及多部门合作，需要制度保障。中国现在高校理财有很多掣肘，因为都是国有资产，谁都没法承担国有资产损失的代价，现在只是通过银行体系，短期理财方式来解决，应该借助金融和投资界的校友，搞好投资理财工作。他们思考和解决的问题正是制约多渠道筹措办学经费的关键问题，应坚持自下而上与自上而下相结合，各级行政部门应及时给予指导和帮助。

第三，建设一支充满激情、爱岗敬业的高效团队。中科大的改革试点工作之所以起步顺利，开局良好，运转通畅，关键是有一个好的带头人和一个好的工作团队。为把各项改革任务落到实处，学校校长亲自出任校友会（教育基金会）会长，学校支持校友会（教育基金会）通过社会化用工、企业化管理的方式加强专职筹款工作队伍的建设，并积极解决工作场地、办公条件等。目前，教育基金会已招聘筹款项目专员 15 人。学校非常重视团队建设，选派了富有统筹协调能力、充满工作激情、既善于宏观谋划又善于推进落实的团队领导。这个团队中非常注重每个人独当一面的能力，积极营造团队成员之间和谐共事的氛围。尽管团队成员的薪酬待遇不高，但团队的凝聚力、战斗力很强。2011 年 4 月，学校创造性地成立了校友工作志愿服务队，目前已发展到 100 多人，全校所有院系和年级，从大一到博三都有不同的层级分布，日常操作的项目就是服务队加上校学生会两家来共同组织，这些志愿服务的人员非常敬业，把服务好校友作为光荣的任务。

第四节　存在的问题和原因

各地方的改革有许多新突破和亮点，但也存在一些问题，综合对试点地区和学校调研情况，以及有关方面对改革试点情况的反映，教育投入体制改革存在以下几方面问题。

一、对如何保证教育财政制度持续性以及应对经济波动风险政策方面预估不足

从各地的试点材料来看，很多试点都着重强调政府投入保障的力度，提出明确的财政投入目标，并予以一系列制度保障。这是从制度上明确了在市场经济体制环境下，政府公共财政制度的责任所在。但是，政策回归和调整之前，要明确公共政策的规范边界，清楚界定教育财政所能够支付的力度和边界，才能用规范去形成制度刚性约束，保障教育财政投入的严肃性和规范性。

湖南省通过试点，提出了这个问题："2012 年，我省完成了国家 4%的分解任务，教育经费投入实现了跨越式增长，但总量和人均投入水平仍然偏低，且我省建设教育强省投入政策到 2012 年已执行完毕，国家财政性教育经费支

出占 GDP4% 的目标实现后，下一阶段教育经费投入政策尚未明确，政策出现断档。教育经费投入政策缺乏刚性和持续性，各项教育税费征收计提仍欠规范，拓宽教育经费筹措渠道的效果欠佳，加之地方财力薄弱，新增可用财力不足，地方教育经费投入将难以在高起点上维持稳定增长。由于中央和省没有出台针对高中教育的投入政策，地方各级政府对进一步加大高中教育投入的积极性不高。"

财政政策制度刚性的特点，导致出现财政波动时应对非常缓慢。因此，要充分考虑财政支持能力约束和经济变动的风险因素，在政策设计之初要将这些变动调整因素纳入进去。当前，各级各类教育生均财政拨款标准和生均公用经费财政拨款标准虽然已经建立，但如何建立与经济社会发展和物价水平变动相联系的稳定增长机制，仍需进一步强化机制。面对实现教育现代化建设目标提出的更高要求，需进一步加大教育投入。

二、教育投入仍然缺乏有效的测算和评估手段

教育投入体制改革涉及教育成本、教育财政手段有效性等财政学、经济学规律运用，是约束性最强、规律性最明显的一项政策。政策的设计更多的要基于科学的测算，例如，其中各级各类生均拨款标准的政策试点，就需要基于本地化的、各级各类教育的平均成本的测算为依据。

甘肃、江苏、广西和浙江做了大量的基础性研究，并提出了系统的制度设计构想。例如，浙江省完善了生均拨款方式，在原有生均+专项拨款制度基础上，增加了拨款系数、绩效系数以及将过去严格的专项项目式拨款，改为专项一般性拨款，充分考虑了高校的办学成本差异，增加了高校的办学自主权，同时增强了对高校绩效的监管要求。

但是，其他试点地区还是基于既有的、经验的财政投入水平进行政策设计，或者简单的延伸执行国家对各级教育投入保障机制的设计。例如，关于高校的拨款标准，部属高校的标准是否适合本地的财政能力，是否符合本地高校教育成本等实质性问题，并没有从政策的可行性方面进行科学测算。高中教育和学前教育的投入保障问题，是近年中央关注的焦点，但在试点地区

中，并没有看到创新的政策思考和尝试，只是在政策层面提出一些专项性的保证措施。

三、教育投入保障制度的执行缺乏各部门之间，相关领域的政策之间的协调机制

加强统筹协调、整合工作力量尚需加强。教育投入的改革，涉及教育、财政等多个部门，教育部门难以独立完成，需要政府加大工作统筹和协调力度。目前，有的省（区、市）已经建立起相应的教育经费拨付机制，有的还停留在论证阶段，没有形成以政府为主导的强有力的工作机制。

据甘肃省反映，高等学校现行的会计制度是以收付实现制来确认收支的，对资产的购置也不按受益年限分摊，支出不与收入相匹配，因此，会计核算所反映的是支出，而不是成本耗费，其财务支出不能直接作为成本核算的数据。高等学校生均标准教育成本的制定是以高等学校实际的教育成本为基础的，实际成本核算是否规范、准确，关系到生均标准教育成本是否科学，因此，迫切需要对现行高等学校的会计制度进行改革，用科学的制度来规范高等教育的成本核算。

试点工作的进展还不够平衡。受思想观念、地域特点、财政状况等因素的制约，承担试点任务的各省（区、市）的工作进度有快有慢。总的来看，财政状况较好的较发达省市，工作推进的速度要快一些；而财政状况较差的中西部欠发达省份，由于调研过程中，既要考虑到当地经济发展状况，又要考虑上级扶持力度等因素，财政投入标准的测算过程相对比较复杂，推进速度相对滞后一些。个别省（区、市）刚刚完成办学条件、经费标准的测算工作。

四、对完善教育投入机制的有些难点问题还缺乏破解办法

比如，对于普通高中债务负担问题，各试点省（区、市）多有反映。如湖南省反映根据国家审计署、教育部、财政部组织开展的普通高中债务调查

统计，2011 年，全省高中阶段教育债务规模达到 104 亿元，如此沉重的债务负担，已严重影响到高中教育的稳定发展；江苏省认为虽然已印发《关于积极推进化解高中阶段学校基本建设债务的指导意见》，仍需进一步指导和激励各地政府加快化解高中阶段债务。但对于如何化解普通高中的债务问题，目前还没有强有力的对策措施。

高中阶段学校正处于多元发展、特色发展阶段，与之相应的科学的办学标准指标体系尚未完全建立，学校基本建设标准、教学仪器设施设备和教师配置标准滞后，已与当前高中教育发展实际脱离，特别是新的高中教师配置国家标准尚未出台，地方可统筹调剂的空间有限，高中现有的投入水平仅能维持学校的基本运转，加上近年来国家对高中教育收费标准调整的严格控制和"三限政策"的执行，高中学校投入已不能满足学校多样化发展需求。

再如，生均拨款加收费的经费保障模式与高校的生均培养成本尚有一定的差异。从现有样本高校的测算数据来看，高校的生均培养成本日益提升，与现有的经费保障模式有一定的距离，生均财政拨款主要根据财政的财力状况确定拨款盘子，然后确定生均拨款的水平，高校的收费标准更多考虑社会的承受能力，因此高校的经费保障水平有待进一步的提升。

五、社会力量投资办学的积极性不高

现代社会的发展，使得教育的战略地位和基础地位越来越显现，各国无不将教育作为国家发展战略性支出的主要内容，教育投入水平的指标也成为国家发展性指标体系，和国家之间比较的重要指标。然而，随着学校教育逐渐成为人的发展的基本手段，教育的支出也越来越庞大，政府财政虽然是主要责任，但绝不能成为唯一的途径。无论从国家的财政能力，还是教育发展的效率和效益水平提升角度，多渠道的教育保障机制的建立，都是各国深刻认识到的基本规律。

这个问题也纳入一些地区试点改革。以内蒙古为例，为减少政府负担，促进教育发展，集合社会各方面力量开办学校的教育由于受准入政策的牵绊、不能同等的享有政府给予的财政支持等问题积极性无法提高。2011 年，民办学校举办者投入 1.05 亿元，占全区教育总收入的 0.2%；2012 年，民办学校举办者投入 2.27 亿元，占全区教育总收入的 0.4%。社会力量办学投入有所增加，但总量较少，而且主要集中在民办幼儿园的投入，在高职学校、中职学校等投入并没有增加。

中科大在试点工作中，担心政府及社会资源参与到办学中，可能会对学校自主办学方针、科研的自由探索和人才培养产生影响；社会捐赠一般会要求在校园内开展相关的活动，可能会导致学校的商业气息过于浓厚。同时由于筹款工作是一个需要校内各部门相互协作、互相配合的系统工程，筹款项目的设计、落实及反馈等，涉及多部门合作，需要制度保障。

第五节　对策和建议

针对各地改革中存在的一些问题，为有效的按照专项改革三项试点任务开展工作，特提出以下政策建议。

一、进一步推进改革共识，继续推进深化试点改革的创新探索

教育是公益事业，发展教育是政府的职责。《中华人民共和国义务教育法》第四十三条规定："学校的学生人均公用经费基本标准由国务院财政部门会同教育行政部门制定，并根据经济和社会发展状况适时调整。制定、调整学生人均公用经费基本标准，应当满足教育教学基本需要。省、人民政府可以根据本行政区域的实际情况，制定不低于国家标准的学校学生人均公用经费标准。"国务院审议通过的《教育规划纲要》第五十七条提出"各地根据国家办学条件基本标准和教育教学基本需要，制定并逐步提高区域内各级学校生均经费基本标准和生均财政拨款基本标准"。根据国家法律法规和规章制度的要求，各省（区、市）都要根据本地社会经济发展和教育教学的实际需要，制定各级各类学校生均公用经费标准和生均公用经费财政拨款基本

标准，完善经费保障机制，促进教育均衡发展。各试点省（区、市），特别是经济欠发达地区，要进一步增强责任感，克服等靠要思想，根据当地经济社会发展实际，积极推进改革试点工作，按要求完成试点工作任务。

二、上级部门要及时开展试点工作研讨，并给予政策性指导

建议各试点省（区、市）建立定期交流研讨机制，及时交流工作经验，研讨试点工作中出现的难点问题，提出解决问题的新思路、新办法、新举措。提高试点项目研究的可操作性和示范意义。

许多试点工作都是一个系统工程，不仅包含政策的设计、执行、反馈，还包括政策效果的监测，各个政策环节的衔接，各个执行部门的链接机制等许多细微国家有些相关规章制度在执行中缺乏操作细则，都是由各执行部门按自己理解操作。因此，在执行过程中难免有偏差，很多地方强烈建议上级主管部门给予政策解读、专家指导。例如，湖南省建议中央根据当前高中教育发展实际，指导地方建立和完善高中学校办学标准指标体系，出台新的、科学的高中基本建设、仪器设施设备和教师配置指导标准。作为教育投入重要标志的制度改善一直以来都是教育体制改革的风向标，也是社会关注的焦点，需要特别加以关注。

（一）不断加大学前教育投入力度，探索建立学前教育资助制度

承担试点任务的各省（区、市）应坚持把发展学前教育摆在更加突出的位置，多种形式扩大学前教育资源，多渠道加大学前教育投入力度。内蒙古连续下发《内蒙古自治区人民政府关于印发自治区学前教育三年行动计划（2011 年—2013 年）的通知》、关于全面发展学前教育实施意见、扶持民办幼儿园发展专项资金管理暂行办法等文件，将农村牧区公办幼儿园的在编教师全额工资足额列入预算并将学前教育经费列入政府财政预算，建立学前教育资助制度，对家庭经济困难儿童、孤儿和残疾儿童接受普惠性学前教育给予资助。建立完善了政府主导、社会参与、公办民办并举的办园体制，基本

形成了以政府投入为主，社会力量参与和家长合理付费的成本分担机制。

（二）建立完善城乡义务教育经费保障机制，实现义务教育服务均等化

承担试点任务的省（区、市）积极谋划改革措施，合理配置教育资源，努力缩小城乡差距，最大限度地满足义务教育阶段学校全面推进素质教育和深化教育教学改革所需运转维持经费，促进义务教育均衡发展。

（三）探索分类、分地区拨款标准，建立完善普通高中教育经费保障机制

承担试点任务的地方积极探索建立全省性分类、分地区的生均经费标准和财政拨款标准并逐步提高，向农村地区、贫困地区倾斜，鼓励有条件的地方加大投入，进行特色发展，建立起有效的普通高中教育经费保障机制，逐步缩小区域之间、城乡之间、校际之间的差距，实现高水平普及，促进高中质量的提高。

（四）加大财政对高等学校的投入力度，不断提高经费保障水平

各试点省（区、市）进一步完善以国家财政投入为主，学生合理分担培养成本、学校设立基金接受社会捐赠等多渠道筹措经费的投入机制，不断加大对省属高校的投入力度。甘肃在改革试点中，尽管对改革的经费支持能力有限，省级财政还是持续增加了高等教育投入，连续提高省属高校生均公用经费拨款定额，安排专项资金用于高校实验室建设和基础设施改造，为试点研究的顺利开展提供了基本的保障和支持。同时，通过健全和完善高校财务管理制度，推行高校财务公开，加强对预算执行过程的监控和考核，在此基础上进行成本核算分析，为制定省属本科高校生均经费定额和生均拨款定额提供数据支撑和证据支持。为减少对高校管理的行政干预，他们还引进绩效考核高校资金使用效率，充分发挥财政资金的导向作用，引导高校从"加大投入"上转移到"加强管理、提高效益"上。浙江省通过加大财政投入力度、调整投入方式等手段，已基本建立了与普通高等学校扩大办学规模、提高办学水平相适应的多元的高等学校经费投入体制；通过建立完善生均拨款标准和系数等方式，基本建立了按生均成本合理分担的普通高等学校收费机制；全面推行专项性一般转移支付改革，实施因素法考核，充分体现高等教育投入的公平和绩效。

三、完善教育财政监管制度，提高教育经费使用效率和效益

教育经费投入的增加，怎样用好管好经费就摆在了更加突出的位置。一是要在深化教育经费管理体制改革的同时建立责权一致、事权和财权相统一的教育经费管理体制，强化教育行政部门安排使用和管理教育经费的主体责任。按照"优化结构、突出重点，分类指导、发展内涵，加强监管、提高效益"的原则，做好教育经费管理工作。二是深化高校总会计师委派制度。完善高校总会计师联席会议制度。研究在非营利性民办高校建立总会计师制度。三是加强省级经费管理平台建设。加快设立省级教育经费监管中心。建立教育经费动态监控系统和高校资产管理系统。完善高校财务资产管理规范化考核制度。建立教育经费统计年度公告制度。开展教育重大项目绩效考评。加强高校财务资产管理队伍建设。四是推动高校强化内部财经管理。完善高校财经领导体制，加强内部控制。实行"统一领导、集中核算"的高校财务管理体制。扩大高校部门预算公开试点范围。推动高校加强国有资产统筹管理。实施年度审计制度。五是指导市县强化教育经费管理。将市县教育经费安排使用和管理情况纳入年度目标责任考核范围，列为教育督导检查的重要内容。启动实施基础教育经费管理绩效考评工作。总结推广"校财局管"模式，切实加强中小学财务资产管理。

索 引

出 版 人　所广一

责任编辑　罗永华

版式设计　杨玲玲

责任校对　贾静芳

责任印制　曲凤玲

图书在版编目（CIP）数据

国家教育体制改革试点阶段性研究报告．高等教育卷／
国家教育行政学院编著．—北京：教育科学出版社，
2014.12

ISBN 978-7-5041-9145-8

Ⅰ.①国… Ⅱ.①国… Ⅲ.①高等教育—教育体制改
革—研究报告—中国 Ⅳ.①G521②G649.21

中国版本图书馆 CIP 数据核字（2014）第 265792 号

国家教育体制改革试点阶段性研究报告（高等教育卷）
GUOJIA JIAOYU TIZHI GAIGE SHIDIAN JIEDUANXING YANJIU BAOGAO

出版发行	**教育科学出版社**			
社　　址	北京·朝阳区安慧北里安园甲 9 号	市场部电话	010-64989009
邮　　编	100101	编辑部电话	010-64981252
传　　真	010-64891796	网　　址	http://www.esph.com.cn
经　　销	各地新华书店		
制　　作	北京金奥都图文制作中心		
印　　刷	保定市中画美凯印刷有限公司		
开　　本	169 毫米×239 毫米　16 开	版　　次	2014 年 12 月第 1 版
印　　张	18.75	印　　次	2014 年 12 月第 1 次印刷
字　　数	247 千	定　　价	49.00 元

如有印装质量问题，请到所购图书销售部门联系调换。